清宫图典

故宫博物院 编

朱诚如 任万平 主编

禁卫卷

李 理 本卷编著

故宫出版社

总　序

　　编纂多卷本的《清宫图典》是故宫学人的职责，也是故宫学人的夙愿。2002年由我任主编，故宫同仁通力合作编纂的多卷本《清史图典》（十二册）出版后，得到学界高度评价，促使我们萌发编纂《清宫图典》的愿望。2015年是故宫博物院九十华诞，我邀请故宫内外学界相关专业同行诸公：任万平（礼仪卷）、李湜（艺术卷）、黄希明（建筑卷）、左远波（生活卷）、于庆祥（政务卷）、滕德永（内务卷）、刘甲良（文化卷）、许静（典藏卷）、赵云田（出巡卷）、李理（禁卫卷）为十卷本《清宫图典》分卷主编，共襄盛举。历三年辛劳，终于付梓。名为《清宫图典》，意在十卷图录在手，能窥真实的清宫政务、生活全貌。

　　以图像记录历史、印证历史，古已有之。中国汉字最早源于象形，即出于图像。中国史书记事记人，向以文字记载为主，但历代学者力主左图右史。只是在当时印刷条件下，图文并茂实不可能。中国历代都有宫廷画家和民间艺人留下一批记录当时人和事的纪实性很强的绘画（包括岩画、壁画），为我们研究当时的历史留下蛛丝马迹。清朝是中国封建社会最后一个王朝，清代宫廷保存了大量的纪实性绘画、晚清的老照片，以及宫廷建筑遗址与各式遗物，为我们提供了研究宫廷历史文化的直观线索，也是我们编纂《清宫图典》的物质基础。高楼大厦不可能凭空搭建，柱础是根本。没有这些图片，就没有图录编纂的可能。

　　中国自古以来就有用绘画图像记事的传统，一些纪实性很强的绘画弥补了文字资料记载的不足，而且某种程度上能提供比文字资料记载更准确、更生动的信息。纪实性绘画分为记人和记事两类。宫廷画家的记人，主要是为帝王、后妃或名臣作"御容"或画像；记事主要是用绘画形式记录当时的重大社会历史事件。西汉毛延寿、唐阎立本都是历史上著名的宫廷画家。阎立本的《步辇图》卷，生动地刻画出唐太宗李世民接见吐蕃松赞干布派来迎娶文成公主的使臣禄东赞的隆重场面。宋代的《迎銮图》卷，绘记了南宋曹勋奉命到金国迎还宋徽宗赵佶灵柩的历史事件。正是绘画的这种无可代替的功能，使郑樵认为"图谱之学，学术之大者"（郑樵《通志》）。到明清两代，东西方海上交通得以开辟，海上交通同样也给东西方文化交流提供了便捷和可能。自明代开始，大批西方文化传播的先驱者——传教士来到中国，他们在传教的同时，也带来了西方先进的科学技术、西方的人文理念，包括西方的文化艺术。西方的绘画技术也逐渐传入中国。一些传教士的高超画艺，得到了中国统治者的认可，他们进而成为宫廷的御用画家，其中最为著名的清代宫廷画家是意大利人郎世宁。郎世宁于康熙五十四年（1715）到达中国广州，时年27岁。他当年即到北京，直至乾隆三十一年（1766）在北京病逝，终年78岁。郎世宁在中国历经康熙、雍正、乾隆三朝，在清宫中充当宫廷画家达52年。郎世宁不仅把西洋画法传到中国，而且为了适应中国皇帝的欣赏品位，在欧洲油画基础上吸收中国画的技法，形成了独特的画风。郎世宁在清宫中培养了一批通晓中西结合画法的宫廷画家，如丁观鹏、张为邦、王幼学等。

  在清宫中的外国传教士画家，除著名的郎世宁外，还有王致诚、艾启蒙、贺清泰、安德义等。清代康熙时期，焦秉贞、冷枚、陈枚、唐岱等一些中国宫廷画家和一些民间著名画家也已经开始创作纪实性绘画。其中有王翚为主要作者的《玄烨南巡图》（十二卷）以及与其他宫廷画家合作的《玄烨六旬万寿庆典图》等。康熙后期，郎世宁的入宫，带动了更大规模纪实性绘画的创作，受其影响，一批中国的宫廷画家或合作或独自开始创作纪实性绘画。他们留下了大批南巡、大阅、秋狝、祭祀、行乐等纪实性作品，为我们今天研究清朝宫廷历史文化提供了最为生动的历史画图。绘画中不仅人物逼真，卤簿仪仗、车马轿舆，甚至画面上的头盔甲胄、衣冠服饰、八旗布阵也很逼真。2002 年，故宫博物院在英国举办"乾隆时代艺术展"，其中有著名的《弘历戎装骑马像》，乾隆当时所穿戴的铠甲也同时作为实物展出，画中乾隆穿戴的铠甲，与同时展出的实物铠甲相比，竟然连每一根金丝线都是一样的，令外国观众赞叹不止。2000 年，故宫博物院在台北历史博物馆举办明清家具展，因为展品中有一件乾隆皇帝当年经常使用的交椅，随展同时带去了一幅郎世宁、丁观鹏等中外宫廷画家合作的《弘历雪景行乐图》，图中乾隆皇帝所坐的交椅与展品中的交椅一模一样，器形、色彩、花纹、扶手、尺寸比例都以一丝不苟的工笔写实。更为神奇的是，另一幅《岁朝图》，画的是弘历和诸皇子在宫中欢度春节的场面，其中乾隆的"御容"，以及燃放爆竹的皇子相貌和姿态都与《弘历雪景行乐图》一模一样。纪实性到这种程度，可见这些宫廷画家们为记录历史的真实，确实花费了相当大的功力，从而为我们今天研究清朝的宫廷历史文化留下了丰富的第一手资料。

  清朝纪实性绘画从内容上看主要是用来宣扬皇帝的文治武功和威仪，但是我们从每幅画上又会窥见出许多其他社会历史内容。清代宫廷画家留下了许多有价值的纪实性绘画，著名的《万树园赐宴图》就是以纪实手法描绘了我国境内蒙古杜尔伯特部的首领车凌、车凌乌巴什、车凌孟克率部内迁，乾隆皇帝亲自在离宫承德避暑山庄接见，并分别封赐王爵，赏赐贵重礼品，连续大宴十天的宏大场面。奉乾隆皇帝之命，郎世宁、王致诚等传教士画家一直参加这一重大活动，目睹了活动的全过程，对于活动中的重要人物和重大场面，这些宫廷画师均以纪实性手法加以描绘再现，客观记录了清朝政府安抚内迁的杜尔伯特部这一重大历史事件的场面。其他如描绘乾隆皇帝在万法归一殿接见万里迢迢回归祖国的土尔扈特部首领渥巴锡的《万法归一图》屏等。还有一些战图，如著名的铜版画《弘历平定西域战图》一组十六幅，描绘了乾隆时期清政府对西北用兵，平定准噶尔部达瓦齐、天山南路大小和卓木叛乱等重大战事，均有重要的历史价值。

  此外，也有大量围绕宫廷和帝王活动的反映清代社会风貌、生产活动、风土人情的纪实性绘画。如著名的《玄烨南巡图》（十二卷）、《弘历南巡图》（十二卷），虽然是以描绘皇帝活动为主，但总体上看是皇帝南巡的纪实，它展现了从北京到江南沿途各地山川河脉、市井乡野、建筑园林、名胜古迹等历史风貌，描绘了大江南北沿途各地士农工商各司其职，以及漕运畅通、商业繁荣等景象。又如《康熙六旬万寿庆典图》两卷，描绘了康熙皇帝六十寿辰盛大的庆典场面。第一卷起自紫禁城的神武门，止于西直门；第二卷由西直门起，止于西北郊的畅春园。它们贯穿了大半个北京城，是当年北京城的风景画。沿途的建筑园林、街市坊间、官军庶民历历在目，再现了京城当年的繁荣景象。《京师生春诗意图》轴，以鸟瞰手法描绘了京城中心地带的全貌，画中正阳门外店铺林立，车马行人栩栩如生，皇宫紫禁城、景山近在眼前。上述画面都是场面宏大的绘画，所以图录范围广泛，历史内涵丰富，史料价值很高。此外，展示清朝大一统皇权统治下的清代农业、手工业、牧业、商业的有《制瓷图》（乾隆朝）、《耕织图》（康熙、雍正朝均有）、《制茶图》（乾隆朝）、《棉花图》（乾隆朝）、《滇南盐井图》（康熙朝）、《广州十三行图》（乾隆朝），以及《香港开埠图》（道光朝）等。清代康熙年间收复台湾后，向台湾派遣官员，大陆的文人学士不断造访台湾，清朝皇帝非常关注台湾，令遣台官员等将台湾地区的风土人情及宝岛的物产情况用绘画形式表现出来，于是有了《台湾内山番地风俗图册》和《台湾内山番地土产图册》。

清代除了大量纪实性绘画外，还有相当数量的老照片流传下来。摄影术发明后，摄影作品成为记录、储存、传递事物形象的特殊讯息载体。留存的历史照片，使人们能够"目睹"已经消逝的前人生活情状。"百闻不如一见"，历史照片可以帮助我们"看见"过去，虽然只是零散的、中断的、瞬间的形象，但它是实在的、具体的、生动的映像。它蕴藏着丰富的历史生活内容。

摄影术是1839年法国政府公布银版摄影法之后才迅速传播开来的。大约也就是1844年，两广总督兼五口通商大臣耆英，在给皇帝的奏折中提到，他曾把自己的"小照"分赠英、法、美、普四国使臣。给耆英照相的摄影师叫于勒·埃及尔，他于1844年以法国海关总检察长的身份到达中国，在广州、澳门、香港等地拍了不少照片，其中部分照片在1848—1853年的法国书刊上陆续复制刊登过，有的还收进了1920年出版的《法国摄影史》一书。照片上还留有摄影者手书的说明文字。这些照片中就有耆英的相片，大约照相术就在此时传入中国。

第二次鸦片战争后，清政府的一些官僚买办兴起了一股办洋务热，引进外资和技术设备，开工厂、修铁路、办矿山等。他们常常把工程进展情况摄制成"照相贴册"出售，有的宣传社会上的重大事件，更多的是汇集风景名胜、戏剧演出等。西方列强用大炮轰开清王朝闭关锁国的大门之际，也正是摄影术开始传播之际。有着悠久文明的东方古国，自然会吸引众多的摄影师来进行"探险""猎奇"的旅行摄影。在抱着各种目的来华的外国人中，有的是旅行摄影师，有的是传教士，有的是跟着侵略军一起打进来的。他们拍摄了大量照片，尽管是为其侵华行为张目，但客观上对沟通中西文化、保存清代社会生活场景起了很大作用。随着时代的变迁，这些独具特色的照片，其历史价值和意义越来越显得重要和宝贵。

随着照相技术的传播，晚清的皇帝和王公官僚们也开始喜欢这些洋玩意儿，他们用相机摄下了晚清皇宫的生活情况。目前故宫博物院保存的两万多块当时留下来的照相玻璃底片，其中就有当年他们的作品。外国列强在枪炮的掩护下，用相机摄下了战火中的中国，那个满目疮痍、民不聊生的中国，这些照片大多保存在欧洲各国的博物馆、图书馆里。晚清皇宫和外国人手中留下的数万张反映当时中国状况的照片，是我们研究清王朝社会政治、经济、文化和宫廷生活等历史的最真实、最可靠的资料，当然具有很高的史料价值。

应该说这些陈旧的老照片所包含的历史生活内容，其丰富性是任何语言文字描述都难以替代的。这些记录着过去时代人们生活情状的照片，尽管只是星星点点的瞬间形象，却可以开阔人们的眼界，增长对已经逝去的时代的见识，从而激起无穷的联想。它们可以弥补历史教科书的某些不足，是认识历史生活、生产、文化、艺术、建筑、服饰、礼仪、宗教等的形象资料，给人以如临其境的感觉。照片中的人物、背景中的建筑园林，都是当时历史的真实载体。至于人物之间的关系、人物与背景的关系，我们则可以结合文献资料的记载，进行研究、判断，从而得出正确的结论，达到还历史本来面貌的目的。

此外，晚清的老照片和纪实性绘画还可以互相验证，而文献记载往往做不到这一点。据朱家溍先生介绍，1947年故宫博物院对太和殿内的陈设进行调整，恢复了清代的原状。因为当时宝座台和台上金漆屏风都是清代原物，只有正中原来的宝座被袁世凯称帝时撤下来，换上了他的一个大靠背椅，这样的陈列，显然不伦不类。因此就决定撤去袁世凯的大靠背椅，换上清代皇帝的宝座。于是准备在文物库房中选择一张形制最大、制作最精的宝座，以为换上去就可以了。挑选了许多，摆上去与屏风总是不相协调。后来从老照片中找出袁世凯撤宝座前的影像，再在故宫内各处寻找，终于找出了这个宝座，虽左边有部分残缺，但右边不缺，可以比照修复。后来又发现一幅康熙皇帝的朝服像，坐的就是这张宝座。此外，还发现乾隆皇帝称太上皇时，皇极殿特制的宝座也是仿制这张宝座制作的。有了老照片和纪实性朝服像上的宝座以及乾隆时的仿制宝座，很快就修复了康熙曾坐过的这张宝座。2002年，我们又根据清代的老照片，把袁世凯时期太和殿内撤去的匾联加以恢复，这样太和殿内的原状陈列终于得到了全部恢复。从中我们可以看出，以老照片为据，从纪实性绘画中得到验证，再找到实物，这样就可以恢复历史上的原状，还历史以本来的面目。可见老照片和纪实性绘画的作用是非常重要的，无可替代的。

这些宝贵的资料虽然从数量上看很多，但收藏分散，国内国外、公家私人都有收藏，搜集齐备很不容易。此外，历史是连贯的，而这些第一手资料也有许多盲区，即许多重大历史事件既无纪实性绘画也无相关照片（或许我们现在尚未发现）。还有一个鉴别问题，纪实性绘画有些是佚名，不能判断准确年代。照片鉴别更难，特别是清代老照片，由于当时照相技术不高，底片模糊，即使很清楚的照片，由于都是一张张孤立的底片，照片上的人物究竟是谁，无从查考，需要花大功夫去鉴别，才能利用。

当然，今日之画像已非昔比。纪实性绘画随着历史的演进，亦有开拓创新。特别是摄影技术的高度发展，把图录历史推向新的高度。

《清宫图典》的文物资源，除纪实性绘画和老照片之外，遗址和遗物亦成为图录的另一重要资源。《清宫图典》中大多数图像是借助今日的先进照相术，将遗址和遗物摄录成像，编纂其中。其中宫殿亭台楼阁和园林景观皆为遗址。车马轿舆、顶戴服饰、瓷器玉器、文房用品、文书档案、古籍善本、碑帖拓片等器物皆为遗物。遗址和遗物图像是第一手历史资料，也是编纂《清宫图典》的主体部分。为了准确反映当时的历史风貌，对没有老照片的遗址我们进行了重新拍摄。至于遗物即清代宫廷留存下来的文物，我们也进行了大量的补拍，许多从未拍摄过照片的文物的图片这次被编入图典，也是《清宫图典》的一大亮点。

参与编纂《清宫图典》的诸位同仁均为学术有成、对清宫廷历史各领域素有研究的专家。古稀之年有幸与各位合作，甚为欣慰！我和任万平副院长诚挚感谢诸位的无私奉献！《清宫图典》项目在时间紧、任务重的情况下得以推进，全靠各位精诚合作，完成编纂工作。

我还要感谢任万平副院长，从编纂《清史图典》到《清代文化》图录，再到《清宫图典》，一路走来，万平同志功不可没。她熟悉故宫文物典籍、图画照片，能编纂这几大部数十卷册的图录，一等功非她莫属！

其次要感谢故宫博物院资料信息部及一些相关单位与个人，《清宫图典》中的数千张图片都由他们提供，都凝结着他们的辛劳和汗水；感谢故宫出版社宫廷历史编辑室、文化旅游编辑室团队，他们兢兢业业、一丝不苟的精细操作，保证了本书的质量。

十分荣幸本丛书纳入国家出版基金资助项目，给予资金支持，这是文化事业得到重视的标志！也是国家繁荣昌盛的标志！

图录历史开启一代风气之先，故宫内外学界同仁将为此而鼓与呼！

朱诚如

2015 年 8 月 24 日初稿

2017 年 4 月 22 日定稿

于紫禁城城隍庙

目 录

前　言

中国是古代封建帝制最长的国家之一，与之相伴共生的，是每一个皇朝都建有宫廷禁卫部队，制定过森严的禁卫制度，以保证皇帝能够安稳端坐在龙椅之上，使其拥有至高无上的特权地位，使皇室家族尽享富贵荣华。

那么，清宫禁卫部队是如何建立，又是如何尽职尽责的？清宫的禁卫制度有何特点呢？

一、清宫禁卫制度中的满洲元素

清朝崛起于山海关外的白山黑水，它是以满洲贵族为统治核心而建立起来的政权。在其政治体制中，保持着一些少数民族特征，所制定的各项政策也具有倾向性；不仅对爱新觉罗宗室和开国勋臣后裔给以优惠，对满洲八旗、蒙古八旗、汉军八旗子弟也同样赋予较高特权，施以恩宠，以此保持旗人的优越地位和丰厚的物质待遇。

在清朝颁定的各项典制中，有一项针对八旗子弟的特权式规定，即宫廷侍卫的选拔与任官入仕制度。

从清宫内廷侍卫组成情况看，各级侍卫不仅选拔严格，归属不同的机构建置，各司其职，而且设有固定的等级。据清人福格《听雨丛谈》记载，清宫侍卫设有固定等级，其中"一等侍卫六十人（职三品），二等侍卫百五十人（职四品），三等、四等共二百七十人（均五品），蓝翎侍卫六十人；宗室一等侍卫九人，二等十八人，三等六十三人"，管理侍卫的官员有侍卫什长、协理事务班领、班领、署班领等职，其上另有内大臣、御前大臣、领侍卫内大臣等要员。这些侍卫按照实际职能，又可分为御前侍卫、乾清门侍卫、大门侍卫，以及专为皇帝提供服务的上驷院司鞍、司辔侍卫，尚茶、尚膳、尚虞、鹰鹞房、鹘房、十五善射、善骑射、善鹄射、善扑、善强弓侍卫，等等。

清朝宫廷禁卫部队乃是一个以武力防御为主的半军事性组织，它由侍卫、护军和其他一些禁卫军所组成。其中内廷侍卫多出自皇帝自领的镶黄、正黄、正白"上三旗"，他们或为宗室贵族子弟，或为满蒙勋戚后裔，在少年之时即被选入宫廷，羽卫宫禁，随侍皇帝。守卫外朝、紫禁城、皇城、京师的禁卫军，则由其他八旗官兵即八旗护军所构成。在正规侍卫、护军之外，宫廷中另设立骁骑、健锐、火器、善扑、神机诸营和十五善射、尚虞备应处等机构，用以增加防卫力量或为皇帝提供服务。除此之外，清宫中尚有由武进士选拔的"汉侍卫"，他们出身不分满汉，任职之后即外转绿营职任。

清朝宫廷的各类侍卫、护军，因其近侍天子，不仅任职期间享受较高待遇，物质生活优裕，另外在个人选官任职方面也拥有较高特权。从史实看，清朝高官要职多由爱新觉罗皇室、满蒙功臣后裔所担任，而这些人往往都是御前侍卫、乾清门侍卫出身，或担任过御前大臣、领侍卫内大臣官职。可以说，清朝官僚选拔体制虽沿袭明朝科举制，但其国家中枢权力却是由皇帝和许多由宫廷侍卫成长起来的满洲大臣、封疆大吏所掌控。

正因清朝实行这种特殊的侍卫遴选和任官制度，使得八旗子弟由侍卫之阶踏入仕途，成为显赫一时的重要人物。如清初功臣索尼，从护卫清太祖（努尔哈齐）、太宗（皇太极）的一等侍卫，晋身内大臣和辅政大臣，最终被恩封为一等伯爵；康熙初年辅政大臣鳌拜、苏克萨哈、遏必隆三人在入关前均为太宗亲随侍卫，后担任议政大臣、领侍卫内大臣等要职，在朝中权倾一时；索尼之子索额图，曾为清圣祖（玄烨）亲信侍卫，他奉旨率领内廷侍卫智除鳌拜，后被提升为内大臣、议政大臣，授国史院大学士、保和殿大学士、太子太傅衔；"舅舅隆科多"为清圣祖舅父，他初任一等侍卫和銮仪卫銮仪使，后出任都统、理藩院尚书、九门提督、步军统领等职，因其全力支持清世宗（胤禛）登上皇位，而被授为总理事务大臣、吏部尚书，袭封公爵；傅恒为清高宗（弘历）孝贤皇后之弟，他以蓝翎侍卫，累升至一等侍卫，随后平步青云，担任总管内务府大臣、军机大臣、户部尚书等职，授太子太保、保和殿大学士和一等忠勇公等爵衔；乾隆朝重臣和珅最初由銮仪卫近侍，而后因应对称旨被授三等侍卫，再升乾清门侍卫、御前侍卫，之后步入仕阶，担任都统、军机大臣、总管内务府大臣、御前大臣、领侍卫内大臣、步军统领、兵部尚书、户部尚书、吏部尚书等要职，授一等公爵、文华殿大学士等爵衔。

可见，清宫禁卫部队不仅为保护皇帝、皇室成员作出了贡献，为守护皇家宫殿尽到了职责；同时，它也是封建官僚体制的一个培养亲信机构。宫廷侍卫通过效忠皇帝，而后成为国家机器的组成部分，为整个朝廷的管理与发展提供了源源不断的新鲜动力。

二、清宫禁卫军的基本职能

清乾隆朝刊印的《钦定大清会典》中，专门设立有"领侍卫府"机构，对宫廷侍卫自上而下职官、职能、人数等均作出详细规定，对宫内、宫外侍卫官员、侍卫及亲军、护军等保护职责也一一制定明确规定，使得宫廷禁卫体制被制度化、法制化。

清朝宫廷禁卫部队所要保护和守卫的对象，主要有如下两个方面：其一是保护皇帝、后妃、皇子、公主和其他进入宫廷的皇室成员、大臣、内侍、宫女等；其二是守卫皇帝执政和寝居的皇家宫殿，以及帝后、皇室成员日常休息、娱乐的宫廷园苑。在紫禁城外围，另有围绕皇宫的皇城、京城城垣与城门，这也是清朝八旗禁卫部队按例值守的地方。因此，清宫禁卫部队的主要任务，可归纳为"以帝设卫，以宫为禁"两大职责。

清宫禁卫部队的核心成员——如御前侍卫、乾清门侍卫和内大臣等，不仅是宫廷禁军，许多人还与皇帝有着较密切的主仆关系。他们除了在各项宫廷礼仪活动中奉差执事，还会按皇帝旨意，出宫执行一些特殊使命和任务。

1. 以帝设卫

清宫禁卫部队（主要是指内廷侍卫）的最主要职责是保证皇帝个人生命安全，故其执行的任务也全部围绕着皇帝。作为一国之君，皇帝要处理举国军政要务，要出席各种典礼仪式，宫廷侍卫均须负责皇帝的人身安全。

皇帝"御门听政"处理政务，御前侍卫需陪护于太和门或乾清门，在离宫、行宫则守护于各处听政殿堂；皇帝举行登极大典或接见文武百官、蒙古藩王、外国使臣，宫廷侍卫伴护左右，近侍皇帝身边；皇帝参加宫廷内外各类祭祀、大小筵宴，宫廷侍卫既有御前保卫职责，又要在这些仪式上奉差执事；皇帝出宫巡幸、检阅部队、狩猎行围，宫廷侍卫负责御前开路、后扈随从、伴驾禁卫；皇帝驻跸行宫、行营，乘坐舆轿舟船，宫廷侍卫要轮流值守，按班守护圣驾；诸如此类。总之，清宫侍卫存在的意义，就是要无条件地确保皇帝"龙体"平安无恙。

除皇帝之外，清宫后妃、皇子、公主和其他进入宫廷的王公贝勒、文武大臣，生活在内廷的太监、宫女，入宫当差的匠役、奴仆，甚至是入宫觐见的外藩诸王贝勒、皇家姻亲或外国使臣等，均受到宫廷侍卫的保护。按照清宫定制，深居内廷的后妃、皇子、公主单独出宫之时，内廷侍卫也要按例随同保护，以防其遭遇不测。当然，宫廷侍卫对皇室成员的护卫规格要远远低于皇帝，以遵从于森严的封建等级制度和尊卑观念。

从护卫皇帝的各类侍卫、禁卫军看，他们归属不同的机构建置，如近侍皇帝的御前侍卫等，归侍卫处管理；守护皇宫建筑及宫门的护军营、前锋营等禁军，归八旗各都统管理；为帝后安全、膳食等服务的侍卫，归内务府三旗包衣（奴仆）各营管理。这些宫廷侍卫、禁卫官兵被命以不同的称谓，执行不同的差事，如近御皇帝的有领侍卫内大臣，御前大臣，内大臣，散秩大臣，协理事务班领，侍卫什长，一、二、三、四等侍卫，蓝翎侍卫，汉侍卫等；守卫宫廷的有八旗各旗都统、副都统和护军、前锋、骁骑、健锐、火器诸营统领、护军校、护军等；贴近皇帝并为其服务的有虎枪营侍卫，善扑、善骑、善射侍卫和尚虞备用处、养鹰狗处、御鸟枪处侍卫及御膳房、御茶膳房侍卫等。各类侍卫、亲兵各有所属，各司其职，围绕皇帝奉差执事，共同完成近侍任务。

2. 以宫为禁

皇家宫殿是清朝皇帝主持朝政、办理军政要事的所在，也是他与后宫妃嫔、佳丽及其他家人生活起居的场所。除紫禁城之外，清朝在京城、京畿地区甚至外蒙古地方，还建有多座行宫与园苑。所有这些皇家建筑，既是皇帝、皇室成员的寝宫，同时也是国家权力和威严的象征。因此，无论皇帝本人身在何处，这些皇家宫殿、园苑都成为宫廷禁卫部队的重点保护对象。

清朝自开国以来，在关外辽东山区、辽沈地区曾先后营建了多座宫殿，俟其入关迁都北京，又在故明宫殿基础上恢复了紫禁城，而后又陆续修建南苑宫殿、西苑宫殿、西郊离宫和热河（承德）避暑山庄，在京畿地区和皇帝经常出巡的沿途，又修建了多座小型行宫。无论皇帝身在何处，清宫禁卫部队都要承担对这些皇家建筑的保护职责。

根据清朝定制，守卫紫禁城的部队为京师八旗护军营和前锋营。清初，守卫紫禁城的官兵仅有"上三旗"护军及前锋营官兵，紫禁城外围有骁骑营、步军营等部队。雍正元年（1723）以后，将紫禁城外围的骁骑营、步军营更改为"下五旗"护军，骁骑营和步军营职责则更替为主要守卫京城。

清朝禁卫军对于宫廷的守卫，按照外朝、内廷、紫禁城、皇城、京城等几道防御体系布防，除以上所列官兵外，宫廷中还设有火器营、健锐营、神机营和内务府三旗包衣（奴仆）组建的骁骑营、护军营、前锋营、陈枪营、新枪营、精捷营及圆明园护军营等，由其与宫中禁卫官共同值守皇宫和园苑。在京师之内和圆明园，则分别设有巡捕营，以掌管宫廷内外巡警、缉捕、防火等事宜。

由于清朝皇帝经常外出巡幸、行围，多日驻跸行宫和野外营帐，宫廷禁卫官也承担起皇帝驻跸的守卫任务。从总体上看，清宫禁卫军在宫外守卫形式与宫内类同，也是按照分层值守、各司汛地的体制。每当皇帝起驾出行，如远赴口外木兰围场行猎，或率大队人马举行东巡、南巡、西巡等活动，内廷侍卫以及八旗护军营、前锋营、骁骑营、步军营等各营官兵，乃至京师内外的其他八旗禁卫部队，都要奉旨随驾而行，一方面要在途中随时守护帝后銮驾；另一方面在皇帝驻跸之地，则按例守护当地行宫或临时搭建大营，以御幄为中心建起野外连营，按不同的归属构成数道防线，其格局亦即类于守卫紫禁城。

《清宫图典·禁卫卷》所要展示的主角，即是那些护卫于皇帝身边的宫廷侍卫、八旗护军、亲兵，以及由他们所守护的皇家宫殿、园苑离宫。通过一幅幅清朝宫廷绘画、一座座皇家建筑、一件件宫廷器物，那些远去的宫廷禁卫部队也许会重新鲜活起来，在紫禁城，在盛京皇宫（沈阳故宫），在热河行宫（承德避暑山庄）以及诸多皇宫遗址上再次执事，持枪佩刀，举弓搭箭，纵骑驰骋，从而为当代读者展现出清朝宫廷生活的全新画面。

李理

2019 年 2 月 9 日

图版目录

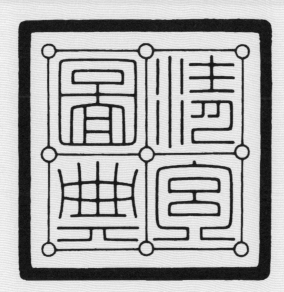

释文：清宫图典

守御篇

　　皇家宫殿是清朝皇帝及其后妃、子女和男女侍从生活起居的固定场所，同时它也是皇帝临朝理政、行使权力的所在，是封建国家皇权形象的所在地。

　　清宫禁卫部队作为保护皇帝的劲旅，在守卫皇宫方面作用巨大，贡献尤多。

　　清朝自开国以来，在不同历史时期曾建造了多座宫殿。如清太祖努尔哈齐起兵时期，曾在辽东山区修建佛阿拉宫室、赫图阿拉汗宫、界藩和萨尔浒行宫；在辽沈地区，修建了东京城汗宫、衙门，沈阳汗宫及大衙门、十王亭；清崇德元年（崇祯九年，1636），清太宗皇太极完成盛京皇宫早期建筑，确定了大清门、崇政殿、龙楼、凤楼和"台上五宫"等宫殿名号，完成了清初皇家宫殿的建设。顺治元年（1644）清军入关，清世祖福临在摄政王多尔衮和孝庄文皇太后等人扶持下迁都北京，于故明宫殿基础上复建了紫禁城，确立了清朝统一全国后完整的皇家宫殿建筑格局。而清宫侍卫、八旗护军等禁卫部队，即承担起对这些皇宫的保护与守卫职责。

　　清早期，努尔哈齐的汗宫曾"家朝一体"，汗宫即是衙门，衙门亦即朝廷。但即使如此，汗宫之内也划分出了不同院落，以保证宫廷禁地的严肃性。当时，守卫汗宫的"辖"（又写作"虾"；满语，意为"侍卫"）大多为其家奴，而后即成为清宫侍卫的雏形。努尔哈齐迁都辽阳和沈阳后，汗宫与"大衙门"则实行了分建，使得大殿与寝宫截然分开；宫廷侍卫既要轮班守护汗宫，也要在大衙门值守，形成清早期的宫廷禁卫定制。至皇太极创建盛京皇宫之时，参照中原地区大明宫殿格局，将皇宫建成"前朝后寝"式，实现了与紫禁城相似的建筑格局。因此，无论在盛京皇宫还是紫禁城，宫廷侍卫值守皇宫时都对外朝、内廷两种区域进行守护。

清入关后，对紫禁城的守卫采用多层机构、分别管理制度，即外朝、内廷和紫禁城各门分别由近御侍卫、亲军和八旗护军，按照不同区域分别管辖。各个组织相对独立，各司其职，各负其责，以实现对若大紫禁城的保卫重任。

据清人吴振棫《养吉斋丛录》记载："禁城以内，诸王及满洲文武大臣、前锋统领、护军统领、内务府大臣，轮流值宿，谓之六大班，自嘉庆六年定（侍卫宿卫以乾清门、内右门、神武门、宁寿门为内班，太和门为外班，亦六班）。"由此，我们可大略了解皇宫禁卫的具体范畴。

按照清宫典制规定，值守皇宫的禁卫人员每班由领侍卫内大臣一人，总统警宿事宜；另由内大臣或散秩大臣二人带班，其中内班共侍卫四十人，"上三旗"每旗十人；外班由侍卫什长三人（"上三旗"每旗一人）管辖，率随侍卫亲军四十人入值。凡值班大臣、侍卫、亲军换班，每日换班时间均在清晨辰时。侍卫在接班后，由值班章京将本日值宿人员姓名开列"清字白片"，注明某人值某更，递于值宿的领侍卫内大臣，称为"递报单"。侍卫在宫门值班之时，"昼坐门禁，夜守扃钥"，任何人出入宫禁，皆由侍卫稽查。此外按照定制，所有宫廷侍卫均实行内、外班轮值制度。

皇帝外出巡幸、行围，守卫京师园苑及京外行宫、离宫也是禁卫的重要职责。

清初侍卫守汗宫

（一）家奴侍卫守护汗宫

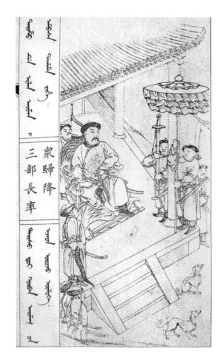

001

亲信"辖"随汗起兵

本图选自《太祖实录战图》一书中插图"三部长率众归降"。从图中可见，清早期宫中的"辖"（由蒙古语借用的满语，意为"侍卫"）手执兵器、仪仗，在衙门内护卫努尔哈齐的情景。此图最初绘制于天聪九年（崇祯八年，1635），是《太祖实录战图》中的一幅，由画工张俭、张应魁奉皇太极谕旨所绘。乾隆四十四年（1779），原图由主事门应兆按旧本重新绘制，并将图画插入《满洲实录》中。新版《太祖实录战图》和《满洲实录》共绘写两份，一份送藏盛京（沈阳）宫殿，一份收贮紫禁城上书房，目的是使爱新觉罗皇室子孙永记祖先功绩，不忘开国创业之艰辛。

清太祖努尔哈齐出生于明末嘉靖年间，为辽东建州左卫小酋长塔克世之子。万历十一年（1583），他以替父祖复仇名义起兵，开始统一女真各部的战争。在其征战过程中，不断受到其他女真部族，甚至本族族人攻打，作为努尔哈齐亲信侍卫的家丁奴仆，在保护努尔哈齐及家人的战斗中，拼死搏杀，屡建功绩，也奠定了清宫侍卫的最早雏形。

002

外部觐见护卫御前

本图选自《太祖实录战图》中插图"王格、张格来贡"。从图中可见，御前侍卫不仅人数较多，且在衙门守卫、汗前执事等方面已有一定分工。

努尔哈齐起兵后，随着统一战争的发展，开始有越来越多的外部族人归附，有的甚至是整族前来投诚。每当有归顺者来时，努尔哈齐常于汗宫内予以接见，其亲近侍卫则各操兵器、仪仗侍立于汗王周围，既起到了保护汗王的作用，又增添了宫廷威严之感，体现了清宫侍卫身兼多能的史实情况。清入关后，宫廷侍卫在值班奉差时，亦保持着这种一身多能的特质，在清宫典礼等政治、礼仪场合发挥着重要作用。

《佛阿拉宫室平面图》

年代　万历二十三年（1595）

作者　[朝鲜] 申忠一

　　此图选自万历年间朝鲜使臣申忠一编著的《建州纪程图记》，图中描绘了清太祖努尔哈齐建国初期在佛阿拉定都时，其汗宫建筑分布的情况。从该图看，汗宫以木栅围筑成圆形城垣，在北部、南部、西部三个方向设有三门。城内沿东南、西北方向建有一道隔离间壁，将院子分成两个半圆区域，其中西院为努尔哈齐的"内宫"区，共有九座房屋；东院则是其处理政务和接待客人的"外朝"区，共有六座房屋；东西两院之间设有二门。这座看似简陋的早期宫室，是未来皇宫的雏形，而守卫城门的亲随侍卫、包衣人（奴仆），亦是未来宫廷禁卫部队的基础。

　　万历十五年（1587），努尔哈齐兴修佛阿拉城；二十三年（1595），朝鲜官员主簿申忠一因朝鲜、女真两国纠纷事亲赴"奴酋城"（即佛阿拉城）。在其归国后，编著了《建州纪程图记》和《申忠一书启及图录》等笔记性著作，对建州山川形势、地理状况作了描述，对佛阿拉城、大小奴酋所居宫室（指努尔哈齐及其弟舒尔哈齐之家）等情况作了详细记载和绘图，为我们了解清早期宫廷建筑情况、侍卫值守情况等提供了依据。

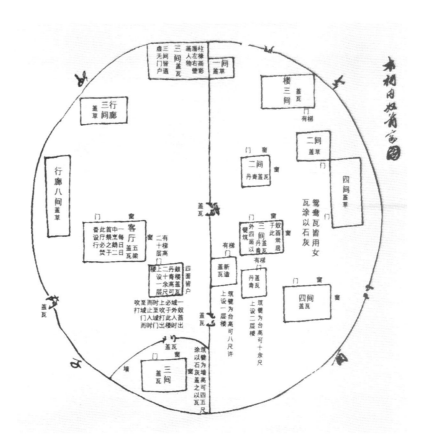

《努尔哈齐木栅之城复原图》

年代　现代

作者　赵雯雯、刘畅

　　此图选自赵雯雯、刘畅《从努尔哈齐的老宅到坤宁宫》（《紫禁城》2009年1期）一文插图。该图以明末朝鲜使臣申忠一所著《建州纪程图记》绘图为蓝本，直观再现了努尔哈齐起兵后在佛阿拉所建早期汗宫的全景。该图描绘的汗宫以木栅构筑圆城，木城建有三处院门；院内间隔墙建有两处内门，宫室的所有门户均由亲随"辖"把守。

　　从复原图可见，努尔哈齐宅院内共有大小建筑十五座，其中"盖瓦"房屋十座，"盖草"房屋五座，据史籍记载有四座房屋标记着"盖瓦、丹青"，说明汗宫此时已开始向宫廷建筑方向发展。此外，在该院中央，建有数座高台式房屋，其特征为女真早期建筑风格；而在前院旁边，以高墙隔离出一处单独院落，这里则是努尔哈齐圈禁家族中违法者的禁城，无疑也是宫廷侍卫严密看护之处。

赫图阿拉汗宫遗址复原

　　赫图阿拉汗宫位于今辽宁省抚顺市新宾赫图阿拉老城内，修建于万历三十一年（1603）。现存汗宫建筑在原遗址基础上复建，基本保持了清早期的宫廷建筑特征。

　　万历三十一年（1603），努尔哈齐将国都由佛阿拉迁至赫图阿拉，并先后修建起宫室、内城和外城城垣。四十三年（1615）之后，于城东建佛寺、玉皇庙、天王殿等七大庙，形成早期都城规模，使赫图阿拉成为建州女真的政治、军事中心。据史籍记载，赫图阿拉内城中分别建有努尔哈齐寝宫、大衙门（俗称尊号台、八角殿），八旗大小贝勒亦分建府宅，各旗衙门按旗属分建官署。当时，对汗宫守卫设有专职侍卫，他们按班上岗，昼夜分值，形成了最初的宫禁守卫之制。

赫图阿拉山城北门

　　北门建筑位于赫图阿拉城北部，修建于万历三十三年（1605）。现存北门建筑是在原城门遗址基础上复建。

　　万历三十一年（1603），努尔哈齐迁都赫图阿拉，派人修建了内城及汗宫。两年之后（即1605年），又修建了赫图阿拉外城，以防御外敌入侵。山城方圆10里，城垣由土、石、木杂建而成，共建有南、北、东三座城门。据《满文老档》记载，赫图阿拉城设有特殊的守城部队，内外两城"选可信者守门，所派之八大臣不出猎、行兵，专事守城及照管村中之一应物件"。赫图阿拉城北门距努尔哈齐汗宫最近，它面临苏子河而建、城门宽大坚固，易守难攻，至民国时期仍有较多遗存。2006年，赫图阿拉古城被列入全国重点文物保护单位名单，山城北门也成为重要的旅游胜迹。

扶佐汗王建大金

　　本图选自《太祖实录战图》中插图"恩格德尔来上尊号"，反映了女真、蒙古贵族拥立努尔哈齐称汗建国的场景。当时，宫廷侍卫阿敦以礼臣身份参与开国典礼。

　　天命元年（万历四十四年，1616）正月初一日，努尔哈齐于赫图阿拉城中正式称汗建国。是日，努尔哈齐端坐于大衙门内，八旗诸贝勒、大臣率众人按旗属跪于前面，阿敦侍卫和文臣巴克什额尔德尼分立于努尔哈齐右侧和左侧。典礼仪式开始，八旗大臣持书跪献，阿敦和额尔德尼出殿下迎，并将奏书放置于御前桌案。努尔哈齐在接受诸贝勒、大臣和众人行礼后，向天叩拜，完成登极仪式。此后，努尔哈齐由原"聪睿恭敬汗"改称"天任抚育列国英明汗"，建立大金政权（史称后金），定年号为"天命"。

（二）占辽沈守宫阙

008

随汗攻克沈阳城

本图选自《太祖实录战图》中插图"太祖克沈阳"，描绘了努尔哈齐在宫廷侍卫扈从下，与诸贝勒率军攻占沈阳城的战争场景。

天命三年（万历四十六年，1618），努尔哈齐以"七大恨"名义公开对明宣战，率部攻占明朝边镇抚顺城，翌年取得萨尔浒之战大捷。此后，他将矛头对准明朝辽东边内之地，先后攻破铁岭、开原诸城。六年（天启元年，1621）三月，努尔哈齐及诸贝勒、八旗官兵挥师进攻辽沈，在打败明朝守军及援军后，顺利攻占沈阳城，为后金政治、军事势力更大发展创造了条件。在八旗军攻占沈阳战役中，宫廷侍卫有的随征保护努尔哈齐，有的则直接参与攻城作战，荣立战功。

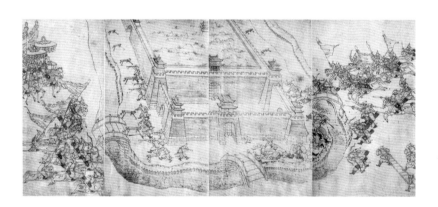

009

八旗军攻占辽阳城

本图选自《太祖实录战图》中插图"太祖率兵克辽阳"，描绘了努尔哈齐在宫廷侍卫保护下，与诸贝勒率八旗军攻占辽阳城的激烈场景。

努尔哈齐率八旗劲旅在此前占领沈阳城后，不给明军喘息机会，迅速挥军南下，攻打明辽东首府辽阳城。明朝守军虽进行了顽强抵抗，最终还是战败城陷，城中居民或逃亡或被俘。努尔哈齐则在诸侍卫簇拥下进入辽阳城，暂住于明辽东都司衙门内。

辽阳东京城与汗王宫

辽阳东京城与汗王宫位于辽宁省辽阳市以东，天祐门为清辽阳东京城南门，修建于天命七年（天启二年，1622）。此图为该城门修复后的实景。

天命六年（天启元年，1621）三月末，努尔哈齐攻占辽阳城后，于四月初即将福晋（后妃）和诸子接至辽阳，在迁都过程中，宫廷侍卫、汗之包衣（奴仆）参与搬家迁居事宜，使大小福晋、皇子得以迁往新都。一年后，努尔哈齐命在辽阳旧城以东兴建东京城，并于城内修建了八角殿与汗王宫。在辽阳定都期间，宫廷守卫制度已较为严格，对于侍卫值班期间出现的疏漏也有严厉惩处。宫廷禁卫制度开始形成惩戒机制。

沈阳汗王宫遗址

沈阳汗王宫遗址位于沈阳旧城北门内，修建于天命十年（天启五年，1625）。此为汗宫遗址考古发掘现场实景。

努尔哈齐率军夺取辽阳城及辽南之地后，因在当地采取残酷的民族压迫政策而遭到汉人强烈反抗，加上明朝军队从海上、辽西地区不断出兵侵袭，使后金政权动荡不稳，政局出现危机。天命十年（天启五年，1625）三月，努尔哈齐传令迁都沈阳，并在城内北门处修建了汗王宫殿，在城中心区域修建了大衙门（大政殿、十王亭等建筑）。宫廷侍卫即承担起守卫汗宫和大衙门的职责，为保护汗王和大小福晋尽职尽责。

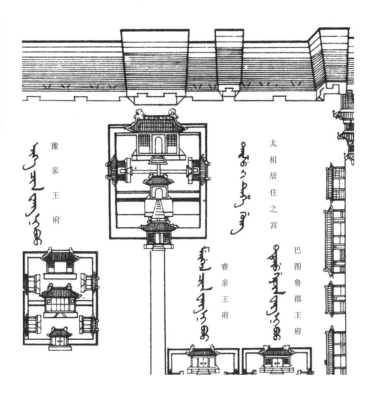

豫亲王府

太祖居住之宫

睿亲王府

巴图鲁郡王府

沈阳城内努尔哈齐汗宫平面图

年代 清康熙早期
作者 佚名
收藏单位 中国第一历史档案馆

此图改绘于清康熙早期所绘《盛京城阙图》。该图具体描绘了清初沈阳城及城内宫殿建筑、诸王贝勒府和国家机关衙署、寺庙等具体位置。图中上部以满文标注"太祖居住之宫"字样，即为努尔哈齐在迁都沈阳后的寝宫。

从"太祖居住之宫"来看，此座宫殿建筑规模较小，采用清初黄、绿琉璃瓦修饰。汗宫外部设有围墙，前有大门，后面的寝宫修筑于高台之上，具有典型的女真（满洲）传统建筑遗风。汗宫由努尔哈齐亲随护卫守护，院落虽小，却有利于侍卫的值守和护卫。每逢其上朝时，由侍卫扈从前往大衙门（即沈阳故宫大政殿、十王亭建筑）；退朝后，则护卫其返回汗宫。

（013）

后金天命年铸云板

年代 天命八年 (1623)
收藏单位 沈阳故宫博物院

此块云板制作于后金天命八年（天启三年，1623），由辽南地区的汉族工匠以生铁一次铸造而成。板身为长条形，上、下部铸成较宽的云朵形状，表面铸以花卉纹和卷草纹，下部云头中心位置铸有圆形凸点，用于敲击。板身一侧铸有"大金天命癸亥年铸牛庄城"铭文，板上部中间制有一圆孔，为穿系挂绳之用。现为沈阳故宫博物院所藏国家一级文物。

云板为清开国时期的重要传世遗物。它最初是佛教寺庙或富贵人家悬挂敲击的响器，以木板雕刻或金属铸造制成云朵形状，人们通过敲击板面以传递消息。后金时期，将云板应用于军事战争，八旗军队在边境台堡、关卡等处挂置云板，遇敌军来犯，守卫者以其人数多寡，用不同的速度敲击报警。此外，据《满文老档》记载，在努尔哈齐汗宫大门前，亦悬挂有云板，内外遇事则敲击相告，使之成为重要的宫廷传讯器具。

（三）禁卫盛京皇宫

014

盛京皇宫大政殿、十王亭建筑平面图

　　此图选自《盛京通志》。大政殿与十王亭位于盛京皇宫（沈阳故宫）东路，始建于天命十年（天启五年，1625），是清朝关外皇宫最早期的宫殿建筑。大政殿（原称笃恭殿）与殿前左右两侧对称排列的十王亭，构成一组帐殿式建筑格式，体现了清早期八旗军事民主制与满洲游猎文化的特征。

　　大政殿与十王亭建成后，主要用于满洲皇帝率八旗贵族、宗室成员、八旗官兵举行庆典、宴会、赏赐等活动，是较为开放的君臣聚会场所，因而院外围墙建得较矮，至清末仍为砖砌花墙，院前正面则一直保留着满洲传统的木栅之墙，墙外则设有堆拨和拒马，由宫殿侍卫、护军守候。大政殿北侧的銮驾库修建于乾隆年间，是专门贮放皇帝卤簿仪仗的场所。清帝东巡之后，御用仪仗、宫廷乐器等放置此处收藏，以备下次皇帝东巡之用。

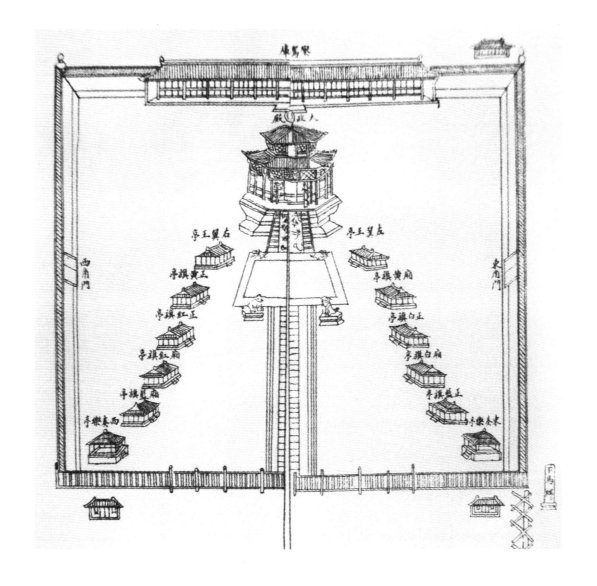

八角攒尖式建筑大政殿

大政殿原名笃恭殿，俗称大殿、八角殿，总体呈八面造型，坐落于1.5米高的须弥座台基之上，屋顶采用重檐八角攒尖顶，为八角亭子式建筑。它创建于努尔哈齐迁都沈阳前后，由当时的海州（海城）侯氏家族成员所修造，采用黄、绿琉璃砖瓦和传统的大木架结构，建筑装饰融合了满、汉、蒙、藏等多民族文化特色，成为盛京皇宫东路最具代表性的建筑，至今已成为沈阳故宫乃至沈阳市的地标性建筑。

大政殿又称大衙门，最初是汗王（皇帝）与诸贝勒上朝共议国事之处，它与城北门内努尔哈齐的汗宫分开建设，形成"殿"与"宫"的分离状态，具有满洲政权的别样特色。

1644年元旦，六岁的顺治皇帝在皇太后、诸王贝勒、两黄旗大臣及内廷侍卫陪护下，于大政殿正式登极，年号顺治，成为清王朝第三代君王。其后不久，摄政睿亲王多尔衮即在此接受帝旨，率八旗军出兵进关，开始了统一全国的征战。

盛京皇宫大清门

大清门创建于后金天聪年间，崇德元年（崇祯九年，1636），皇太极将其正式定名为"大清门"。此门位于盛京皇宫（沈阳故宫）中路建筑前部，为前后出廊五间硬山式建筑。屋顶铺黄、绿色琉璃瓦，正脊、前后戗脊饰五彩行龙、彩云，左右两侧山墙上的墀头装饰五彩琉璃构件，其上装饰螭龙、麒麟、海马、花卉等图案。门前部安装有三扇栅栏式大门，门两侧为"一码三箭式"立式大窗，反映出清初满洲宫殿的独特风格。

大清门正式建成后，即由宫廷侍卫轮班值守。按清初宫廷定制，宫廷侍卫除把守宫禁，还要监督文武官员入门时行止，不得背向宫内正殿方向而立，如此以示对皇帝的忠诚。清入关后，将明宫正门"大明门"改成"大清门"，并由宫廷禁卫军守护，形成遥遥相对的两座大清门门禁。

大清门满汉文门额

此门额为清宫传世遗物，由乾隆帝亲笔御题，制成后一直悬挂于盛京皇宫（沈阳故宫）正门——大清门内。门额为木制、贴金，糅朱漆及洋蓝，为九龙斗匾式。匾四周以圆雕、浮雕手法刻制云龙造型，中心题写"大清门"三字，左满文、右汉文，其满、汉文排列位置与紫禁城中匾左汉文、右满文正好相反。匾上部中央刻制"乾隆御笔"朱文方印。

崇德八年（崇祯十六年，1643），皇太极病故后，睿亲王多尔衮与肃亲王豪格等宗室成员为争夺皇位发生冲突。当时，由两黄旗选任的宫廷侍卫在朝臣带领下，力主太宗之子继位。他们张弓挟矢，环立宫殿之外，严密守护大清门，对欲窥帝位的诸王起到震慑作用，最终确保了太宗第九子福临得以继承皇位。

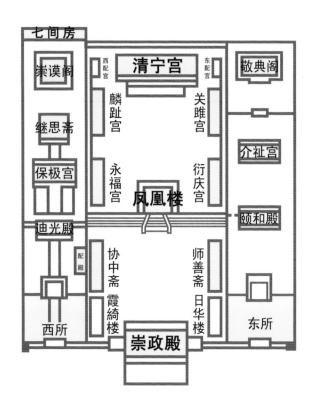

（图中建筑名称）

七间房

崇谟阁　清宁宫　敬典阁

西配宫　东配宫

继思斋　麟趾宫　关雎宫

保极宫　永福宫　衍庆宫　介祉宫

迪光殿　凤凰楼　颐和殿

配殿

协中斋　师善斋

霞绮楼　日华楼

西所　崇政殿　东所

018

盛京皇宫中路前朝后寝式宫殿

盛京皇宫（沈阳故宫）中路建筑，创建于后金天聪年间（1627—1636），它是在皇太极四贝勒府基础上扩建而成，崇德元年（崇祯九年，1636）正式确定各宫殿名称。

早期中路建筑主要有大清门、崇政殿、凤凰楼和"台上五宫"，这种"前朝后寝"式建筑格局，完全依照中原明王朝宫殿形式，使前殿与后宫合为一体，有利于宫廷禁卫部队的守护。清初，两黄旗侍卫、巴牙喇（亲兵）即在此区域值班守卫，保护皇帝及其后妃、皇子、公主的安全。

清乾隆年间，为帝后东巡驻跸以及完善宫廷建筑体系，清高宗下旨对盛京皇宫进行大规模改建和扩建，在崇政殿前改建了飞龙、翔凤阁，于原中路建筑两侧修建了"东所""西所"（即俗称的"东宫""西宫"），其中"东所"由随驾东巡的皇太后使用；"西所"由皇帝和随驾的后妃使用。这种完整的皇家宫殿建筑格局，与紫禁城更为相似，也使宫廷侍卫能更好地行使其保卫职能。

019

关外金銮宝殿——崇政殿

崇政殿始建于后金天聪年间（1627—1636），位于盛京皇宫（沈阳故宫）中路中心位置，是最重要的大殿之一。清太宗皇太极在此主持国家军政要务，与诸王贝勒、文武百官商议国事，举行各种宫廷典礼仪式，因此它是清初内廷侍卫执事和重点保护的宫殿建筑。

崇政殿为五间硬山、前后廊式建筑，它前面有宽大的月台，下部为1.5米高的须弥座式台基。大殿前后均建有石雕栏杆和踏跺，殿顶铺黄、绿色琉璃瓦，正脊、垂脊、博风等部位采用彩色琉璃装饰，光鲜艳丽；殿檐下为前跃式立体龙形"抱头梁"；山墙两端安有彩色琉璃墀头，其上饰有麒麟、升龙、宝相花、螭龙、海马、瑞兽等图案。

清朝入关后，崇政殿的地位仍十分重要，皇帝东巡盛京期间，于此接见文武百官、蒙古外藩王公贝勒和朝鲜使臣，并在宫廷侍卫扈从下，举行祭告三陵礼成大典仪式，形成了较为固定的"崇政殿朝贺仪"。

后宫门户凤凰楼

凤凰楼位于盛京皇宫（沈阳故宫）中路建筑中心区域，它是连接正殿崇政殿与内廷寝宫的门户，相当于紫禁城中的乾清门，由宫廷侍卫重点把守。清初该楼建成后，清太宗皇太极常率后妃于楼上小憩、宴会、读书，有时亦邀请皇室成员、后妃家人登楼聚会，内廷侍卫即守于楼下。清中期后，这里用来贮藏清朝皇帝"圣容""行乐图"画像和"盛京十玺"、宫廷典籍等重要遗物。

凤凰楼为面阔三间、歇山式建筑，四周出廊，楼顶铺黄、绿色琉璃瓦。该楼下部为寝宫正门，上部分为二层，由外廊楼梯上下通行。楼内外均施彩画，且保持着清入关前独特的"三宝珠"彩画形式。有清一代，这里曾为沈阳故宫乃至盛京（沈阳）城最高的建筑，素有"凤楼晓日"的美誉，在辽沈地区具有广泛的文化知名度。

021

盛京皇宫"台上五宫"

盛京皇宫（沈阳故宫）"台上五宫"，系指建于崇政殿北面的内廷寝宫，它包括正宫清宁宫、东宫关雎宫、西宫麟趾宫、次东宫衍庆宫、次西宫永福宫。崇德元年（崇祯九年，1636），皇太极将国号"大金"改称"大清"，将年号"天聪"改称"崇德"，并按内廷建筑正式册封五宫后妃，创建了清初后宫定制。"台上五宫"建成后，由内廷侍卫（清初称亲随侍卫）承担保护重任，在近十年的时间里，负责守门、巡更、宫内执事等诸多事宜。

所谓"台上五宫"系因诸宫建于4米高的平台之上，高台前后修建有十余级台阶用于通行。清初内宫建于高台之上，沿袭了女真（满洲）传统建筑形式，便于宫廷侍卫守护和防御。清早期的许多宫室，包括沈阳城内的努尔哈齐汗宫，均采用这种高台式建筑形式，形成盛京皇宫"宫高殿低"的格局，与紫禁城"宫低殿高"形式构成鲜明差异。

022

盛京皇宫后宫区西侧更道

此更道为盛京皇宫（沈阳故宫）后宫区域的防卫、巡更通道，地处"台上五宫"外侧西部，是内廷侍卫值班守护、巡查的区域。清初，内廷侍卫即由此通道巡逻、打更，保护帝后、妃子及皇子、公主的绝对安全。

盛京皇宫后宫区建在方形平台之上，平台高耸兀立，有利于宫廷侍卫守护。为保证内宫区域的绝对安全，清初在修建宫殿时，于台外侧宫墙之外建有一圈内凹式更道。此更道宽80厘米，深93厘米，沿宫墙四面环绕一周，修建得十分隐蔽，从高台下部向上遥看时几乎无法发现更道存在，因而更有利于宫廷侍卫防护和守卫。

023

盛京皇宫后宫区北侧更道

北更道位于盛京皇宫（沈阳故宫）"台上五宫"外侧北部，更道内外墙上部为琉璃筒瓦，其下为笔直的墙体；内外墙之间，是清宫侍卫巡查的通道。按清初定制，内廷侍卫昼夜按班值勤，轮流上岗，不仅负责前后门的值守，夜里则按时刻打更巡视，严密守护。从清初各种官私史籍记载看，在清太祖努尔哈齐时期曾发生过御门不严，甚至监守自盗等事；但在皇太极当政以后，特别是崇德时期，随着宫殿建筑已成体系，宫禁制度初步建立，再没有发生宫廷侍卫失职现象，说明此时的门禁、巡更体系已较为规范和严密。

024

东西门禁——文德坊、武功坊

文德坊、武功坊俗称"东华门""西华门"，为盛京皇宫（沈阳故宫）最外部的门禁，分别处于宫殿正门——大清门外的东西两侧，是皇家禁卫部队按班守卫的重要门户。有清一朝，两坊之外设有堆拨（值房）和栅栏，由八旗护军设岗值班，普通百姓严禁入内，上朝的王公贝勒、文武大臣均要在两坊之外数十步远的下马碑前出轿、下马，在坊下接受八旗护军检查，因此两坊即成为进入盛京皇宫的第一道门禁。

文德坊、武功坊建成于崇德二年（崇祯十年，1637），外观为典型的传统牌楼式建筑。两坊造型一致，均为木构琉璃顶、四柱三楼式造型。牌坊上部采用黄、绿琉璃瓦，并按传统建筑形式制成木制斗拱，其下坊额施以雕刻、彩画、贴金等工艺，颇具地方特色。坊额之上木雕满、汉、蒙三体文字，分别刻制坊额"文德坊""武功坊"，并明确制有"崇德二年孟春吉日立"字样，其明确的清朝纪年款，使两座皇家建筑更具历史价值。

二

守护紫禁城外朝

（一）太和门更番轮值

025

紫禁城外朝大门——太和门

　　太和门是紫禁城前部最重要的宫阙门户，它位于北京故宫外朝中路，午门以北。宫门承袭明朝旧式，原称奉天门、皇极门，顺治二年（1645）后改定此名，并经过数次重修。该门全高23.8米，面阔九间、进深三间，为重檐歇山式建筑，建筑下部为高大的汉白玉基座，梁枋等构件施以和玺彩画，建筑体量和修造工艺可称为宫门中最高等级。

　　太和门是宫廷侍卫重点守护的宫阙正门。按照清朝典制规定，太和门由大门侍卫和八旗护军值班守护，昼夜均有固定排班。值守太和门等外朝的禁卫军以"上三旗"侍卫、护军为主，他们按日轮值，以确保皇宫门禁的安全。

026

宫廷侍卫、护军守护外朝

年代　清乾隆
作者　佚名
收藏单位　故宫博物院

　　本图选自清人绘《万国来朝图》轴。该图以乾隆年间外国使臣多次入宫觐见、献礼为题材，经艺术加工后，再现了宫中庆典盛景。图中特别描绘了宫廷侍卫、护军在外朝各门值班以及维持秩序的具体场景。因绘画创作和展示需要，画家所绘太和门建筑远远小于真实的宫殿，应是对纪实绘画的艺术升华。

　　清乾隆年间，宫廷画家奉高宗谕旨，曾创作多幅《万国来朝图》，通过元旦、万寿节等喜庆之日召外藩诸王、外国使臣入宫觐见，向皇帝贡献各类珍稀宝物、贵重礼品，以此描绘大清盛世之下的普天同庆、万邦和谐。在清宫举行的各次朝贺仪式中，宫廷侍卫、护军均要承担外朝各门、宫禁的守卫、查验、整肃事宜，特别是在宫门入口处，还要加设值班侍卫、护军人数，以确保皇帝、王公贝勒大臣、文武百官、外国使臣的人身安全，保证朝贺秩序和献礼、赏赐、筵宴等活动顺利进行。

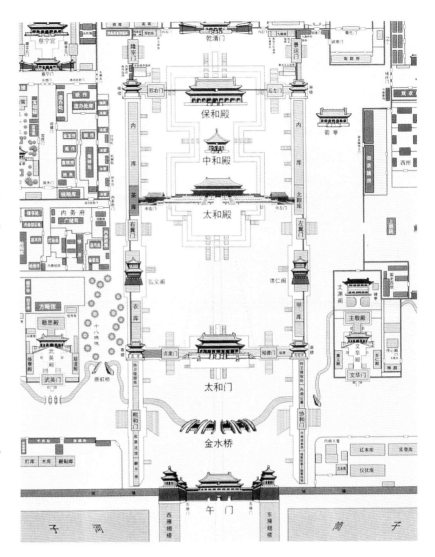

027

紫禁城外朝平面图

　　紫禁城外朝，系指午门以北、乾清门以南的宫殿建筑区域，它主要包括内金水桥、太和门、太和殿、中和殿、保和殿和宫殿东西两侧的多座宫门、厢房等建筑，另外还包括中轴线东侧的文华殿、西侧的武英殿两组建筑群。

　　紫禁城外朝是皇帝上朝、颁布各种政令、举行各种大典仪式的地方。这里是国家权力的象征，是天子威仪所在，因而对它的保护和守卫也是最高等级的，由宫廷侍卫和"上三旗"护军共同完成。宫中侍卫、护军每日值班的重要差事，就是守护外朝安全，清宫典制中对外朝各门值班、守卫等均有明文规定。

028

侍卫双列禁宫门

年代　清乾隆
作者　佚名
收藏单位　故宫博物院

　　本图选自清人所绘《胪欢荟景图》册之一开"万国来朝"。该图描绘了乾隆中晚期某年元旦之日，在京王公贝勒、文武百官以及各部藩属、外国使臣入宫朝觐的盛大场景。

　　图中细致描绘了紫禁城太和门、太和殿两处建筑及周围人群，其人物有数百名之多，其中太和门外的外国使者身着彩衣、手持贡品等候入宫；太和殿丹陛上下陈列有各类御用仪仗，气势宏大威严；广场两侧则散布着众多大臣、官员、侍卫人等。在前部太和门廊庑之下，相向而立十八名大门侍卫，他们头戴花翎暖帽，身着长款端罩，腰挎仪刀，相向而立守护宫门，为此次节日朝觐增添了皇家威仪。此套图册用笔工致细腻，原图场景宏大，描绘细腻，连太和门匾额上的满汉文字也清晰可见，反映了宫廷绘画的严谨与写实。

029

四队列班显威仪

年代　清乾隆
作者　佚名
收藏单位　故宫博物院

　　本图选自清人所绘《万国来朝图》轴。清乾隆朝创作的几幅《万国来朝图》，所绘宫廷侍卫执守宫门的场景大体一致，均为腰挎仪刀，从门外到门口相向站立，但值班人数并不固定，有的为二十人，有的为十八人，还有的为十二人；排班站立形式也不尽相同，有的呈两列式，有的为四列式。

　　从此幅绘画来看，在太和门值班的宫廷侍卫排成四列横排，两两相对，每列均为五人；此班共计二十人，较为真实地再现了大门侍卫列队值班的情况。此外由该图细部研究，在侍卫里面大门左右两侧，依墙分别排列着武器支架和长枪，它们既可起到威慑作用，也可在实战中用于攻守，因而是清宫门禁的组成部分之一。

030

"上三旗"护军官兵值守宫门

年代　清乾隆
作者　佚名
收藏单位　故宫博物院

　　本图选自另一幅清人所绘《万国来朝图》轴。清宫典制规定，紫禁城各门的守卫除宫廷侍卫外，八旗护军营等部队也参与其事，特别是在外朝大门（太和门）以及东华门、西华门等处，均由"上三旗"护军直接参加值班。

　　从本幅绘画来看，太和门廊庑之下有两列身着端罩的侍卫值班把守，而在汉白玉台阶之下，则东西分立着护军营官兵，左右两列共二十人。此外，在其身后，还有一些散开的护军校尉在维持朝觐者秩序。这些"上三旗"护军均头戴暖帽，身着对襟长褂，腰悬仪刀，在认真完成检查、监督和引领等任务。

031

位于外朝的侍卫值宿处平面图

有清一朝，曾有众多宫廷侍卫、八旗护军在紫禁城内担任值班、守卫等任务。他们昼夜轮班，十分辛苦，需要在宫中休息和饮食，因此宫内也建有多处侍卫值宿处，以便其休息和更好地行使职责。

本平面图为紫禁城外朝太和门区域，明确标出了两处宫廷侍卫值宿处。从图中可以看到，在太和门东、西两侧崇楼之前，各有一组侍卫值房。即东庑廊侍卫值宿处、西庑廊侍卫值宿处，两组建筑东西相向，紧密保护着太和门、昭德门、贞度门等外朝门户，构建起紫禁城外朝前部的严密防线。

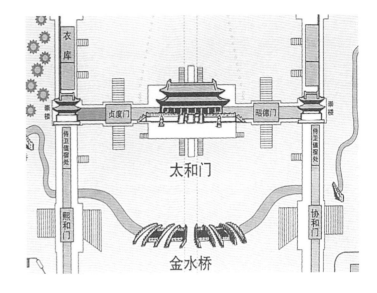

032

太和门前东庑廊侍卫值宿处

东庑廊侍卫值宿处，位于太和门东崇楼以南，为传统的廊庑式建筑，与西部的侍卫值宿处遥相对应。庑廊建于约 3 米高的平台之上，前面出廊，安设门窗；后部为硬山式山墙，对外形成天然的保护屏障。

清朝定都北京后，侍卫、护军入宫值班时，按规定在庑廊内轮流休息，并按时上岗值班，确保紫禁城安全。

033

太和门前西庑廊侍卫值宿处

西庑廊侍卫值宿处，位于太和门西崇楼以南，为传统的廊庑式建筑，与东部的侍卫值宿处建筑形式相同，体量相当。庑廊坐西朝东，前出廊，后为墙，构建起紫禁城外侧的屏障。

东、西庑廊俗称为"东、西朝房"，但实质并非是朝臣候朝之所，而是宫廷侍卫的值宿处。据清人记载，宫廷侍卫、护军平日均要按例进宫值班，无故脱班则要受到惩处。

034

清宫曾用过的门禁大锁

年代　清中晚期
收藏单位　故宫博物院

紫禁城门禁除宫廷侍卫、护军人员守护外，另一项重要防护措施即是各种锁具。此组大锁均为清朝中晚期制造，有铁质、铜质等材质，采用铸造、錾刻等工艺制成，按宫门等级配以不同锁具。清宫大锁、钥匙虽没有现代锁具精致和严密，但在当时对加强宫中防卫曾起到较大作用。

按照清宫禁卫制度规定，各处宫门每晚均需上锁，以保证宫内安全。内务府曾按定式制作许多铜质、铁质大锁及钥匙，由宫廷侍卫、护军及部分太监负责定时开闭宫门。由于紫禁城中宫门众多，至今传世的清宫锁具、钥匙也较多，其制作样式也不尽相同。

（二）卫戍宫禁诸门

035

外朝东侧的协和门

协和门在明朝时称会极门，位于紫禁城中路太和门广场东侧，与广场西侧的熙和门遥遥相对。其前面为进入宫廷的内金水桥。

此门南北两侧共有二十二间庑廊，曾是明清两朝内阁公署所在地。内阁是明清两朝设于宫中辅佐皇帝办理国家政事的专门机构，主要草拟和传达皇帝诏令、批阅和进呈官员奏章文书，因其职责十分重要，也受到侍卫、护军的特殊保护。

036

外朝西侧的熙和门

熙和门原称右顺门、归极门，位于紫禁城中路太和门广场西侧，与东面的协和门建筑东西对称而立。其前为五座汉白玉砌筑的内金水桥。

有清一朝，熙和门南北两侧的庑廊为宫廷文书机构，其中北侧庑廊是负责满、汉文互译的翻书房，南侧庑廊为记录皇帝言行的起居注馆，可谓朝廷中的重要文书机关，因此亦成为宫廷侍卫严加保护的所在。

037

太和门东侧的昭德门

昭德门又称前左门，在明朝时称弘政门。该门面阔五间，位于太和门东侧，与西侧的贞度门左右对称。

有清一朝，昭德门、贞度门是王公贝勒、文武大臣进入外朝三大殿的必经宫门，官员们由此进入太和殿广场，进而抵达太和殿叩见皇帝，因此该门成为宫廷侍卫、护军严加稽查的外朝门禁。

昭德门内侍卫值守处

昭德门是清宫侍卫、护军重点巡查与守护的宫门，同时也是他们值班之后休息、聊天的所在。此为该门廊庑之内西间，从清宫史料记载和保存遗迹来看，这里即是侍卫、护军值班所在，建有较宽的木踏平台，甚至可能铺有卧具，供值班官兵休息使用。

按照清宫定例，宫廷侍卫、护军每晚值班均以传筹方式作为交接，其路线为固定的环绕巡视。宫廷禁卫军在外朝的巡逻路径为："自隆宗门发筹东行，出景运门，循而南，过左翼门、协和门，迤而北，过昭德门，循而西，过贞度门，迤而南，过熙和门，循而北，过右翼门，仍至隆宗门。"每次巡视均要经此八处，每夜计巡查五次。在太和门院内，另有一组巡视官兵，他们在院内的环绕路径为："自中左门发筹，过东大库、西大库、中右门，仍至中左门。"每次巡视均经此四处，每夜计巡查三次。

太和门西侧的贞度门

贞度门又称前右门，在明朝时称宣治门，明仁宗朱高炽曾于此听政。该门位于太和门西侧，与东侧的昭德门遥相对称，是紫禁城外朝重要的门户之一。

清朝之时，贞度门既是宫廷侍卫、护军设班值守的重要门禁，也是他们值班休息之处。光绪十四年（1888）十二月，在贞度门值班的两名护军，因将旧洋铁油灯悬挂于东山墙檐柱上入睡，致使油灯烧着山墙后柱，继而引发大火。宫廷侍卫、护军发现火起后虽奋力扑救，终因当夜风大、火势猛烈，而将贞度门、太和门、昭德门及附近相连的许多库房一同烧尽。案发后，肇事者被处以绞刑，相关官员也受到处罚，救火有功的侍卫、护军则受到奖赏。

040

宫廷侍卫、亲兵值守贞度门

年代　清乾隆

作者　佚名

收藏单位　故宫博物院

　　本图选自清人所绘《胪欢荟景图》册之一开"万国来朝"。画面描绘了宫廷侍卫、护军值守太和门西侧重要宫禁——贞度门的场景。由图可见，有"上三旗"护军官兵头戴花翎暖帽、身着蓝色补褂，戴朝珠，佩仪刀侍立于贞度门之侧，以便检查往来人等；有宫廷侍卫身穿端罩，腰挂仪刀，三两相随，巡查宫院，其尽职尽责之情跃现眼前。在这些宫廷侍卫、护军的前面，是一群等候进入太和门觐见皇帝的外国使臣，飘飞的彩旗和奇异的服装，增添了节日的喜庆气息。

　　从此幅绘画所绘数株柏树来看，它们应属于凭空想象的点景之笔。因此，清宫庆典绘画虽有诸多纪实性质，实际也会添加一些艺术表现因素。

041

太和殿东侧的中左门

　　此门位于紫禁城最重要的大殿——太和殿东侧，它与西侧的中右门相对称，是前朝内外通行的宫门。由于太和殿坐落于高高的台阶之上，且有礼制上的一些规定，因此在清朝时，许多宫廷侍卫、护军、太监和杂役在宫内往来执事时，就必须经过中左门、中右门，而宫廷禁军即承担检查、稽核任务，以确保宫内安全与秩序。

　　在紫禁城外朝的太和门、太和殿、保和殿东西两边，按前、中、后及左、右不同方位，分别排列着六座宫门，即前左门（昭德门）、前右门（贞度门）、中左门、中右门、后左门、后右门，几座宫门造型、结构大体一致，所起作用也基本相同。它们均处于中轴线两侧，以严格、标准的对称式排列，拱卫着中央的大门和大殿，使得紫禁城宫殿整体上十分稳定与和谐，这实际上也是中原传统文化在古代建筑上的真实体现。

042

宫廷侍卫、亲兵值守中左门

年代　清乾隆

作者　佚名

收藏单位　故宫博物院

　　本图选自清人绘《庐欢荟景图》册之一开"万国来朝"。从本图描绘的场景来看，中左门在节庆之日应由四名护军官兵按班值守，他们值班的服装也是花翎暖帽、对襟补褂，腰中佩带仪刀，这与清宫典制中的记载完全相同。另外从绘画中可以看到，在此处宫门两侧，放置有两组武器支架和十余杆长枪，这些装备亦应是清宫禁卫的真实再现。

　　紫禁城外朝共有大小宫门十一座，它们均由宫廷禁卫军分班值守，其守卫任务看似单调、无聊，却又关乎清朝帝后、王公贝勒、文武大臣乃至整个帝国的安危。宫廷侍卫、护军尽责守卫则宫中无事，朝堂安宁。从这一点来看，清宫禁卫部队实际上维系着大清王朝的命运。

043

宫廷侍卫、亲兵值守后左门

年代　清乾隆

作者　佚名

收藏单位　故宫博物院

　　本图选自清人所绘《万国来朝图》轴。图中描绘了宫中护军值守保和殿东侧宫门——后左门的情形，在宫门左右两侧，分别侍立一名身着护军服装的守卫者，但实际上守门官兵人数远多于此。在后左门台阶之下有多名护军、杂役在端茶送水，打扫宫院，这些差事也是宫中侍卫所承担的任务之一。

　　后左门、后右门是连接紫禁城前朝、后寝的两个重要通道，每逢皇帝出宫前往大殿，或是退朝返回后宫时，均要经过此门，因此对它的值班护卫更显重要。从本图描绘的护军人数来看，并不符合门禁制度，由此可知宫中绘画虽有纪实性，但也会按照入画需要有所取舍，具有艺术加工和改编成分。

（三）侍卫官员与守护诸军

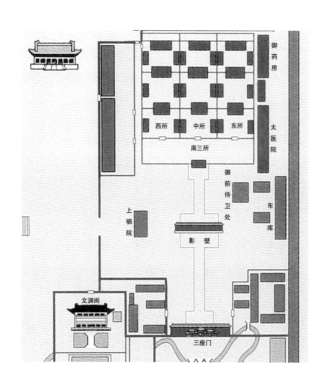

御前侍卫处及上驷院位置图

　　此图为清宫御前侍卫处及上驷院平面位置图，它们位于北京紫禁城外朝东部、南三所前部。这里比邻箭亭，是清朝宫廷禁卫部队高级长官和为皇帝提供御前服务机构的所在地。

　　御前侍卫处原名御前侍卫所，是专门管理御前侍卫和宫中一、二、三等侍卫的专设机构。按照清宫定制规定，宫廷侍卫的高级长官为领侍卫内大臣，其下设内大臣、散秩大臣、协理事务班领、侍卫什长等职官，所有在编侍卫按职能可分为御前侍卫、乾清门侍卫、大门侍卫，各侍卫又按照一级、二级、三级、四级和蓝翎侍卫分出不同品级，由此确定他们的上下等级、尊卑贵贱，并在服装、俸禄、赏赐待遇方面依级而异。

　　上驷院是专门为皇帝提供御用马匹的机构，所属职官有"阿敦侍卫"等特别名号，凡为宫内挑选、饲养、调驯马匹和备用鞍辔诸事，均由该衙门负责。"骑射"曾为清朝根本国策，上驷院设于外朝箭亭东侧，足以说明其职能的重要。

清银三旗领侍卫内大臣关防

年代　清中期

收藏单位　故宫博物院

　　此印为银质铸造，是"上三旗"领侍卫内大臣曾用官印，用于各类奏折、公文之上钤盖印章，在宫廷禁卫和侍卫管理中发挥重要作用。印纽为老虎造型，生动威严；印身为方台式，并于印台边框分别錾刻有"礼部造""乾字壹百陆拾叁号"字样，于印背面錾刻有对应的满文文字。印面为满、汉文合璧篆书"三旗领侍卫内大臣印"。

　　清朝宫廷禁卫部队的最高长官为领侍卫内大臣，顺治九年（1652），清廷在原有内大臣基础上，创立领侍卫内大臣之职，并于其后形成定制。领侍卫内大臣由皇帝亲自任命和管辖，通常由王公贝勒、御前近臣担任，共有六人，分别在镶黄、正黄、正白"上三旗"中每旗各选两位，直接统领御前侍卫、乾清门侍卫等宫中禁卫军。

清宫"上三旗"侍卫、护军建制

满洲"上三旗",即满洲八旗之中的镶黄、正黄、正白三个旗属。因其由皇帝直接统辖,地位高于其他五旗(俗称"下五旗"),所享受的物质待遇、优惠政策也较多。自清朝入关后不久,因皇帝自掌镶黄、正黄、正白三旗,即形成所谓"上三旗"定制。按照清朝定制,宫廷禁卫部队中的内廷侍卫大多出自满洲"上三旗",满洲"下五旗",蒙古、汉人虽也有担任侍卫者,人数却较少。禁卫部队中的护军营,也以"上三旗"护军为主体,且满洲、蒙古均可担任,体现了"上三旗"的特殊地位与角色。

据出身皇室贵胄、又曾任宫廷侍卫的清人昭梿所著《啸亭杂录》记载,清宫侍卫大多出自"上三旗",且以满洲贵胄子弟为最多:"国初,以八旗将士平定寰区,镶黄等三旗为天子自将,爰选其子弟,仿周官宫伯之制,命曰侍卫。"这些侍卫不仅出身高贵,更因担任侍卫而一生显赫。其年龄稍长后,大多荣升高官,担任要职,成为执掌朝权的栋梁。

清银正黄旗护军统领关防

年代　清中期
收藏单位　故宫博物院

此件银质关防为正黄旗护军统领所用,用于各类公文档案钤印。印纽为传统的蹲虎造型;印身呈方台式,并于印台边框分别錾刻"礼部造""乾字壹百捌拾玖号",于印背面錾刻有对应的满文文字。印面为满、汉文合璧篆书"正黄旗护军统领印"。

护军统领是清朝宫廷禁卫军的主要负责人之一,他们专门负责紫禁城内外各营护军的值班、调度、管理事宜,并参与宫内各类朝会、祭礼、筵宴等礼仪活动;皇帝出巡、狩猎则随营而行,负责扈从警戒、驻跸保护诸事。按清朝规定,护军营职官设置为:护军统领、护军参领及护军校,其中护军统领每旗一人,八旗共设护军统领八人;护军参领每旗满洲十人,蒙古四人,八旗共设护军参领一百一十二人;护军校每佐领满洲、蒙古各一人,八旗共设护军校八百八十五人。护军营的最下层兵丁为护军,于京师满洲、蒙古八旗每佐领下选护军十七人,共计一万五千人。

048

清满汉合璧篆书正黄旗护军统领印模

年代　清中期
收藏单位　故宫博物院

　　此印模为"正黄旗护军统领印"所拓制，印面文字为满汉合璧，左满文、右汉文，采用的字体为柳叶篆书体，简朴纯拙，颇具古风，使这枚禁卫军关防增添了浓厚的文化气息。

　　清乾隆年间，根据传统的汉文篆书体，对原来简单的满文进行字体改制，编制确定了三十二种满文篆书体，并向社会颁布。此后，满文各体文字被大量应用于宫廷玺印、衙门关防和书画创作、书籍刊印等文化活动之中，从而将满文提升到新的发展高度。

049

清银正白旗护军统领银关防

年代　清中期
收藏单位　故宫博物院

　　该件官印系银质，为正白旗护军统领所用，是该统领签发各类公文档案时加盖的官印。印纽为传统的蹲虎造型；印身呈方台式，边框、印背面錾刻有"礼部造"等满、汉文文字。印面为满、汉文合璧篆书"正白旗护军统领印"。

　　正白旗满洲属"上三旗"，是选拔清宫侍卫、护军的最主要旗属之一。正白旗护军统领隶属于本旗都统、领侍卫内大臣等官员，他们统率的护军官兵可由皇帝直接调遣，在宫廷禁卫事宜中发挥重要作用。

050

清银景运门值班大臣关防

年代　清中期
收藏单位　故宫博物院

　　这件银质关防为景运门值班大臣所用，用于该大臣签发各类公文奏章。印纽为传统的立柱式；印身呈方台造型，印背面錾刻有"礼部造""景运门值班大臣关防"字样，印边框錾刻"光字八号"等文字。印面为满、汉文合璧篆书"景运门值班大臣印"。

　　景运门位于乾清门前广场东部，进入该门既可通往外朝中路，亦可经乾清门深入内廷中路，因此被称为宫中"禁地"。守护该门的官兵，是宫廷中最重要的禁卫部队，其值班大臣不仅是皇帝亲信，在朝中也具有较高地位。按清宫定制，守卫紫禁城的王大臣值班处即设于景运门。其间设景运门档房，作为值班大臣办公机构，其下设总领笔帖式、关防笔帖式、掌稿笔帖式、景运门行走等官职。在值班王大臣统领下，办理稽查及文案事宜，另设景运门御史，以便监督。

　　凡各衙门官员出入禁门，须于上一年制造花名木牌，咨送景运门档房稽查。凡苏拉、披甲人、匠役等出入禁门，须由有关衙门上报清册，送景运门档房稽查核对。凡银两、物件、活计等出入禁门，有关衙门则须知会景运门档房，经检查后方能放行。

三

禁卫内廷

（一）守护皇宫内廷

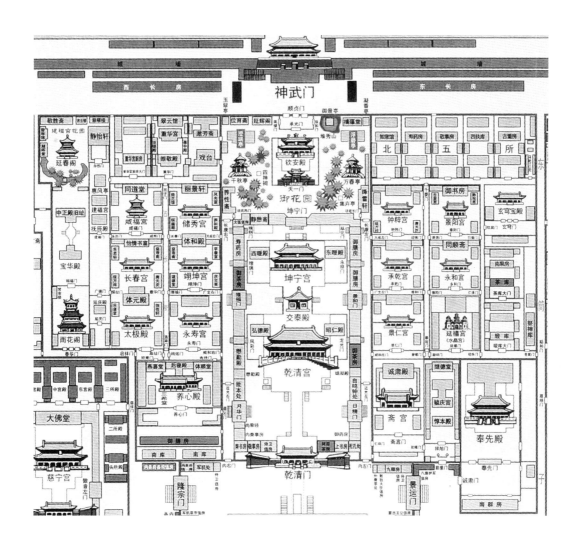

051

紫禁城后宫区域平面图

　　皇宫内廷，是与紫禁城外朝对应而言的寝宫区域。它位于紫禁城后半部，以中轴线对称排列，是清朝皇帝、后妃及其他家眷寝居生活之处，这里是宫廷禁卫部队日常守护、日夜保卫的重中之重。按清宫定制，内廷是由宫廷侍卫和内务府三旗包衣护军营官兵共同守卫，按照不同禁门，分别值守。

　　紫禁城内廷以乾清门为最前端的正门，乾清门东侧有内左门、景运门，西侧有内右门、隆宗门；乾清门以北为内廷中路的乾清宫、交泰殿、坤宁宫，中路区域两侧有东面的日精门、

景和门、永祥门和西面的月华门、隆福门、增瑞门；经内廷中路北面的坤宁门和御花园，可直达承光门、顺贞门。在内廷中路前部东侧，为斋宫、奉先殿区域；西侧为养心殿区域。在内廷中路中部东侧，隔东一长街，为东六宫；西侧隔西一长街，为西六宫；在东、西六宫外侧和后部，另建有诸多宫殿。此外，东筒子街以东的皇极殿、宁寿宫区域，隆宗门以西的慈宁宫、寿康宫、寿安宫区域，亦属于内廷。

　　有清一朝，皇帝先是居住于乾清宫，而后多住于养心殿；宫廷后妃则各按所封，分别居

住于东六宫、西六宫。所谓的东六宫，系指景仁宫、承乾宫、钟粹宫、延禧宫、永和宫和景阳宫；所谓的西六宫，系指永寿宫、翊坤宫、储秀宫、太极殿、长春宫和咸福宫。东、西六宫分别位于内廷中宫东、西两侧，它们各由六个近似的院落组成，各个院落中均建有一座主殿，而殿前是一座与殿名相同的宫门，门外左右又各建有一门，用以往来通行。东、西六宫内还建有许多宫、殿、轩、堂、斋、阁、房、室，构成了紫禁城内最为复杂的生活区域。

内廷门户乾清门

乾清门是紫禁城内廷的正宫门，面阔五间，进深三间，高约16米，为单檐歇山式建筑。宫门坐落在1.5米高汉白玉须弥座之上，周围环以石雕栏杆，门前三出三阶，中为皇帝通行的御路；门厅两侧有青砖槛墙，外侧为方格窗；宫门檐下施单昂三踩斗拱，绘金龙和玺彩画；宫门建筑两侧建有八字形琉璃影壁，高8米，长9.7米；门北侧有高台甬路连接乾清宫前部月台。

乾清门作为后宫的最主要大门，受到清宫禁卫部队的重视，由乾清门侍卫专门守护，按时辰转流值班，以保护皇帝、后妃在内宫的安全。此外，这里不仅是连接紫禁城外朝与内廷的重要通道，清早期皇帝还曾在此"御门听政"，其后斋戒、请宝、接宝等典礼仪式也在此举行，因此乾清门也成为皇帝处理国家政务之处，在宫廷生活中占有特殊地位。

乾清门门额

该门额悬挂于乾清门外檐，为满汉合璧式宫额，左汉文、右满文，体现了清朝"满汉一家"、各族共荣的治国理念。1911年辛亥革命后，国民政府拥有外朝管辖权，随之对外朝宫殿各门匾额进行更名和换匾。清朝皇室按《善后条例》仍居内廷，才使乾清门及后宫各处门额原物得以保存。

乾清门是清宫禁卫军值守的最重要宫门，按制度规定，守护乾清门、内左门、内右门的侍卫为内班，派左右翼侍卫各三十人，由"上三旗"侍卫班领各一人、委班领各一人统辖其事。

054

乾清门侍卫值守宫门

年代　清乾隆
作者　佚名
收藏单位　故宫博物院

　　本图选自清人绘《万国来朝图》轴。清宫画
家所作《万国来朝图》，大多是以紫禁城太和殿
为画中主体，太和门也随之成为图前部重要衬景。
此图描绘的宫廷建筑，却是以乾清宫为主体对象，
其前部大门即乾清门则成为衬景，这一点从宫门
两侧琉璃影壁可得到确认。该图描绘的宫廷侍卫
值班人数、排列形式，与其他《万国来朝图》并
无异样，但在实际上，侍卫值守太和门、乾清门
是有所不同的。

　　乾清门侍卫为守护内廷宫闱的禁卫军，同时
也直接保卫皇帝寝居，故在宫廷中拥有较高地位
和较好待遇。在日常值守时，乾清门侍卫有严格
的值班规定，当值者必须按班到岗，尽心奉差。
除在编侍卫外，宫廷中另外设有"乾清门行走"虚
衔，将其赏赐给有功之臣或外藩蒙古贵族，以此
显示他们在宫廷中的特殊地位。

055

乾清门侍卫值房

　　此值房位于乾清门以里，面向乾清宫方向而
建。值房建筑体量虽小，仅供内廷侍卫值班时轮
流休憩，其作用无疑是较大的。

056

清宫铜钥匙牌

年代　清乾隆
收藏单位　故宫博物院

　　此牌为清中晚期开启东六宫之钟粹宫宫门的
钥匙牌，牌上写明为钟粹门、门东侧迎瑞门、门
西侧大成左门和本宫东后侧小门之钥，亦即是进
入钟粹宫四门的钥匙。全牌造型为仿玉器出廓璧
式，铜质鎏金，表面光洁完整。牌上部为圆形系
钥环孔，头部饰卷叶花纹；牌面为圆池，池内阴
刻满、汉两体对照文字："钟粹门、迎瑞门、大成
左门、钟粹宫东后小门锁肆把，通用锁匙。"从该
牌形制看，宫廷中更多保持着传统器物造型，宫
禁钥匙管理也十分规范和严格。

057

进入东六宫的门户——内左门

内左门位于乾清门东侧，是紫禁城内由外朝进入内廷的重要通道之一，由此可直达斋宫和东六宫各门，是清宫侍卫全力守护之门。按照宫内规定，在内左门设有专门侍卫和护军，以保证内宫安全。

058

内左门门额

内左门门额为木质髹漆制作，悬挂于外朝通往东六路门户内左门之上。边框髹朱漆，外描金边，额面为洋蓝底，其上有楷书"内左门"满汉两体文字，满文在右，汉文在左，一如紫禁城中绝大多数门额制式。

059

进入西六宫长街——内右门里

内右门位于乾清门西侧，与东面的内左门相对应，是紫禁城由外朝进入内廷的重要通道之一，由此可直达养心殿和西六宫。因雍正朝皇帝转至养心殿处理政务，内右门即成为清宫侍卫重点守护之地。按照宫内规定，内右门设有专门侍卫和护军，以保证帝后及其他皇室成员安全。

060

内右门门额

内右门门额为木质髹漆制作，悬挂于内右门之上。边框呈云头形，髹以朱漆；外描金边，额面为洋蓝底，其上楷书"内右门"满汉两体文字，满文在右，汉文在左，字体中显露着皇家宫廷的端庄与大气。

061

内廷侍卫、散秩大臣及八旗护军值房位置图

清宫侍卫除禁卫外朝、守护大清的"龙廷宝座"，同时也要保护好内廷，即皇帝、后妃和小阿哥、小公主居住的寝宫区域。按清宫定制，在紫禁城内乾清门东西两侧，即内左门、内右门外，分别修建有守卫内廷的侍卫值房。这些值房地处后宫区域最南端，为规模较小的值房，由散秩大臣、侍卫、八旗护军联合驻守，以严守乾清门、内左门、内右门和其他宫门、宫墙。夜晚，值班的八旗侍卫、护军则由此处开始，沿内宫宫墙进行巡视，以确保宫禁安全。

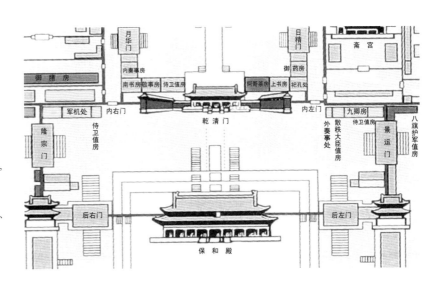

062

清宫内廷所用"圣旨"合符

年代　清乾隆
收藏单位　故宫博物院

　　紫禁城建有多座宫门，以供帝后、皇室成员、王公贝勒、文武大臣及匠役、太监等往来出入。宫廷侍卫、护军昼夜值班期间，需对进出宫门的各类人等查验牌证，以防不测，对夜晚出入宫禁者，查核验证则更为严格。按清宫定制，凡夜间奉旨派遣或因紧急军务出入禁门者，须持有宫内特制的阳文牌符，途经景运门或隆宗、东华、西华、神武各门时，以所持牌符与该门护军统领所持阴文牌符合验，守门官兵确认无误，方可开启宫门为其放行。

　　此件"圣旨"合符制作于清中期，为铜质铸雕而成，表面鎏金饰二龙戏珠图案，周围满饰云朵纹；牌符内侧分别在两面制有阴文、阳文"圣旨"二字。如遇皇帝夜间传旨，传令者需手持阳文牌符，至宫门时由当值侍卫、护军验证合符是否相符；启门放行次日，还需具奏上报。逢皇帝出巡，阳文合符交留京办事大臣轮班看守；皇帝驻圆明园，阳文合符送缴御园，俟皇帝回跸还宫，再缴还大内收贮。

063

清铜镀金"调前锋护军营官兵"阳符

年代　清乾隆
收藏单位　故宫博物院

　　清宫守护官兵除内廷侍卫外，还有其他前锋营、护军营等处部队，其官兵有的直接参与防守紫禁城或皇城，有的则驻扎于京城西北，以守卫皇家园苑或奉调入城。当时宫廷中即直接铸造了调遣前锋、护军等营的牌符，以备不时之需。

　　此件调兵阳符制作于清中期，为铜质鎏金，表面饰二龙戏珠图案和云朵纹；阳符内面铸有阳文"调前锋、护军营官兵"字样，应为奉旨传令者所持之牌符。按照清宫定制，阳文牌符收贮于宫中大内，阴字牌符交予八旗都统或前锋、护军营统领，逢宫中侍卫、官员传出阳文牌符，持阴文牌符各官需用手中阴文牌符与之合验，合符后乃遵旨行事，听命调遣，以确保宫禁安全。

064

内廷东门户——景运门

  景运门位于乾清门广场东侧，门额东向，与西侧的隆宗门对应而立，建筑形制亦相同。面阔五间，为黄琉璃瓦单檐歇山式，单昂本踩斗拱，彻上明造，梁枋绘墨线大点金旋子彩画。明间及两次间辟为门道，门扉设于后檐金柱处。门道内外设礓磋慢道，以便于车舆出入。

  清宫制度规定，景运门由"上三旗"侍卫值守，每班派值班大臣一员、司钥长一员、主事一员、护军校二员、传筹护军校一员、门笔帖式一员、阅门籍护军六名、护军十八名、传筹护军九名共同在岗守卫。景运门及西部对应的隆宗门，是进入内廷的重要门户，故被称为"禁门"。自亲王以下，文职三品、武职二品以上官员以及内廷行走各官所带之人，只准至门外台阶二十步以外处停立，严禁擅入。

065

景运门门额

  该门额悬挂于景运门内檐，以标示内宫东侧之门禁，为满汉合璧样式。门额以木质髹漆制作，外框四面髹朱漆，边缘描金；额面为洋蓝底，其上书写额名"景运门"，右满文、左汉文，其意象征宫廷祥和、好运连绵。

  按清初规定，凡入宫执事官员出入景运、隆宗、后左、后右各门，要于年底造具人名木牌，移送景运门稽查。乾嘉以后，改每门行走官员开写职名查验，如嘉庆十六年（1811）规定："各门王公大臣及内廷行走官员暨值班侍卫等，本系在内当差，常穿行走易于认识外，其余各衙门文武官员以及王公大臣之护卫、跟班各员，具饬令随身携带职名，于进门时交纳值班之章京、护军等，收执查验准行；出门时，各员仍自向该门领取原交职名。如查不符，即行究办。"

066

内廷西门户——隆宗门

隆宗门是紫禁城乾清门广场西侧进入内廷的大门。平时由内廷侍卫严密把守，出入内廷人员均要受到严格检查。此门也是八旗护军每夜巡逻守卫的重点门户之一。

清宫定制，隆宗门由"上三旗"侍卫守护，每班派印务参赞一员、护军参领一员、护军校二员、传筹护军校一员、门笔帖式一员、阅门籍护军一名、护军十八名、传筹护军九名共同守卫。

067

隆宗门门额

该门额悬挂于隆宗门内檐，对往来者起警示作用。门额为满汉合璧制作，左汉文、右满文，寓意光耀祖先、恒运永久。

隆宗、景运诸门作为紫禁城中后部的重要门禁，曾为保护内廷发挥过作用。嘉庆十八年（1806），爆发了天理教教徒进攻紫禁城的事变。是年九月，仁宗皇帝颙琰未在宫内；十四日，农民领袖林清等率河北、河南、山东等地起义军突袭进攻紫禁城。当时，由西华门进入的农民军在内应太监刘得才、刘金等人引领下迅速攻打到隆宗门，与宫廷侍卫、护军展开激战，但最后因入宫人数较少被逐一消灭。至今在隆宗门的门额上，还保留着当时起义军所射的箭头。

军机处东值房——侍卫值房

　　按照清宫定制，守卫紫禁城的侍卫共分为两班，其中宿卫乾清门等处的官兵为内班，宿卫太和门等处的侍卫为外班。两班侍卫皆分为左右两翼，按六班轮值，以分别守护后寝、前朝两大区域。

　　为使轮班值宿的侍卫有休息之处，当时在紫禁城内建有多处侍卫值房；其中守护后寝区域的侍卫值房，分别建于乾清门外左右两侧，即内左门以东和内右门以西位置。建于内右门以西的侍卫值房，被称为军机处东值房。该值房为东向三间，建筑体量虽小，却方便侍卫值宿与休息，使其能更好守护乾清门和内右门等处。

景运门外北值房——八旗护军值房

　　八旗护军在守护紫禁城、圆明园等皇家建筑中，曾发挥重要作用。按照清宫定制，内务府护军营官兵直接参与内廷外围的保卫、守护任务。如在紫禁城值宿，护军营官兵亦按左右两翼划分，轮流入宫当值。嘉庆十八年（1813）发生天理教夺门事件后，清廷进一步严密轮班值宿制度，规定："禁城值班王公内大臣、文武大臣、前锋、护军统领……各于辰刻至景运门内九卿朝房，面行交替接班后，仍著在景运门内外班房会集，毋许远离。至申酉之间，始准各自散归值宿处所。"

　　景运门外北值房，曾是八旗护军官兵在紫禁城值班和休息的场所，它位于景运门外北侧，背靠北墙和东墙呈 L 型建筑，外无前廊，内部为通透式格局，利于值宿者上班和休息。

八旗护军巡更地——东筒子

　　清朝宫廷对紫禁城内部守护与巡逻定有严格制度，因皇帝、后妃和其他皇家成员昼夜居于内廷，宫廷侍卫、护军防卫亦更加严密，除内廷各门有固定人员把守外，每夜还设多班护军卫队，环绕宫墙进行巡查。按定制，巡逻官兵每夜从景运门开始西行，沿顺时针方向巡逻，绕内廷一周后再折返至景运门，依此循环传筹。其具体巡逻路线和途经宫门为："自景运门发筹西行，过乾清门，出隆宗门；循而北，过启祥门；迤而西，过凝华门；迤而北，过中正殿后门，至西北隅；迤而东，过顺贞门、吉祥门，至东北隅；迤而南，过苍震门，至东南隅。迤而西，仍景运门。凡十二汛为一周，传筹五。"

　　内廷东侧的东筒子，旧称苍震门前直街，位于紫禁城东六宫与外东路宁寿宫、乐寿堂两大建筑群之间，是每夜八旗护军巡更的必经之地。此处通道左右高墙壁立，长路深深，更显出皇家大内的森严与幽远。

修在红墙里的券门

细心观察故宫的人会发现一个特殊现象：东筒子街宁寿宫以西大墙和外西路寿安宫以西大墙等处，高耸平整的红墙上，排列着多个圆弧形券门。既然是宫墙，怎么会有门？既然是宫门，为何要连续建成多座，它们又怎么会被封砌？

关于券门，曾有人认为是清宫侍卫值守处，但实际上，这些由青砖"两券两伏"（两排立砖、两排卧砖）砌就的券门，曾是宫廷中用来出粪的排污口。因帝后、皇室成员和太监、宫女等每天排弃较多污物，直接从宫门运出不雅，故修建了多座出秽小门。至清代中期，为保证禁城内安全，才将这些券门全部封砌，形成今天我们看到的奇特景观。

八旗护军巡更地——西筒子

西筒子街与东六宫东侧的东筒子街相对应，位于养心殿、雨花阁、建福宫建筑群以西，是清宫禁卫官兵每晚巡查内廷的必经之路。按清宫定制，八旗护军每夜按班巡逻。他们从景运门启行，经乾清门、隆宗门西行后，首先要经过的即是西筒子街。

与东筒子街笔直、深长的街路相比，西筒子街增加了几处波折，形成三四处转弯的路径，使八旗官兵巡视路上更具探察职能。在西筒子街巡班沿途经过的宫门有启祥门、凝华门（即今春华门）、中正殿后门等处，而后至内廷最北端的顺贞门外北横街。

启祥门值房

清宫禁卫部队不仅负责重要宫门守卫，对宫内较小宫门，也按制排班防卫，设有人数不等的守卫官兵，以保证宫禁安全。启祥门值房，位于西筒子街第一个拐角处，是西六宫前面出行的最外部通道。

此值房地处宫门以外，屋子虽小，但其位于养心殿后，可管控西六宫前门，故地理位置十分重要，受到禁卫部队的特殊守护。

内廷北部宫门——顺贞门

顺贞门位于内廷中路北端，为御花园之北门，亦是内廷最北部的宫门。该门随宫墙建三座琉璃门，中门较大，左右两门略小，每座均安有双扇实榻大门，门上安纵横各九颗铜鎏金门钉，增添了宫廷建筑的奢华与庄严。

顺贞门隔北横街与紫禁城神武门相望，它虽是进出内廷的重要通道，但平时严禁开启，仅在皇帝偶尔出入、皇后赴西苑先蚕坛祭祀或前往圆明园、景山寿皇殿等处，才会打开此门。此外，该门在钦安殿道场之期，供道士进出；在每三年宫内选秀女之时，供八旗秀女出入；在后宫亲族女眷奉旨会亲之际，由后妃家族女眷通行，但均由宫中侍卫、护军、女官等人严格监察，以防不测。

四

保卫紫禁城

（一）守卫皇宫禁城

075

紫禁城正门——午门

午门，是北京紫禁城的正门，位于故宫南北中轴线中部，通高 37.95 米，为重檐庑殿顶式建筑。总体呈北、东、西三面城台式结构，向南环抱成一个方形广场，其中北城门为五券，五门之上为门楼，面阔九间；东、西两翼城台各有庑房十三间，依门楼两侧向南排开，形如雁翅，也称为雁翅楼；在东西雁翅楼南北端，各有重檐攒尖顶阙亭一座，构成重檐高楼、五峰突起、气势雄伟的格局，因此又被称为五凤楼。

午门位于大清门、天安门、端门之后，是由南部进入紫禁城的最重要宫门之一，因而受到禁卫官兵的特殊守护。清宫定制，午门值守由"上三旗"护军轮值。每班派护军参领一人，左门派阅门籍护军二人，左、右门派护军校各二人，护军各十三名守卫。

紫禁城作为清朝国家的政治中心，皇帝、后妃及其他皇室成员的燕居地，始终受到高度重视与特殊保护，宫廷禁卫军按制予以最严密的守卫。清初，由领侍卫内大臣、护军统领、前锋统领各一人，率侍卫、护军等每天入宫轮值稽查。清中期后，值班大臣进一步增加，规定设置六班，日夜巡查外朝和内廷。乾隆四十七年（1782）十一月，清高宗弘历传旨："紫禁城内每日有进班之王公及领侍卫内大臣、大臣、部院大臣、都统、护军统领等五人，自应每夜巡查所属侍卫、章京、护军。嗣后，著自二更起，至五更止；进班之领侍卫内大臣，不时巡查该管侍卫亲军；护军统领不时巡查该管章京、护军校、护军。至外围之各堆拨，著进六班之王大臣等，轮流不时巡查，倘有旷班以及任意睡卧不坐更者，一经查出，即会同领侍卫内大臣参奏治罪，以示惩儆，朕仍不时派进班之御前侍卫、乾清宫侍卫，暗中巡查，如查出旷班及贪眠之人，务将该管之大臣，一并治罪。"这段文字反映了乾隆帝对紫禁城守卫事宜的特殊关注。

禁卫皇宫正门

年代　乾隆三十一年（1766）
作者　[意] 郎世宁、[法] 王致诚等
收藏单位　故宫博物院

本图为清宫廷画家郎世宁、王致诚、艾启蒙、安德义等人所绘铜版画《平定准部回部战图》之"平定回部献俘"。《平定准部回部战图》，又称《平定西域战图》《平定西域得胜图》，另名为《平定伊犁回部战图》。该图至今有三套版本传世，其一为铜版画原版，其二为铜版画印刷版，其三为按原稿着色创作的彩图版。此幅即为铜版画。全图反映了清高宗弘历端坐午门之上，接受出征回部将士报功献俘的场景。从这件纪实性铜版画来看，画面中不仅

有銮仪卫的乐队、内廷豹尾班、佩仪刀侍卫，亦有更多的八旗护军及守卫午门的官兵。在午门外左右值房前面，分别置有军械架，其上插放长枪，以便随时取用御敌。按清宫定制，对宫内使用武器稽查极其严格，"凡在宫内、圆明园内私藏鸟枪、火药、金刃器械，一经发觉，照违旨例加等问拟，即行正法"。因此，宫廷侍卫、护军即成为宫中唯一执有兵械的防卫力量。

乾隆二十年至二十四年（1755—1759），清朝完成第二次平准战争，随后两年完成

受降、献俘、凯宴、郊劳等礼仪。二十七年（1762），清高宗弘历命郎世宁起草《平定准部回部战图》小稿十六幅；三年后郎世宁、王致诚、艾启蒙、安德义等四人完成四幅铜版画；翌年，由宫廷画家丁观鹏等用宣纸依原稿描绘着色，完成彩图版绘画；三十一年（1766），十六幅铜版画被送到法国雕版印制；三十五年（1770），开始向清朝运回批量成品，并使平定新疆战事为世界所知。

八旗护军、亲兵守卫午门

年代　清乾隆
作者　（清）徐扬
收藏者　私人收藏

　　本图选自清宫廷画家徐扬所绘《平定西域献俘礼图》卷，此图现为私人收藏。该图虽仅绘出午门一角，但亦可以看到宫中銮仪卫演奏乐器、八旗护军佩刀侍立的场面。

　　有清一朝，宫廷侍卫、护军等禁卫部队在宫中值班时，通常只守卫宫门，晚间则按班于外朝、内廷各处以固定路线巡视。至清末，随着社会动荡和反清力量兴起，宫廷中不得不再次加强紫禁城防卫。光绪八年（1882），为加强警卫，规定将原来不登宫城的平地防御，改为登城日夜巡查。所定新制为：午门、神武门、东华门、西华门等紫禁城四门，原在各门左右马道设有五名护军值班；现由八旗护军等营再增派章京一员、护军校一名、护军十名，均在马道门外值班。每日初更时，每旗章京一员，带护军十名，各持长枪、号灯分别上城，传筹巡视；其余护军仍在马道外看守，由值班大臣稽查。每班巡视结果，须具单上报。这使得包括午门在内的禁城守卫得以加强。

清木"奉旨开午门"合符

年代　清中晚期
收藏单位　故宫博物院

　　紫禁城作为天子执政、燕居的龙庭，设有严密的闭门及启门防卫制度。每当夜幕降临，所有宫内即一律禁闭。但为传达皇帝谕旨、部院调兵等特殊命令，有时仍需开启宫门。为此，宫廷中曾制造多种启门合符，如圣旨合符、午门合符、东华门合符、西华门合符等，以便当值侍卫、护军在验明牌符后启门放行。

　　此件"奉旨开午门"合符，专门用于验证和开启午门门禁。一套合符分为阳文牌、阴文牌两块牌子，以木质雕刻制作，均呈正圆形，其中阳文牌在内面凸雕楷书文字"奉旨开午门"，字体略有缺损；阴文牌在内面阴刻相同文字凹槽。核验时，将两块牌子内面的阴阳文字相合，文字一一相扣，则顺利完成核准，随即由官兵开启宫门。

清代八旗护军、前锋营守卫紫禁城略表

官兵值班位置	官兵员额
景运门	值班大臣一人、"上三旗"司钥章京一人、巴克什护军六人、护军校二人、护军十八人
隆宗门	印务章京一人、护军参领一人、巴克什护军一人、护军校二人、护军十八人
后左门（后右门同）	护军参领一人、巴克什护军二人、护军校二人、护军十三人
中左门（左翼门、右翼门同）	护军参领一人、巴克什护军二人、护军校一人、护军九人
中右门	前锋参领一人、巴克什护军二人、前锋校一人、前锋九人 东华门（西华门、神武门同）护军参领一人、巴克什护军二人、护军校二人、护军十八人
午门左门（苍震门、启祥门同）	护军参领一人、巴克什护军二人、护军校二人、护军十三人
午门右门	护军校二人、护军十三人
体仁阁（宏义阁、昭德门、贞度门、协和门、熙和门、箭亭、中正殿正门堆拨、中正殿后铁门堆拨、大宫东北角堆拨、奉先殿东南角堆拨、寿康宫西堆拨、午门楼栅栏、东华门楼栅栏、西华门楼栅栏、神武门楼栅栏同）	护军校一人、护军九人
吉神门（文华门、大宫西北角堆拨、内银库及银库门、寿康宫之长庚门、西南门、宁寿宫之敦禧门、锡庆门、皇极门、履顺门、蹈和门、保泰门、茶膳房东北角堆拨、西北角堆拨同）	护军参领一人、护军校一人、护军九人
茶膳房	护军参领一人、护军校二人、护军十人
内东小库（内西小库同）	护军校一人、护军四人
景运门、隆宗门送筹，各以护军校一人、护军九人；以护军校一人、护军七人值火班；紫禁城外北门，以护军校一人、护军九人值班	
阙左门	下五旗司钥章京一人、护军校一人、护军九人
阙右门	护军参领一人、护军校一人、护军九人
端门（天安门、长安左门、长安右门同）	护军参领一人、护军校二人、护军十八人
大清门	前锋参领一人、前锋校一人、前锋九人、护军校一人、护军九人
西华门外北栅栏；神武门外西栅栏、东栅栏；东华门外北栅栏	护军参领一人、护军校一人、护军九人

自阙右门外第一堆拨起至阙左门外第十六堆拨止，内第四堆拨即以西华门外北栅栏护军参领兼领，第八堆拨即以神武门外西栅栏护军参领兼管，第九堆拨即以神武门外东栅栏护军参领兼管，第十三堆拨即以东华门外北栅栏护军参领兼管，以上四堆拨各派护军校一人、护军九人；其余堆拨各派护军参领一人、护军校一人、护军九人。

080

紫禁城东华门

东华门位于北京紫禁城东部，是各类人等出入禁城的重要门户。始建于永乐十八年（1420），清初经重修，与紫禁城西部的西华门遥相对应，与午门、神武门构成紫禁城东、西、南、北四大门禁。大门建筑总体呈立方矩形，当中辟有三座券门，城台上建有城楼，面阔五间，进深三间，四周出廊；城楼东面上檐悬挂"东华门"匾额，原为满、蒙、汉三体文字，辛亥革命以后经改制，只余铜质汉字"东华门"三字。

东华门是紫禁城最重要的宫门之一，由宫中侍卫把守，清初只准内阁官员出入；乾隆朝中期，特许年迈的一、二品大员出入。嘉庆年间，林清之变，因守门官兵察觉到农民军意图，骤然关闭大门，仅使十数人闯入禁城中。由于冲进内宫人数较少，起义旋即失败。

清木 "奉旨开东华门" 合符

年代　同治元年（1862）
收藏单位　故宫博物院

　　按清宫定制，东华门由"上三旗"护军轮流值守，每班派护军参领一人、护军校二人、阅门籍护军校二人、护军十八名守卫。夜晚如有持合符通行者，需由守门官兵核验牌符，核准后方可放行。

　　此件木质合符，为宫廷侍卫、八旗护军夜晚核验并开启东华门的凭牌。两块牌子均呈椭圆造型，大小一致，其中阳文牌内面凸刻楷书"奉旨开东华门"，阴文牌内面凹刻同样文字，笔画字体一一相合，以便核验放行。此件合符在阴文牌外面，阴刻"同治元年　月　日制，东华门"等文字，标明合符制造时间，以及可核准通行的宫门位置，尤为珍贵。

清铜镀金 "奉旨开东华门" 阴符

年代　清乾隆
收藏单位　故宫博物院

　　清廷对宫门开启时间有严格规定，凡禁城各门，白天开放时间早期定于丑正后，后改为子正后启门；清中晚期，改以黎明辨色为准，不定时开门。各门于日落后关门上锁，由司钥章京巡验并收贮钥匙；每晚，景运门司钥章京，自后左门、后右门、中左门、中右门、左翼门、右翼门、太和门、昭德门、贞度门依次验视锁具；午门以隆宗门护军参领验视，东华门以苍震门护军参领验视，西华门以启祥门护军参领验视，神武门以吉祥门护军参领验视。各门验看完毕，报景运门司钥章京并各缴其钥。端门、天安门、大清门、长安左门、长安右门，由各门值班护军参领验视锁具，报阙左门司钥章京，由此完成整个紫禁城甚至部分皇城的锁钥管制。

　　此件奉旨开门阴符，为铜质鎏金制作，内面铸有楷书阴文"奉旨开东华门"六字，应为守卫东华门的八旗护军所持牌符。

083

紫禁城西华门

　　西华门位于北京紫禁城西部，与东面的东华门遥遥相对，是皇帝、后妃和其他皇室成员、宫内随侍人等出入禁城的重要门户，主要通往西苑的中海、南海等皇家园苑。大门建筑呈立方矩形，当中辟有三座券门，城台上建有城楼，面阔五间，进深三间，四周出廊；城楼西面上檐下悬挂"西华门"匾额。

　　按清宫定制，西华门由"上三旗"护军轮流值守，每班派护军参领一人、护军校二人、阅门籍护军校二人、护军十八名守卫。为加强宫禁守卫，清廷规定在东华门、西华门、午门、神武门等四处，白天由护军执军器、挎腰刀守护；各门另设护军二人，专执红棒坐于门外，亲王以下出入，执棒护军可不起立；凡擅自入门者，护军当即以棒挞之。

八旗护军、亲兵值守西华门

年代　清乾隆

作者　佚名

收藏单位　故宫博物院

　　本图选自清宫廷画家所绘乾隆帝《八旬万寿庆典图》卷。乾隆五十五年（1790）八月十三日，是清高宗弘历八十寿辰。十二日，弘历自圆明园乘舆起驾，以骑驾卤簿作前导，西直门至西华门沿途张灯结彩，盛况空前。此为紫禁城西华门外场景，从中可见城楼上的牌匾以及大门左右佩刀执事的八旗护军。

　　清宫对出入紫禁城各门所有人员与物品，均加以严格审核，"凡官役官物，验其门牌而放行焉"，"内阁、内务府及内廷行走各处，内廷各馆供事、书吏、苏拉、皂隶、茶役、厨役、匠役等，皆由内务府给予火烙腰牌。入禁门，令巴克什护军验明放过。其腰牌三年更换一次。不及期而接充者，随时更改，咨报景运门稽核。其官物出入禁门者，由各衙门预出门单，送景运值班处照验，饬知各衙门放过。开库日，库使、库丁、匠役人等，由内务府司员带进。前期造具名册，咨送景运门查核"。由此，极大保证了清代紫禁城的安全。

清木"奉旨开西华门"合符

年代　清中晚期

收藏单位　故宫博物院

　　清宫廷对本朝王公贝勒、文武官员入紫禁城内行止设有严格规定，如对官员人等入紫禁城骑马、乘轿，即以宫门为限：凡王公大臣上朝，至各门外下马碑必须下马、下轿；唯贝子以上王公，或赏紫禁城骑马官员，入东华门，则至箭亭旁必须下马；入西华门，则至内务府前必须下马。这些宫中禁令，由宫中侍卫大臣、侍卫、八旗护军等加以督促和监管，凡违犯者亦由其上报惩处。

　　此件木制合符为正方形，阳符、阴符所刻文字均为楷书"奉旨开西华门"，它与此前圆形、椭圆形牌符均有不同，说明清宫核验牌符确实在不同时期有多种制式，但归根结底其作用均用于审核出入门禁者，以防不测。

086

宫禁御门

年代　清乾隆

作者　（清）姚文瀚、（清）张为邦

收藏单位　故宫博物院

　　本图选自清姚文瀚、张为邦合绘《冰嬉图》卷，绢本设色。该图为《冰嬉图》卷首部分，描绘了二十余名八旗护军守卫紫禁城西华门的实景。他们各佩仪刀，有的集群立于楼门之下；有的依次排列，守卫在西华门外至西苑沿途，为宫禁门户构建严密的屏障。

　　按清宫定制：王公及文武百官进入紫禁城，所带从人有一定限制，其进入宫门之时，守门护军、侍卫可按各官随员定数放行。乾隆六十年（1795）议定诸王贝勒、文武大臣入宫随从人数："亲王五人、郡王四人、贝勒三人、贝子二人、宗室一人；文武大臣随带骁骑校、蓝翎长、笔帖式微员一二人。"嘉庆十六年（1811），为限制入宫人数，将定制改为："亲王随从三人，郡王、贝勒二人，贝子一人；至文武大臣，均随带一人，不准例外多带。其蒙古亲王、郡王各带二人，贝勒、贝子各带一人。"

087

紫禁城后门——神武门

　　神武门是紫禁城的北门，为宫廷北部最重要的门户。永乐十八年（1420）建成，明时称玄武门。清康熙年重修时，因避康熙帝玄烨名讳改称神武门。总高31米，平面矩形，城台辟门洞三券，上建重檐庑殿顶式城楼，面阔五间，进深一间，四周出廊，环以汉白玉石栏杆。楼上旧设钟、鼓，由銮仪卫负责管理，按时敲钟击鼓，皇帝住在宫内则不鸣钟。此门作为皇宫的后门，是宫内人员日常出入最多的门户，也是宫廷侍卫、亲军重点检查和防范之地。

　　按照清宫典制规定，神武门由"上三旗"护军轮值。每班派护军参领一人、护军校二人、阅门籍护军校二人、护军十八名守卫，以保护紫禁城北部安全。

088

清木"奉旨开神武门"合符

年代　清晚期
收藏单位　故宫博物院

此套清宫启门合符，专用于开启紫禁城北部神武门。牌符为两块一套，均为正方形木板，以细腻软木刻以文字。阳符里面，刻制阳文"奉旨开神武门"六字；阴符里面，刻制与阳符相配的六字阴文。使用时将阴、阳牌面合二为一，逐字吻合，守门、护军方可开启门禁，使持牌者通行。从目前所见紫禁城各门合符来看，当时宫内制有大量木质、铜质牌符。奉旨出入不同禁门，使者所持之符必须与所经之门名称相同，且与守门护军手中之符相同，才能获准通行，反映了清宫门禁的严肃性。

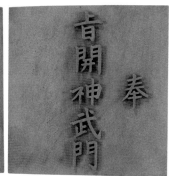

089

高耸坚固的紫禁城墙

紫禁城城墙高耸坚固，城墙周长 3.4 千米，墙高 10 米（矮处 7.9 米），城厚 8.62 米，顶宽 6.66 米，上有 0.84 米的雉堞，用于宫廷禁军防卫。城垣四隅各建角楼，此为禁卫军的瞭望台。在紫禁城东、西、南、北四面各建一门，即东华门、西华门、午门、神武门，各门建有坚厚的墩台，墩台之上建城门楼，墩台里面两侧各有马道，以便上下通行。

清末为加强城垣防御，在紫禁城城墙上，也曾加派前锋营、护军营官兵轮流守卫。白天由阙左门值班司钥长、天安门值班副印务章京带领上城巡视，二日换班；夜间派三、四品章京四员上城巡查。除城墙防御外，围绕城墙的东、西、北面外侧，共建有守卫值房七百三十二间，设朱车栅栏二十八处，驻有精锐的禁军把守，由此筑起坚固的守护屏障。

090

紫禁城外的护城河

　　明清两朝，在紫禁城外部均修有宽大的护城河，使城墙、河水合为一体屏障，固若金汤。

　　该护城河宽 52 米，深达 6 米，河岸两侧以条石砌成陡直的堤岸，形成外人无法逾越的天堑。再加上护城河周围设有八旗护军官兵防守，防线重重，由此构成紫禁城多道防线。

　　按照清朝定制，在紫禁城东、西、南、北四门之外，由"下五旗"护军设有固定的堆拨值房，在外围保护宫禁。具体部署为：西华门外北栅栏，神武门外西栅栏、东栅栏，东华门外北栅栏，各派护军参领一人、护军校一人、护军九

人值守，自阙右门外一堆拨起，至阙左门外十六堆拨止；另外内四堆拨，以西华门外北栅栏护军参领兼管；八堆拨，以神武门外西栅栏护军参领兼管；十三堆拨，以东华门外北栅栏护军参领兼管，仍各派护军校一人、护军九人值守。其余堆拨，各派护军参领一人、护军校一人、护军九人值守。所有值班官兵二日一更换，以甲、乙日为正红旗班，丙、丁日为镶白旗班，戊、己日为镶红旗班，庚、辛日为正蓝旗班，壬、癸日为镶蓝旗班。凡十日而轮编一次。

（二）其他宫中管理与禁卫

091

内务府及造办处位置图

　　有清一朝，清宫禁卫部队除正式在编的宫廷侍卫、护军官兵外，其他一些部门如内务府中，也设有一定数额的侍卫名额。内务府是管理清宫各项事务的专门机构，其最高长官为总管内务府大臣，由满洲王公大臣充任，全权负责宫内各项事宜。

　　按清例规定，内务府三旗包衣各营亦担负一部分宫内警卫任务，其所守之地多是后妃寝宫及内务府各类仓库、作坊。三旗包衣骁骑营，在紫禁城警卫之地有三十一处，如武英殿、南薰殿、宁寿宫、英华殿、寿安宫、养心殿造办处南门、东门及钱粮处、银库及咸安宫宫门、咸安宫后、御书处、兆祥所、南府钱粮处、围房井儿上肉库、银匠房四局、瓷库东门、西门、衣库鳌山镫库、育喜房、三所各处、火班处等。以上所用每日值班侍卫、护军，共计副参领二人、章京十人、披甲人一百八十九名；此外另设参领一人，负责值宿巡查。

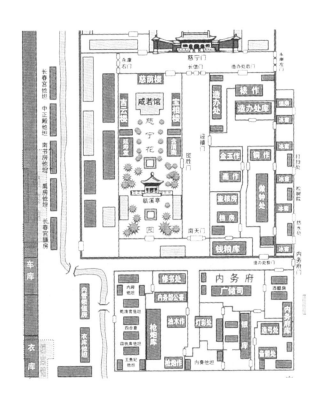

092

清银总管内务府关防

年代　清乾隆
收藏单位　故宫博物院

　　此关防为总管内务府大臣所用，银质柱钮，系乾隆朝官印制度改革后所制。印台一侧錾刻"乾隆十四年正月"等字样。清内务府因总管宫廷内部各项事务，有些事宜需派人参与执事，故府中设有一定数量的侍卫、护军名额，反映了清朝禁卫部队设置的复杂与多重管理。

　　清宫定制，内务府三旗包衣护军营所管宫门共计十二处，分别为顺贞门、顺贞门西门、寿康宫正门、内左门、内右门、启祥门、永康左门、永康右门、宁寿宫门、履顺门、蹈和门、三所正门。每日所定值班守卫人数为"护军统领一人、护军参领九人、护军校十三人、护军一百九人"。这些内务府护军直接保卫帝后起居内廷，其重要性不言而喻。

093

清满汉合璧篆书"总管内务府印"印模

年代　清乾隆
收藏单位　故宫博物院

　　该印模为清宫银质总管内务府关防所拓印文。"总管内务府印"为内务府最高长官总管大臣之印信，在宫廷事务管理中具有极大权力。印面为九叠篆文体，左侧满文，右侧汉文。守护紫禁城清宫护军营的许多文书、指令，均以该印为凭证。清朝官制关防绝大多数以满汉文合璧制成，反映了有清一朝政治、文化上融满汉为一体的特殊体制。

094

清宫内务府差役出入宫禁腰牌

年代　光绪二十二年（1896）
收藏单位　故宫博物院

　　此件腰牌为木制长方形，上部制成倭角形状，中间钻有小孔用于系绳。一面以火印烙字"腰牌，内务府颁发"，其下为满文篆书关防印；另一面以火印烙字"光禄寺，光绪二十二年制造"，烙字两侧用毛笔书写："书吏朱启勋，年三十五岁"，"面白无须"。此牌为清末光禄寺文书朱启勋进出紫禁城门禁的凭证。

　　腰牌是清宫使用的门禁凭证，因使用者多将其悬挂于腰间，故称为腰牌。均为木质长方造型，牌面大小在各个时期不尽相同。牌子两面用火印烙出文字，内容包含颁发机构、制造年代、归属衙门等，此外还在牌面以毛笔书写使用者任职、姓名、年龄、相貌特征及编号等，以便其往来宫门时，由值班侍卫、亲军随时按牌查核。清朝宫廷规定，腰牌只限于本人使用，任何人不得将其转让或出借，违者论罪。

（三）宫中防火措施

095

清宫中的铜海缸

年代　清中期

收藏单位　故宫博物院

清宫建筑为古代传统的大木架结构，均以土木材料建成，因而极易发生火灾。有清一朝，宫中防火、灭火即成为宫廷侍卫、护军的重要任务之一。当时，紫禁城内曾放置有许多铜质、铁质大缸，专门用于平日贮水，以备不时之需。

此件铜鎏金大缸制造精细，以纯铜铸造而成，陈设于太和殿丹陛、保和殿前和乾清门外等处。缸中贮以清水，用于防火救险。每年冬十月后，要在缸上加盖，缸外套上棉套，气温过低时则于缸下生火加温，以防冰冻。紫禁城中共有大小铜缸三百多口，它们由宫廷内侍和侍卫、护军等管理使用，为皇家宫殿防火安全发挥作用。

096

清铜海缸

年代　清中期

收藏单位　故宫博物院

清宫内防火救火用水缸数量众多，它们按材质可称为镀金铜海、铜海、铁海，按缸体和口径不同，可分为大、中、小三种海缸。据记载，紫禁城内各处设镀金海十八口，大铜海二十二口，大铁海四口，中铜海一百五十二口，小铜海八口，小铁海一百零四口，共三百零八口。缸内均储清水。

紫禁城内的消防水缸大小不等，其最大直径为160厘米，高120厘米，重3392公斤，可容水2000升，比一般水罐消防车的贮水量还要大。它们散放在前朝和内廷，分置于大殿和东西六宫各个院内，以保证宫中火灾时取水灭火，对皇家宫殿的保护发挥了重要作用。

097

清铁海缸

年代　清早期
收藏单位　故宫博物院

　　紫禁城内放置有众多铜缸、铁缸，它们平时由宫中太监管理，在冬季按缸提供防冻煤炭，每年"小雪节，该管首领太监等安设缸盖、缸套，酌量天气寒暖，薰火化冰，至次年惊蛰节撤收。其大铜缸一口，每日用黑炭四斤；小铜缸一口，每日用黑炭三斤。自十一月初一日起，至次年二月初一日止"。每遇火灾，宫内太监及侍卫、护军等闻讯取水施救，以保证宫殿建筑安全。

098

清铁海缸

年代　清早期
收藏单位　故宫博物院

　　清宫所使用的防火水缸，均以传统铸造工艺制成，以较大的模范，采用浇铸法制成缸体。铜质水缸铸成后制作更为精细，需经过细致打磨、抛光处理，有的还要施以镀金工艺。铁质水缸铸成后则相对简单，大多省略了打磨和抛光工序，使范线保留在缸体表面，有的甚至将铸造残破部分原样保留，使我们可直观了解当时的金属铸造工艺。

099

体仁阁下放置的贮水铁缸

　　在故宫博物院内游览的人们经常会看到宫殿周围放置的水缸。它们体量巨大，或由铜制，或以铁铸，虽然现在只有点缀景观的作用，但在有清一代，它们却是宫廷中最重要的消防保护设施之一。体仁阁位于紫禁城太和殿广场东侧，其高台之下所置铁制水缸，按一定距离间隔陈放，使我们能够一睹清宫贮水防火的史事。

100

清小铜水激筒

年代　清晚期
收藏单位　故宫博物院

　　清宫建筑以传统的大木架结构建成，宫殿立柱、梁脊、内外檐及门窗等均以木材构建，因此极易遭到雷电之火和宫内取暖、燃灯之火的威胁。有鉴于此，清朝历代皇帝对宫内防火十分重视。康熙十八年（1679）冬季，太和殿火灾后，清圣祖玄烨曾谕令："宫内各处灯火最为紧要。凡有火之处，必著人看守，不许一时少人，总管不时巡查。"为避免失火，宫内还曾禁止吸烟，并在东华门、西华门外，常设防火步军营。

　　此件小铜水激筒，又称为"水龙"。它以铜、木等材质制成，为清晚期宫内灭火的专用设备。激筒由压杆、水泵、水箱和柜架底座构成，方便携带运输，用于起火时加压打水，灭火救灾。

101

清压水机

年代　清晚期
收藏单位　故宫博物院

　　此件压水机与前一件水激筒造型相似，其名称有异，应是宫廷中不同称谓而已。

　　根据清宫档案、文献记载，明清两朝，紫禁城内曾多次发生火险、火灾，烧毁、烧伤多座重要建筑，造成巨大损失，故各代皇帝十分注意宫内防火事宜。雍正元年（1723），在原有防火步军之外，又专设火班官兵，从八旗步军、护军中挑选一百名青壮且熟悉防范工作者，组成特殊的"消防部队"。其营房初设于咸安宫前墙西隅地板房廿五间内。乾隆元年（1736），移于寿康宫西墙外；四十八年（1783），又增设火班官兵八十二名，从而保证宫内灭火救险有常设的主力军。

102

清水龙带

年代 清晚期
收藏单位 故宫博物院

　　此套水龙带为紫禁城内防火、灭火设备，与压水机配套使用。由帆布做成输水带，两端安有金属扣环，以便插接喷水龙头和其他设备。

　　清中期以后，随着宫内各项规制越加严格，已形成严密的防火措施，防火官兵人数亦有增加。嘉庆朝，从内务府"上三旗"中挑选一百名兵士，专门练习使用激筒，并制定火班章程十三条，其中规定："（一）步军营八旗激筒，仍照向例，预备于东华、西华、神武门外候信。（二）火班兵丁，向例由内务府发给腰牌，应再预设木牌一面，载明官几名，兵几名，以便出入核对。（三）紫禁城内向有朱旗房三十二处，每日值宿内务府骁骑副参领二员，章京、领催十名，披甲人一百六十九名，火班披甲人二十名。……现已饬令该营参领于下班之日，择其年力尤为强壮者一百名，于操演技艺后演习激筒。再于内务府三旗额设激筒一百三十架，择其安固整齐者八架，添设于西华门内筒子河，旧有朱车旗房三间内四架，派拨章京、披甲人看守。（四）每二十人激筒一架。每激筒一架或副参领一员，或佐领或内管领一员，顶带领催一名。管带到门报明，管门大臣放入。"至清末，各朝基本沿用此火班章程。

103

清铜水枪

年代 清晚期
收藏单位 故宫博物院

　　该件水枪为铜质，由两截水管、喷水口、底部插头等组成。底部制有螺旋扣，用于连接水龙带。此水枪为清宫灭火设备之一，由火班官兵执以灭火。

清水枪（附架）

年代　清晚期
收藏单位　故宫博物院

　　按清宫定制，内廷各朱旗房、值班处均配有激筒等消防工具，以便随时灭火。如乾清宫置激筒七架，东华门内东北筒间房安激筒四架，西华门内筒子朱旗房三间安激筒四架。这些设备对保证宫殿安全曾起到一定作用。

　　此套水枪架为木制，由左右立柱、横杆和底座组成。横杆及底座制有圆孔，专门安插各式灭火水枪，平日安放于固定位置，以便救火时方便取用。

清消防头盔

年代　清晚期
收藏单位　故宫博物院

　　清末，随着中外交流及各种交往日渐增多，国外先进的防火、灭火设施和设备也被陆续引入清宫。当时，对于消防官兵的防护服装、头盔等，也越来越重视，并从国外做了较多引进，极大保证了紫禁城内火班官兵的人身安全。

　　清例规定，紫禁城中火班官兵要昼夜轮流值班，一旦发生火警，各按防范区域往救，不许慌乱。较严明的规定及众多防护官兵，使偌大的紫禁城避免了一次次火险，得以完整传承到当代。

守护皇城与京城

（一）御卫皇城

　　紫禁城是清朝皇帝和后妃、子女的燕寝之地，同时也是其执掌军政权力、发布诏令的地方。正因如此，地处京城中央的紫禁城和皇城就成为清宫禁卫部队的保护对象。自清朝皇室迁都北京，以紫禁城为中心，在明朝基础上修筑皇城、京城城垣，由此构建起紫禁城外围的两道保护屏障。

　　北京皇城、京城均为近于方形的城垣，两道城垣和多座城门分别由不同的侍卫、亲军、护军守卫，构建起完整的皇城、京城保护圈。这些禁卫部队包括宫廷侍卫、亲军、八旗护军以及其他京师驻防各营，各部分守汛地，共同完成对紫禁城和京城的保护任务。

　　清朝皇城位于今北京市中心区域，其范围南起今长安街（含天安门广场区域），北到平安大街；东起南北河沿一线，西到西皇城根一线。主要城门有位于南部的大清门、天安门、长安左门、长安右门，位于东部的东安门，位于西部的西安门，位于北部的地安门。在皇城以内，分布着紫禁城、清朝中央国家机关衙署、坛庙等建筑以及北海、中海、南海等西苑建筑。皇城城墙高1丈8尺，周长22里（一说18里），红墙上覆以黄瓦。至今遗址已不存，仅在东侧南北河沿一线修建了皇城根遗址公园。皇城守卫以"上三旗"亲兵、护军等为主体，其他另有前锋营、健锐营等参与。

　　京师城垣在明城基础上修建，清入关之初，按照八旗方位，派京师八旗按防守汛地驻防，其中镶黄旗官兵守卫安定门，正黄旗官兵守卫德胜门，正白旗官兵守卫东直门，镶白旗官兵守卫朝阳门，正红旗官兵守卫西直门，镶红旗官兵守卫阜成门，正蓝旗官兵守卫崇文门，镶蓝旗官兵守卫宣武门。守卫京城的八旗各营，统由步军统领（即提督九门步军巡捕五营统领）管辖，步军统领衙门成为保卫京师的最高警备与治安机关。

106

清北京皇城平面图

　　北京皇城，是位于紫禁城之外、京城城垣以里的一道城墙，亦可视为紫禁城外郭部分。皇城墙高7至8米，足可抵挡一般人马车辆的逾越和攻击，因此成为保护紫禁城的一道重要防线，由八旗各营按例设岗值班，轮流守卫。

　　皇城平面总体呈方形，西南角因避让庆寿寺而缺一角。城垣周长为22里（一说18里），其中北城墙2506米，南城墙1701米，东城墙2756米，西城墙3724米。墙面涂以朱红颜色，墙顶覆以黄琉璃瓦，金碧辉煌，闪亮夺目。

　　北京皇城于东、西、南、北城垣各设一门，南为天安门，北为地安门，东为东安门，西为西安门。此外，在天安门以北建有端门和阙左门、阙右门，在天安门以南及东西两侧外凸区域，另建有大清门和长安左门、长安右门，由此构成紫禁城外部的高大屏障和门禁守卫。

　　清制规定，紫禁城以外的宫廷门禁，由"下五旗"护军轮流值班守卫，各门官兵数额明确定制为：大清门，以前锋参领一人、前锋校一人、前锋九人、护军校一人、护军九人值守；端门、天安门、长安左门、长安右门，各以护军参领一人、护军校二人、护军十八人值守；阙左门，以护军校一人、护军九人值守；阙右门，以护军参领一人、护军校一人、护军九人值守。

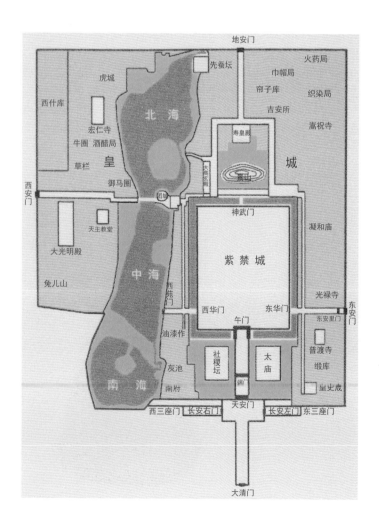

八旗官兵守护大清门

年代　清乾隆

作者　（清）徐扬

收藏者　私人收藏

　　本图选自清宫廷画家徐扬所绘《平定西域献俘礼图》卷。图中细致描绘了皇城正门——大清门的建筑结构，以及值房、营帐等设施；大清门外摆置多重木栅、鹿角和长枪、弓箭等兵械。大清门左右两侧分列着腰挎宝刀的值班官兵，他们尽职守卫，轮班防御，体现了宫廷门禁的威严。

　　大清门位于天安门和千步廊以南，为北京皇城的正门，明朝时称大明门。大清门为砖石结构宫门式建筑，基础为汉白玉须弥座，单檐歇山顶黄琉璃瓦，面阔五间，正中辟三门阙，汉白玉门槛。门上镶嵌汉白玉石匾，上嵌青金石"大清门"三字。大清门平日并不开启，只有皇帝、皇太后乘舆辇出行，或皇后大婚入宫之时才能正式开启此门，足见其重要性。

（二）保卫京城

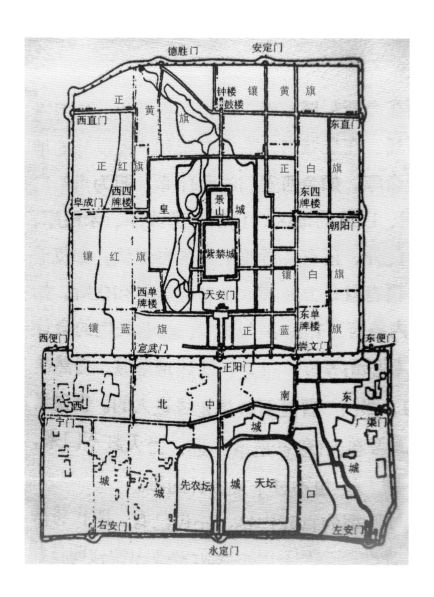

108

清京师八旗驻防禁卫平面图

北京城作为清朝的国都、皇家宫殿的所在地，是国家最重要的政治、军事以及经济、文化中心，一直受到朝廷精锐禁军的重点保护，这些保卫京城的部队即为京师驻防八旗。

清北京城沿袭明制分为内城、外城两大部分，内城又称"京城""大城""满城"，总体呈正方形，城垣周长24千米，城高12至15米；全城共建有九门，另建角楼四座、水门三处，城垛一百七十二座，雉堞一万三千零三十八个，炮窗两千一百八十处，城外有宽30至60米的护城河。外城又称为"国城""外郭"，总体呈扁长形，城垣周长14千米，城高6至7米；全城共建有七门，另建角楼六座，城垛六十三座，雉堞九千四百八十七个，炮窗八十八处。

有清一朝，京师内外城主要由京师八旗守护，其中内城由满洲八旗驻守，除骁骑营官兵之外，另有前锋营、护军营、火器营、健锐营、火枪营、神机营（咸丰十一年设）等营官兵；外城则由步军巡捕营、汉军八旗和五城兵马司等营官兵值守。

按清朝定例，驻守京师内城的官兵按八旗驻防形式分布，即镶黄旗在安定门内，正黄旗在德胜门内，正白旗在东直门内，镶白旗在朝阳门内，正红旗在西直门内，镶红旗在阜成门内，正蓝旗在崇文门内，镶蓝旗在宣武门内。

康熙十三年（1674），专设九门巡捕五营步军统领，简称步军统领，亦称九门提督，统率八旗步军五营官兵加强京城治安。九门提督皆以皇帝最亲信的满洲大臣充任，由其管辖九门官员和稽查门禁；巡捕营官兵则负责分汛防守，巡逻纠察。

109

正黄旗护军值守德胜门内

　　清入关之初，由正黄旗满洲居守德胜门内，所辖兵民居址及值守区域为：自鼓楼大街向西，北药王庙南口至大城根（今旧鼓楼大街、北药王庙街一带），驻头参领之十九佐领；自北药王庙街南口向西，循大街（今大石桥）至八调弯南口，驻二参领之十九佐领；自八调弯南口循大街至德胜门，转南至德胜桥，驻三参领之十八佐领；自鼓楼斜街（今鼓楼西大街）循银锭桥（今什刹海大金丝套东口）向西，李广桥（今李广桥街北口）至德胜桥大街，驻四参领之十八佐领；自松树街北口，至南药王庙，驻五参领之十八佐领。清雍正初年，于石虎胡同设本旗都统衙门；六年（1728），移建于德胜门桥南。衙署遗址今已不存。

110

镶黄旗护军值守安定门内

　　清入关之初，由镶黄旗满洲居守安定门内，所辖兵民居址及值守区域为：自鼓楼向东循大街（今鼓楼东大街），至经厂（今实验剧场）为头参领之十七佐领居址；自经厂循交道口转南（今交道口南大街）至棉花胡同东口，驻二参领之十七佐领；自南锣鼓巷北口至南口，南锣鼓巷两边之鼓楼院（今前鼓楼苑）、方砖厂、真武庙（今豆角胡同西）、鱼儿胡同（今雨儿胡同）、福祥寺、帽儿胡同、炒豆胡同、棉花胡同、兵马司（今北兵马司）、前园恩寺、后园恩寺、局儿胡同（今菊儿胡同）等，驻三参领之十八佐领；自交道口大街向东（今交道口东大街），循新桥转南（今东四北大街北段）至香儿胡同（今香饵胡同）东口，驻四参领之十七佐领；自香儿胡同东口向南，至府学胡同、马将军胡同（今大兴胡同南）、大兴县（今大兴胡同）、骚达子胡同（今香饵胡同南）、土儿胡同、香儿胡同、钱局（今东四北大街细管胡同北）周围，驻五参领之十七佐领。雍正初年，于拐棒胡同设本旗都统衙门；雍正六年（1728），移建于安定门交道口。衙署遗址今已不存。

111

正白旗护军值守东直门内

　　清入关之初，由正白旗满洲居守东直门内，所辖兵民居址及值守区域为：自棉花胡同东口，循大街向南，至大佛寺西北角，为头参领之十七佐领居址；自大佛寺西北角向南，至豹房胡同西口，驻二参领之十六佐领；皇城东侧所有之宽街、草厂胡同、取灯胡同、晾谷厂、弓弦胡同、双塔胡同等，驻三参领之十六佐领；两大街所有之铁狮子胡同、贾家胡同、汪芝麻胡同、魏家胡同、十景胡同、马大人胡同、墙面儿胡同、大佛寺胡同、羊尾巴胡同、山老儿胡同、喇叭营等，驻四参领之十六佐领；自马市口东，至四牌楼、隆福寺周围所有之细小胡同，驻五参领之十三佐领。清雍正初年，于烟桶胡同设本旗都统衙门，后移建于朝阳门老君堂胡同。衙署遗址今已不存。

112

镶白旗护军值守朝阳门内

　　清入关之初，由镶白旗满洲居守朝阳门内，所辖兵民居址及值守区域为：自东长胡同东口，循大街向南，至院府胡同东口，驻头参领十七佐领；自院府胡同东口，至长安街牌楼，驻二参领之十六佐领；东安大街南北两侧所有之翠花胡同、东长胡同、奶子府胡同、烧酒胡同、锡蜡胡同、菜厂胡同、院府胡同、梯子胡同、口袋胡同、理藩院后胡同等，驻三参领之十八佐领；自长安街牌楼向东，至单牌楼，驻四参领之十七佐领；自灯市口大街，西东四牌楼大街向南，两大街之间所有之椿树胡同、乾鱼胡同、西堂子胡同、金银胡同、帅府胡同、煤炸胡同、头条胡同、二条胡同等，驻五参领之十七佐领。雍正初年，于新开路胡同设本旗都统衙门；雍正四年（1726），移建于灯市口。衙署遗址今已不存。

正红旗护军值守西直门内

　　清入关之初，由正红旗满洲居守西直门内，所辖兵民居址及值守区域为：自西直门大街曹公观之东，至新街口转南，至石老娘胡同东口，属头参领之十二佐领；自石老娘胡同东口向南，至四牌楼，转东至马市东口，属二参领之十六佐领；皇城西边所有之马状元胡同、太平仓胡同、毛家湾胡同、红罗厂胡同、拐棒胡同等，属三参领之十五佐领；自四牌楼大街西边所有之驴肉胡同、帅府胡同、扳子胡同、臭皮胡同、石老娘胡同等，属四参领之十二佐领；四牌楼大街西边所有之卫衣胡同、太平侯胡同、五王侯胡同、车儿胡同、石牌胡同、宝禅寺、帽儿胡同、宫衣库胡同等，属五参领之十四佐领。清雍正初年，于锦石坊街设本旗都统衙门。衙署遗址今已不存。

镶红旗护军值守阜成门内

　　清入关之初，由镶红旗满洲居守阜成门内，所辖兵民居址及值守区域为：自四牌楼大街，向南至单牌楼，转东至长安街牌楼，属头参领之十三佐领；西安门大街南边所有之板场胡同、廊房胡同、酱房胡同、小酱房胡同、东斜街、细米胡同等，属二参领之十七佐领；自细米胡同向南，徽子胡同、背阴胡同、太仆寺街、李阁老胡同等，属三参领之十七佐领；自李阁老胡同向南，东夹道、东岳庙、小东岳庙、演象所、官磨房等，属四参领之十八佐领；徽子胡同向南，堂子胡同、石虎胡同、蜈蚣卫胡同、油房胡同、茶叶胡同、西夹道、正沟胡同，属五参领之十七佐领。雍正初年，于石附马街设本旗都统衙门。衙署遗址今已不存。

115

正蓝旗护军值守崇文门内

　　清入关之初，由正蓝旗满洲居守崇文门内，所辖兵民居址及值守区域为：自长安街牌楼向西，进东长安门至金水桥，驻头参领之十六佐领；自新街口南口至北口，参二参领之十七佐领；自宗人府向南，户部附近，至中御河桥，驻三参领之十七佐领；自中御河桥至洪厂胡同北口，驻四参领之十七佐领；自洪厂胡同口向北，至长安街牌楼，为五参领之十七佐领。雍正初年，于崇文门大街西堂子胡同设本旗都统衙门；雍正七年（1729），移建于东四牌楼灯市口大街本司胡同。衙署遗址今已不存。

116

镶蓝旗护军值守宣武门内

　　清入关之初，由镶蓝旗满洲居守宣武门内，所辖兵民居址及值守区域为：自长安街牌楼向东，进西长安门至金水桥，属头参领之十八佐领；自江米巷（今宣武区西交民巷）向北至长安门大街，中府、左府、四眼井周围，属二参领之十八佐领；自河漕沿向东，至石碑胡同、文昌阁、拴马庄、马神庙胡同周围，属三参领之十八佐领；自狮子口向东，由皮市南口向南，由绒线胡同转东至河漕沿、六部口、抽屉胡同、关帝庙胡同、牛肉湾，属五参领之十七佐领。清雍正初年，于宣武门内塘子胡同设本旗都统衙门。衙署遗址今已不存。

八旗护军值守京城诸门

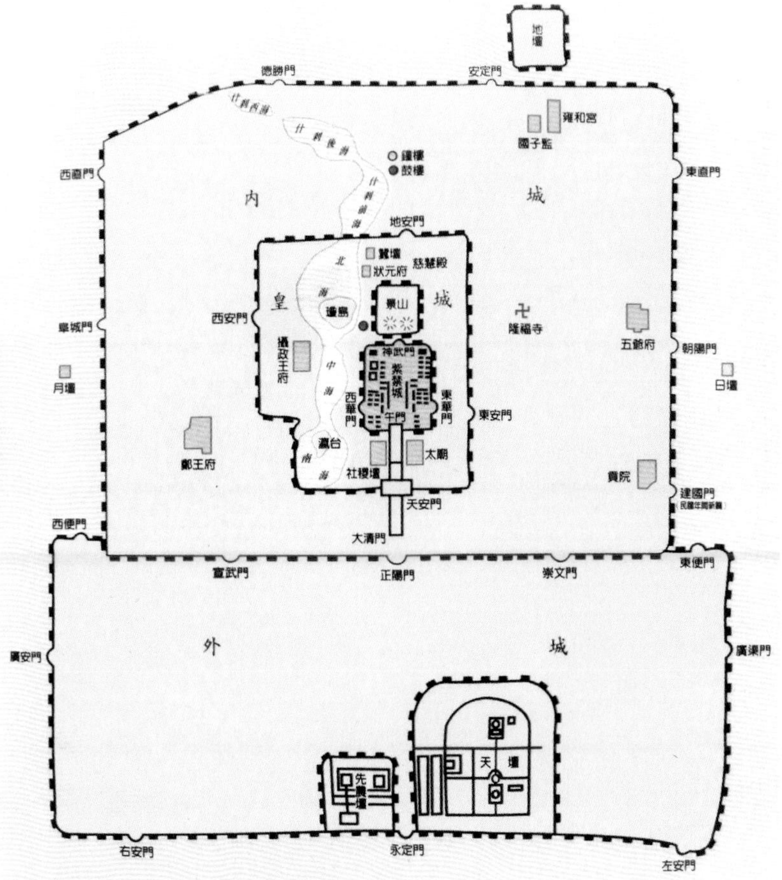

北京城从城垣结构和守门管理上，按内城、外城两个体系分开进行，并以内九门、外七门进行划分，由不同的官兵分别值守。

内城九座城门分别是：南面崇文门、正阳门、宣武门，东面东直门、朝阳门，西面西直门、阜成门，北面安定门、德胜门。九门警戒以及守护管理，按照"易地为官"的形式进行，如崇文门值官为镶黄旗，宣武门值官为正黄旗，东直门值官为镶白旗，朝阳门值官为正白旗，西直门值官为镶红旗，阜成门值官为正红旗，安定门值官为正蓝旗，德胜门值官为镶蓝旗；南面中央的大门正阳门值官，则由八旗各旗轮值。

外城七座城门分别是：南面左安门、永定门、右安门，东面广渠门，东北面东便门，西面广安门，西北面西便门。外城七门值官以汉军旗为主，基本参照八旗方位划分，其中镶蓝、镶白二旗汉军值左安门，正蓝旗汉军值永定门，镶红旗汉军值右安门，正白旗汉军值广渠门，正红旗汉军值广安门，镶黄旗汉军值东便门，正黄旗汉军值西便门。

雍正六年（1728），命内城各门（除正阳门外）分建八旗值房，每门另建营房四百六十间、守门班房九十间，更房十五间，共计三千六百八十间。此外，在城外还建有一万六千间营房，供八旗兵丁居住、训练使用。

督察各门的护军官兵

年代　清乾隆
作者　（清）徐扬
收藏者　私人收藏

本图选自清宫廷画家徐扬所绘《平定西域献俘礼图》卷。在该图卷首部分，描绘了八旗护军值守正阳门的场景。从图中可见正阳门瓮城西侧门有护军校、护军佩刀、执鞭立于城门，正在盘查过往行人和车辆，另有身着端罩的侍卫、身着官服的护军校立于值房廊前，在他们身边靠近城墙处，插立着一排长枪，反映了乾隆朝内城门禁的严格与规范。

乾隆十年（1745），在内城九门城楼附近增建房屋二百四十一所，每所三间；在外城城墙之上设堆拨二十八处，于外城建八旗营房三千六百一十六间，供守城官兵居住使用。至清朝晚期，于内城设有旗炮房九所、堆拨房一百三十五所，其中一百零六所用来贮放旗帜、

火炮、火药、火枪等物；于外城设堆拨房四十三所。从实际情况看，除宣武门外，守卫内城各门的骁骑营官兵通常不住在城上，而是居于城门内外，以便值班和防守。只有皇帝出宫离京，守门官兵才登城守护。宣武门官兵经常驻于城上，并于每日午时发射信炮（午炮），向全城内外报时。

（三）守卫陪都及保护宫殿

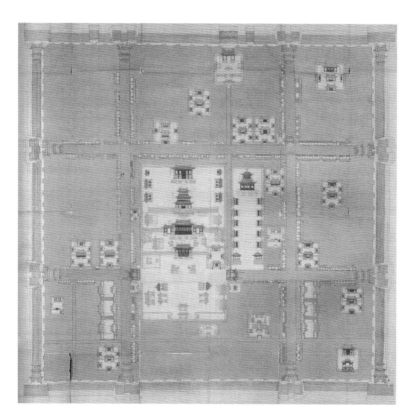

119

《盛京城阙图》

年代　清康熙初年
作者　佚名
收藏单位　中国第一历史档案馆

　　本图为清康熙早期绘制的《盛京城阙图》，图中详细描绘了清初盛京城的全貌，如方城九门，井字街道，努尔哈齐汗宫，沈阳故宫东路、中路建筑群，皇宫前部的都察院、理藩院、六部，城内十座王府、钟楼和鼓楼，以及盛京将军、奉天府尹官署、内务府库署，盛京文庙、长安寺等建筑位置。

　　顺治元年（1644），清王朝迁都北京，盛京城成为陪都，盛京宫殿亦成为陪都宫阙，由留守八旗官兵守护；以"上三旗"佐领各一人留守，管理皇室和宫殿事宜，形成了早期盛京内务府体制。乾隆十七年（1752），始设盛京总管内务府大臣，由盛京将军兼任，使盛京皇宫在此后近二百年时间里均得到了较好保护。

120

盛京城内城、外城城垣图

　　该图为清乾隆朝《盛京通志》一书中的插图。全图以直观形式，立体描绘了清代盛京内城、外郭简图，内外城门和城垣中的盛京宫殿、官府衙门、仓房、寺庙等，使我们了解到盛京八旗护军的守卫布局，亦可略见盛京、北京两座都城的不同。

　　按照清朝定制，都城各门与皇宫、衙署由不同部队分管据守。盛京皇宫及内外城垣守护官兵数量虽远少于京师，但总体上也按内务府"上三旗"护军、"下五旗"护军等不同建制，分别守护不同的区域与场所。

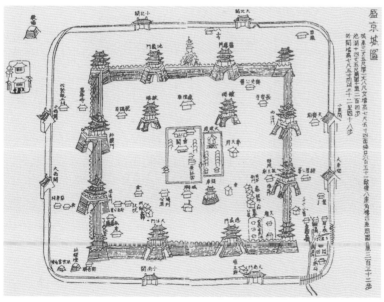

121

清季盛京抚近门

　　此幅照片为清末奉天城（沈阳城）抚近门老照片。抚近门即大东门，是沈阳城八门之一。清初，清太宗皇太极经常与诸王贝勒由此门出入，前往盛京堂子或是东塔永光寺进行祭拜活动，因此该门也成为八旗官兵重点守卫的门户之一。

122

盛京宫殿及守卫官兵值房、堆拨位置图

年代　清乾隆晚期
收藏单位　中国第一历史档案馆

　　该图为清乾隆晚期所绘《盛京宫殿图》，原藏于嘉庆六年（1801）军机处档案中。绘图全面展现了乾隆朝鼎盛时期盛京皇宫的总体布局，亦可明确宫殿内外八旗护军的值守位置。从图中可知，盛京皇宫内外共有大小值房二十一座，堆拨十座，它们主要分布在宫墙外围及东西两侧门禁，另外皇帝驻跸的中西部区域，也是官兵守护的重点。在大清门西南侧，建有"内务府值房"，应是当年皇宫管理、守卫的总管机构。这些驻守于值房、堆拨的官兵，实际构成了盛京宫殿的保护网，使整个皇宫在二百余年时间里安稳无虞。

　　堆拨乃满语，原意为"驻兵之所"，转意也称为门训，指设置在皇宫或皇帝御营周围专司宿卫、巡查的护军值房。有清一代，无论京师紫禁城还是盛京皇宫，在宫殿周围均建有众多值房和推拨，分派八旗官兵轮流值守，以保卫皇家建筑安全。

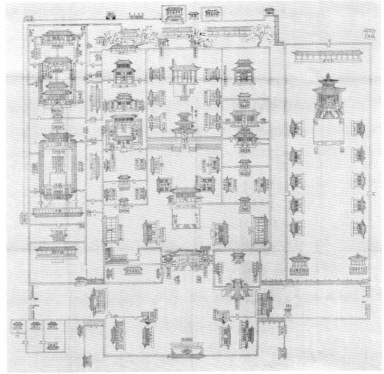

123

盛京皇宫俯瞰图

盛京皇宫即沈阳故宫，在清季又称为奉天行宫，是清太祖努尔哈齐、太宗皇太极创建的皇家宫殿；清中期乾隆朝曾对盛京皇宫进行过大规模改建、扩建，最后形成东路、中路、西路完整的建筑格局，占地共 60000 平方米。盛京皇宫建筑既具有鲜明的清早期少数民族宫殿特色，又融合了中原王朝乃至江南建筑形式，反映了满、汉、蒙、藏等多民族文化的高度融合。

有清一代，清宫侍卫、八旗护军等禁卫部队为保卫盛京皇宫、效忠皇权曾作出重要贡献。如崇德八年（崇祯十六年，1643），清太宗皇太极故去后，宫廷中曾发生睿亲王多尔衮、肃亲王豪格争夺皇位的危机。为保证帝位有序传承，当时两黄旗大臣、侍卫曾张弓搭箭环立大清门外，誓死保卫皇宫，最终使皇位之争得以解决。

清季文德坊外的堆拨

　　此幅照片拍摄于 1904 年，地点位于奉天行宫（沈阳故宫）东路以南。拍摄者自东向西取景，所拍主体建筑为文德坊及大政殿南部的西奏乐亭。从老照片可见，文德坊、西奏乐亭之间建有一座矮小房屋，此为大政殿广场南部的两座堆拨之一，正是八旗官兵守护盛京皇宫的值宿之处。

武功坊外的堆拨

　　此幅照片拍摄于 20 世纪 20 年代，地点位于奉天行宫（沈阳故宫）武功坊外。拍摄者自西向东取景。从老照片可见，武功坊左侧靠故宫红墙处，有一座保存尚好的房屋。综合清乾隆朝《盛京宫殿图》分析，此处应为盛京皇宫西路最南端的堆拨，守护着进入皇宫西部的通道。至清末民初，该房屋才改为他用。

126

清光绪年款铜镀金锁钥

年代　清光绪
收藏单位　沈阳故宫博物院

清宫内府所藏帝后御用宝器、艺术品种类繁多，它们平时收藏于宫中库房，不仅库房大门使用锁钥，库内大小贮柜亦配有锁具，以此保证宫中宝物安全。当时，宫中禁卫部队及司钥人员要定期查看各库、贮柜锁具是否完好，以避免宫内珍宝遗失。

此套铜镀金锁钥为清宫原藏，制作于清晚期光绪年间，铜锁表面錾米珠锦地，其上錾刻云龙纹，铜锁中央方池内以楷书刻"大清光绪年制"三行六字款。

127

清大铁锁

在北京故宫和沈阳故宫均保留有大量清宫锁钥，它们有大有小，有精制有简陋，有的为铜制，有的为铁制，主要宫殿使用的锁钥则采用铜镀金工艺制成，使清宫锁具呈现出不同面貌。相对于当代锁钥的精致设计与安全防范，清宫锁钥显得相对粗糙；但它们毕竟起到了保护作用，对清宫建筑、藏品安全发挥过较大功效。

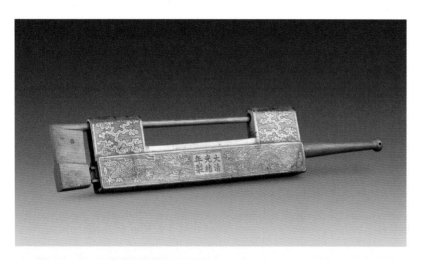

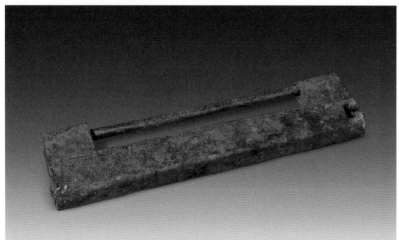

盛京夏园行宫

夏园行宫亦写作"下园行宫"。位于清兴京境内，地处今辽宁省抚顺市新宾县夏园村，距清永陵 2.5 千米。清圣祖及清高宗前三次赴永陵祭祖，在当地驻跸之时，均于永陵附近临时搭建营帐。乾隆四十七年（1782），盛京将军永玮、工部侍郎德福奉御旨，始建该行宫。行宫占地百余亩，共有宫室八十一间，主要有福绥堂、顺宣斋、照殿、阿哥所、垂珠门等。清高宗于乾隆四十八年（1783）东巡谒陵时曾于此驻跸，此后仁宗和宣宗二帝东巡期间均入住该处，由宫廷侍卫警戒守护。该行宫平时则由盛京内务府管辖，派佐领、防御官员三名、兵丁四十名看守，按月更换其班。

盛京广宁行宫

清朝迁都北京后，自康熙帝始，开创赴盛京祭祀三陵、巡谒祖地之制，其后经乾隆、嘉庆、道光三朝，共计四位皇帝十次东巡，形成清帝东巡定例。为使皇帝东巡驻跸便利，清宫内务府等衙门先后在京畿、河北、盛京、吉林各地兴建多座行宫，仅在京城—山海关—盛京—吉林一线就建有行宫九座，它们分别是夷齐庙、文殊庵、达鲁万祥寺、塔子沟北、广慧寺、盛京旧宫、广宁、夏园、吉林城等行宫。

此处三张图片为广宁行宫遗址，拍摄于清晚期。广宁又称北镇，有清一朝，广宁行宫成为清帝东巡途中重要的驻跸地。行宫所在地的北镇庙始建于隋代，位于辽宁省北镇市城西 2.4 千米，距北方名山医巫闾山 2.8 千米，为全国五大镇山庙中保存最完整的古代建筑。

该行宫修造于乾隆晚期，是专为皇帝东巡故里而建。行宫地处北镇庙东墙外侧，有卷棚顶式正房、厢房建筑多座，另有亭子式建筑和假山，总体样式低调，保持着东北地区的简朴特色。清高宗、仁宗、宣宗诸帝东巡时，均于此驻跸，并由宫廷侍卫、护军轮班戍守。

六

防守园苑、离宫、行宫

（一）京师园苑及守卫

女真（满洲）贵族发迹于山海关外辽东偏僻山区，原以渔猎、征战为主要生存方式。俟其崛起统一女真各部，并建立大金（史称后金，后改国号为清）政权，即将弓马骑射视为本族传统习俗。进入中原地区后，各代皇帝并未安居紫禁城中，而是不断修建各处行宫和皇家园苑，从政之余经常赴郊外狩猎，至行宫园苑休憩。从史实情况看，清朝自入关之初便开始造园活动，至中晚期达到鼎盛，在京师南部修建

南苑宫殿，在紫禁城西部明宫基础上扩建西苑。康熙中期，在西郊海淀地区大规模修建皇家园林，形成所谓的"三山五园"宫苑区，主要包括畅春园、圆明园、万寿山之清漪园（后来改建颐和园）、玉泉山之静明园和香山之静宜园。康熙晚期以后，清圣祖命于口外热河地方修建木兰围场和避暑山庄，在往返途中则修建多座行宫，以便其率领后妃、皇子和王公贝勒、八旗官兵驻跸使用。

清入关后，在河北遵化、易县分建东陵、西陵，清帝按例前往祭祀。为方便皇帝驻跸，通往东陵、西陵途中亦建多座行宫，成为皇家建筑的组成部分。对于这些分散各处的离宫、行宫、园苑，朝廷长期派驻禁卫部队（多由地方官兵承担）。每逢皇帝出京巡幸并驻跸这些宫苑，守护紫禁城的清宫侍卫、亲兵、护军等也随驾而行，分班值守，确保皇帝的安全。

守护南苑

年代　康熙二十八年（1689）
作者　（清）王翚、（清）杨晋等
收藏单位　故宫博物院

本图选自清宫廷画家王翚、杨晋等人所绘《康熙南巡图》第一卷。康熙二十八年（1689），清圣祖玄烨为督率河工、安定江南，带领大队人马出京南下，成功实现了首次南巡壮举。《康熙南巡图》共十二卷，其中第一卷描绘了圣祖南下出离京城时第一站入驻南苑的情景。

清入关之初，于京师南面设立南苑行宫，用于皇帝狩猎和检阅八旗部队。顺治九年（1652）十一月，清世祖福临在南苑射猎期间，与来京的五世达赖喇嘛在此举行会见。清宫侍卫在皇帝驻跸南苑时，不仅随帝狩猎，同时亦有守护、禁卫之责。

护卫西苑

年代　乾隆十一年（1746）
作者　（清）张镐
收藏单位　辽宁省博物馆

本图选自清宫廷画家张镐所绘《瀛台赐宴图》卷。乾隆十一年（1746）八月，清高宗改瀛台崇雅殿为敦叙殿，并仿照康熙二十年（1681）圣祖赐宴盛事，于此召集臣子聚会。图中描绘高宗已下轿入殿，宫廷宴会尚未举行，执事大臣、豹尾班侍卫和銮仪卫、乐部侍者已按班就位的场景。另有一些王公贝勒、文武大臣散立于前后院内，御膳房侍者正在抬运朱漆食盒、食箱，以便奉旨开宴。

西苑位于皇城以内，地处紫禁城西部，包括中海、南海等区域，由清廷在元、明两朝宫苑基础上修建而成，主要建筑有紫光阁、勤政殿、蕉园、水云榭、瀛台、丰泽园、静谷等。这里比邻皇宫，一直是清朝皇帝出宫别居、筵宴和赏赐功臣的场所。因瀛台内修建有多组宫殿建筑，皇帝经常亲临此处，故成为宫廷侍卫重点护卫的对象。

西苑紫光阁外景

　　紫光阁位于中海西北岸，太液池西部。明中期称平台，后改名紫光阁。此阁高两层，面阔七间，为单檐庑殿顶，阁顶铺黄剪边绿琉璃瓦；阁前有五间卷棚歇山顶抱厦，后为五间单檐卷棚歇山顶武成殿。清朝中期，每逢中秋节，皇帝多于阁前召集"上三旗"侍卫、大臣校射。殿试武进士时，皇帝则于阁前阅试武进士马射、步射，这里也因此成为宫廷侍卫守护的重点。

133

值守圆明园

年代　乾隆九年（1744）

作者　（清）唐岱、（清）沈源等

收藏单位　法国国家图书馆

本图选自清宫廷画家唐岱、沈源等人合绘《圆明园四十景图》册之一开"正大光明"。由唐岱画山水树石，沈源画宫殿房舍，汪由敦题书乾隆帝依景所作御制诗文，各开均左文右图。全图分为上下两册，每册最后一开题写："乾隆九年甲子九月奉敕，臣唐岱、沈源恭画，工部尚书臣汪由敦奉敕敬书"等文字，翔实描绘了该园鼎盛时期的建筑风貌与园林特征。1860年，圆明园被英法联军劫掠焚毁，该图册被掠往法国，献于法国皇帝拿破仑三世，目前仍保留在法国国家图书馆。

圆明园自雍正时期开始建设，至乾隆时期又几经扩建，成为清朝宫廷在西郊最繁华、宏大的离宫园苑。自乾隆朝开始，每年皇帝大部分时间都在园内度过。为临朝理政需要，曾将军机处和各部院衙门迁入园内，以协助皇帝办公。与此同时，领侍卫内大臣、内大臣、侍卫和八旗护军等宫廷侍卫也随帝前往圆明园，像在紫禁城一样，按照固定的班次值守该园。

海晏堂西面十

134

圆明园海晏堂铜版画

年代　乾隆九年（1744）
作者　〔意〕郎世宁
收藏单位　法国国家图书馆

清雍正至乾隆朝，曾先后对圆明园进行规划建设，特别是乾隆中期国家财力充裕之后，在清高宗弘历直接干预下，曾对圆明园进行创造性增建，由西方传教士郎世宁等人参与设计园中西洋建筑图纸，最后建成海晏堂、大水法等颇具西洋风格的清宫建筑。

清代中晚期，各朝皇帝、后妃在圆明园等处居住时日远多于紫禁城，这就使得清宫侍卫、护军等禁卫军被大量调往西郊各园，形成禁卫部队分守宫廷、园苑两地的局面，确保帝后等人的平安。

135

圆明园大水法遗址

圆明园曾是清中期皇帝、后妃日常居住的行宫，国家各项政务也在此处理，俨然形成了紫禁城外的小朝廷，它是清宫侍卫、护军尽力保卫的所在。咸丰十年（1860）十月，英法联军攻占北京城，派军进攻圆明园时，守园禁军虽作抵抗，但不敌联军而溃败，使其占领该园。当时，圆明园总管大臣文丰投福海自尽，守园的宫廷侍卫、八旗护军或战死，或逃亡，将藏有无数珍宝的皇家园苑任由列强抢掠。数日后，英法联军再次入园进行劫掠和焚烧，圆明园和附近的清漪园、静明园、静宜园、畅春园及海淀镇均被烧成一片废墟，园内众多太监、宫女、工匠葬身火海。英法联军火烧圆明园是世界文明史上罕见的暴行，圆明园的毁火也成为清宫禁卫史上耻辱的一页。

136

玉泉山静明园

年代　清乾隆
作者　（清）方琮
收藏单位　沈阳故宫博物院

此画为清宫廷画家方琮所绘十六幅《静明园图》中的一幅，工笔设色，画法细致，具有较强的写实特征。该画最初应是奉旨而作八个宫门或隔扇上的贴落画，其后保留于清宫，后来被装裱成八幅条屏样式，十六幅绘画按照两两上下对称形式进行装裱。每屏上下部均有乾隆皇帝御题景名、诗文及钤印；下部于画面两侧钤"嘉庆御览之宝""石渠宝笈"和"宣统御览之宝"等清宫鉴藏印。通过该图，可使我们了解静明园的建筑格局。该园建成后，曾由宫廷侍卫、护军等守卫，帝后驻跸时则于园外守护，以保安全。

玉泉山在清漪园之西，是凸显于西山之东的一座小山丘，山形秀丽，林木葱郁，多奇岩幽洞，涌泉溪泊。乾隆十八年（1753）在原行宫基础上扩建成一座离宫，定名为静明园。该园以山景为主，河湖环绕，大致分为南山区、东山区及西山区。清朝中期至咸丰朝末期，玉泉山静明园得到了较好保护，这与宫廷禁卫军的守护有着直接关系。

137

香山静宜园

年代　清乾隆
作者　（清）张若霭
收藏单位　沈阳故宫博物院

此画作为清宫廷画家张若霭所绘三十二幅《静宜园图》中的一对，用笔沉稳，着色工丽，刻画认真，为写实性宫廷绘画。画前部有清高宗弘历亲题《静宜园记》对折两开，记述了修建静宜园及按景绘图事宜。原作共有绘图三十二开，现存十四幅。每开均有乾隆皇帝御题景名、诗文及钤印。画作虽已缺失，但对研究和了解静宜园建筑仍具有重要意义。有清一代，宫廷侍卫、护军对该园也作了较好守卫。

静宜园位于香山，地处北京西郊，为清代著名的"三山五园"之一，是清中期兴建的皇家园林。乾隆十年（1745），在明宫旧址上修造，建成了秀丽典雅的行宫，为帝后休憩驻跸提供了便利。

138

静宜园匾额

此块匾额悬挂于香山静宜园正门之上，为清仁宗颙琰（嘉庆帝）亲笔御题。匾为木质黑漆金字，反映出仁宗对此园的重视与青睐。清仁宗即位后，在原有宫苑基础上新添园内景观；至清晚期，静宜园已成为帝后经常居住的园苑。清宫禁卫部队每逢帝后驻跸，按例对该园予以保卫和守护。

139

静宜园见心斋

见心斋修建于嘉庆朝，此时清宫建园能力已远不及乾隆时期，只能建添一些幽雅恬静的小景来聊以自慰。此处宫苑新颖别致，绿水如镜，杂树环抱，适合盛夏季节消暑纳凉，故成为晚清时期帝后休憩小住的园苑。

《颐和园图》

年代　清光绪
作者　佚名
收藏单位　故宫博物院

　　本图选自清人所绘《颐和园图》轴，全图真实再现了晚清京西名园颐和园的秀丽风貌。图中所绘昆明湖、万寿山两者相依相衬，绿树间散布着大小宫殿、楼阁、佛塔、长堤，山光水色，景致旖旎。清季，随着帝后长居该园，宫廷侍卫也将守护重点改于颐和园周围。

　　颐和园是北京三山五园中最后建成的一座皇家园林，此地在元明时期即已辟为宫苑。入清，该园周围相继建成多座园苑；乾隆朝，清高宗将这里改建为清漪园。咸丰十年（1860），清漪园被英法联军焚毁。光绪十四年（1888），慈禧太后以筹措海军经费名义动用三千万两白银复建该园，以此作为消夏之地。二十六年（1900），随着八国联军入侵，颐和园再遭破坏，而后虽有所修复，后妃也时常居住，但其旧有风采多已丧失。

颐和园万寿山远景

　　清中晚期，居住在紫禁城中的爱新觉罗皇室成员早已厌倦了深宫红墙的束缚，更多地转往皇家园苑居住，清朝的政务中心，也随之转到这些风景秀丽的园苑。当时，有相当多的宫廷禁卫部队随驾迁至这些宫苑，以保卫天子安全。

　　清末，随着多座皇家园林毁于战火，颐和园成为清朝帝后的常居离宫，也因此成为清朝的临时政治中心。在这里，不仅有帝后处理军国政务的殿堂，也有生活娱乐的楼阁、拜佛祈祷的寺庙，如仁寿殿、乐寿堂、玉澜堂、大戏楼、佛香阁、排云殿、智慧海等。随着帝后长期在颐和园居住，守护该园的宫中侍卫、亲兵、护军等也越来越多，在京西地区逐渐形成了规模庞大的禁卫部队，由此也形成了清末宫廷禁军长期驻守宫外的特殊状态。

（二）守护热河行宫

142

避暑山庄门额

年代　清康熙晚期
作者　（清）玄烨
收藏单位　承德避暑山庄博物馆

　　避暑山庄门额，悬挂于山庄正门之上，为清圣祖（康熙帝）玄烨亲笔所题。避暑山庄原称热河行宫，位于承德市区北部，是我国现存最大的古典皇家园林。山庄始建于康熙四十二年（1703），至四十七年已初具规模。康熙五十年（1711），圣祖赐名"避暑山庄"，并题写该匾额。其后经雍正、乾隆两代扩建，并在周围修建了"外八庙"，前后历时八十九年才全部竣工。山庄占地共5640000平方米，建筑规模和总体布局蔚为大观。在设计方面，该园充分利用自然山水，吸取唐、宋、明历代造园传统和江南园林经验造园，将园林艺术与宫室建造推向了空前高度，成为中国古典园林的典范。

143

塞外宫苑热河行宫

年代　清康熙晚期
作者　（清）冷枚
收藏单位　故宫博物院

　　康熙前期，为保持满洲骑射传统，清圣祖玄烨统领八旗官兵、侍卫远赴塞上行猎，会见、宴请外藩蒙古诸王贝勒，开辟了"木兰围场"。康熙晚期，玄烨又命令围场附近的热河修建规模宏大的避暑山庄，作为盛夏避暑和"木兰秋狝"的行宫。行宫园苑融合南北园林特色，亭榭楼台云集，依山势变化而营建诸多宫室，使山川、建筑融为一体。按清例规定，每次皇帝入园驻跸，宫廷侍卫及八旗护军均要沿山庄外墙设立警戒，以守护帝后、皇子等安全。沿山庄宫墙共有九座宫门，分别为丽正门、城关门、德汇门、碧峰门、坦坦荡荡门，以及流杯亭门、惠迪吉门、西北门及仓门等，其中前五门为城台式阙楼，后三门为殿式门，最后一门为随墙门。按清制规定，山庄各处宫门及宫墙由八旗护军分班驻守，并围绕宫墙传筹巡视。

144

避暑山庄及其周围寺庙位置图

　　承德避暑山庄规模庞大，是清朝在京师口外建设的最大离宫，为清中期皇帝、后妃和其他皇室成员夏季避暑的行宫。在山庄建设过程中，为笼络蒙古、西藏等地少数民族，清帝传旨在山庄周围陆续修建了一批皇家寺庙，如普陀宗乘之庙、须弥福寿之庙、普宁寺、殊像寺、广缘寺、安远庙、溥仁寺、溥善寺等。这些寺庙合称为"外八庙"，尤以藏传佛教使用的喇嘛庙为多，得到蒙藏信众的衷心崇拜与支持。避暑山庄及"外八庙"建筑汇聚了满、汉、蒙、藏等多民族建筑风貌，极大加强了各民族的融合与发展，对中国北部边疆的长期稳定起到了较大作用。有清一代，驻防热河（承德）的八旗官兵、护军负责守护山庄及寺庙，极大维护了当地稳定。

145

避暑山庄正门——丽正门

　　丽正门为承德避暑山庄宫墙正门，亦是正宫的大门，修建于乾隆十九年（1754），为三门重台式建筑，列避暑山庄"乾隆三十六景"之首。中门之上，制有乾隆帝御笔"丽正门"汉、满、蒙、藏、维五体文字，象征多民族和谐共荣。城门上建有城楼三间，由清宫侍卫、护军按班把守。清帝驻跸山庄期间，经常率侍卫、护军官兵于正门前比射演武，增强官兵武功意识。

146

避暑山庄外围宫墙及墙内侧二马道

　　承德避暑山庄外围宫墙内侧建有二马道，是专门为宫廷侍卫、护军准备的守卫之路。山庄宫墙总长约 20 里，可称为"世界最长的虎皮墙"。在宫墙以外，原设有堆拨五十四座，每座堆拨按制驻守八旗兵十人，共有五百四十人守卫宫墙和沿墙巡逻。宫墙之上有供成卫官兵行走的上下马道和错马时的平台。宫墙以内，由内廷侍卫按班守护，体现了行宫规模的宏大以及宫禁守护制度的缜密与严格。

（三）其他行宫的保护

147

京师至热河沿途行宫分布图

满族起源于白山黑水，狩猎习俗为民族传统。清朝入关之初，在靠近蒙古地方的喀喇和屯等处，开始修建狩猎围场与行宫，皇帝和亲王贝勒经常率亲随护卫前往该地射猎、小住。康熙二十年（1681）后，清圣祖玄烨命于内蒙古卓索图盟、昭乌达盟交界处设立围场，以便皇室成员及八旗官兵常赴此围猎，并进一步加深与蒙古藩王的感情。此后，清帝经常往来于京城和坝上草原，逐渐形成了"木兰秋狝"定制。

当时，从京师前往木兰围场途中，往往要行进数天，故从康熙朝开始，清廷便在京城至古北口、至围场沿途建设了一系列行宫，以供皇帝和其他皇室成员使用。乾隆朝赴围场沿途的行宫逐渐增多，共计有三十三处，较著名的关内行宫有：蔺沟、汤山、三家店、怀柔、罳髻山、南石槽、密云、遥亭、石匣城、白龙潭、羊山、河漕、南天门行宫；关外行宫有：巴克什营、两间房、常山峪、鞍子岭、王家营、桦榆沟、蓝旗营、钓鱼台、黄土坎、唐三营、喀喇和屯、热河、汤泉、二沟、中关、什巴尔台、波罗河屯、张三营、济乐哈朗图、阿穆呼朗图等处。这些行宫大多由八旗护军守卫，为皇帝、后妃、皇子及其他皇室成员提供住宿便利。

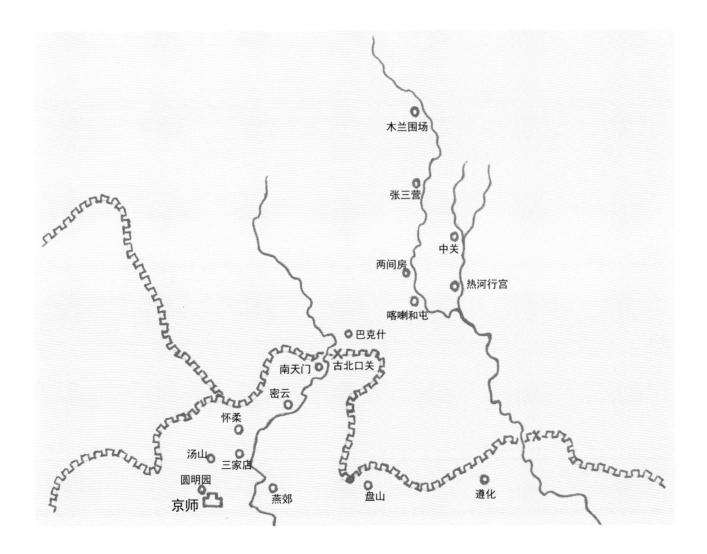

(148)

护驾祭东陵

年代　乾隆十九年（1754）
作者　（清）蒋溥等

　　此幅《行宫全图》，为北京以东盘山静寄山庄行宫，收录于乾隆十九年（1754）蒋溥等奉敕纂修的《盘山志》卷一。全图描绘了山庄御定内八景和新增六景，其内八景为静寄山庄、四面芙蓉、太古云岚、清虚玉宇、层岩飞翠、镜圆常照、众音吹松、贞观遗迹；新增六景为农乐轩、池上居、小普陀、雨花台、冷然阁、半天楼。

　　清入关后，分别在河北遵化县西北昌瑞山、易州西侧的泰宁山太平峪两处，先后辟建皇家陵园，即俗称的东陵、西陵。按清宫定制，皇帝每年均需在先帝祭日前往祖陵祭祀，或派最亲近的皇室成员、宫廷侍卫代祭。为皇帝前往东陵祭祀之便，清廷在京城至遵化沿途修建了四座行宫：燕（烟）郊、白涧、桃花寺、隆福寺，以供皇帝往来驻跸。

　　盘山静寄山庄为京畿东部一处最大行宫。盘山，又名田盘山，位于燕山南麓，是清帝出京东行常驻之处。康熙初年，清圣祖玄烨即在此巡幸。乾隆九年（1744），清高宗弘历命于盘山之南兴建静寄山庄，这里由此成为京东一处重要皇家宫苑。

(149)

随驾祭西陵

年代　道光十年（1830）
作者　（清）杨芳等
收藏单位　故宫博物院

　　本图由清陕西固原提督杨芳于道光十年（1830）进呈，全图大致描绘出雍正泰陵等帝后陵寝山环水抱、形势优裕的格局。终清一世，葬入清西陵的皇帝及后妃共有十四座陵寝，它们也成为各代皇帝祭祀的重要场所。每逢皇帝无法亲自祭陵，则派遣王公大臣或亲信侍卫代祭，以显示对父祖、先辈的重视。为方便皇帝前往西陵祭祀，清廷在京城至易县沿途陆续修建了四座行宫：黄新庄、半壁店、秋澜村、梁格庄等。这些行宫平时由护军把守，皇帝往来驻跸则增添侍卫亲军，以确保天子安全。

　　除东陵、西陵祭陵沿途建有行宫外，清帝赴泰岳、孔庙祭祀的东巡路线，赴山西五台山的西巡路线，也分别建有多处行宫，其中赴泰岳、孔庙沿途计有思贤村、德州、晏子祠、岱顶、岱庙、古泮池、万松山、郯子花园等十五座行宫；赴五台山沿途计有端村、赵北口、黄新庄、梁格庄、正定府、保定府、涿州、台麓寺、菩萨顶、法华寺等二十一座行宫。

随驾南巡驻跸宿迁行宫

　　康熙前期，为加强对南方统治、治理河工，清圣祖玄烨自康熙二十三年（1684）开始，率文武大臣数次南下，远赴江浙，前后共计六次南巡，成一代定例。乾隆朝，清高宗弘历奉行祖制，亦有六次南巡壮举，极大推进了南北方政治、经济、文化交流，缓和了满汉民族矛盾。当时，为皇帝南巡驻跸之便，曾在京师至江南沿途设立一系列行宫。这些行宫或为新建宫苑，或为临时征用旧宅改建，而清宫侍卫、护军在皇帝每次驻跸期间，均有护卫之责。按清制规定，皇帝驻跸行宫时，由銮仪卫、銮仪使负责行宫保护职责，包括随扈保驾、行宫守卫及巡查等，另有前锋营、护军营、侍卫处、步军营、骁骑营等机构官员协助其事；皇帝离开行宫，由总管官员专司稽查，行宫内外另有千把总及外委兵丁巡逻看守。

　　此为清朝康、乾两帝南巡时，经常驻跸使用的江苏宿迁行宫遗址。

守护扬州高旻寺行宫

　　清圣祖玄烨、清高宗弘历曾先后多次南巡，途径京畿、河北、山东、江苏、浙江诸省，路过德州、济南、曲阜、扬州、江宁（南京）、苏州、杭州等城市。为帝后驻跸之便，清廷曾在皇帝南巡途中建设专门行宫，以供帝后使用，其中在江南的行宫共计十二处，分别为顺河集、陈家庄、天宁寺、高旻寺、钱家港、苏州府、虎丘、龙潭、栖霞、江宁（南京）、杭州、西湖等。每当清帝入住行宫，宫廷侍卫、护军即承担起保卫任务。

　　此为清帝南巡时于扬州茱萸湾高旻寺驻跸行宫的遗址。该行宫由江南盐商修建，宫内有前、中、后三殿，包括茶膳房、西配房、画房、西套房、桥亭、戏台、看戏厅、闸口亭、亭廊房、歇山楼、石板房、箭厅、丸子亭、卧碑亭、歇山门、右朝房、垂花门、后照房等。

152

随驾金山寺驻跸镇江行宫

镇江金山寺是清帝南巡重要的途经地与观赏地。它最早建于东晋时期，依山势巧妙而建，殿宇幢幢相衔，楼阁层层相接，山体与寺庙浑然一体，规模宏大，气势壮观，为当地极富特色的古典建筑。清康熙、乾隆两帝先后南巡，曾多次驻跸金山，并留下大量御制文物，使该地更负盛名。根据传世的《康熙南巡图》看，其中第六卷即描绘了清圣祖玄烨在众侍卫守护下，伫立金山寺天台俯瞰江天美景的画面。

153

栖霞岭行宫

杭州是清帝南巡最远之处。皇帝驻跸杭州期间，通常在校场阅视八旗官兵较射，再赴大禹庙祭拜，以此表明清王朝传承历代文化的正统性。清宫侍卫和亲兵、护军亦随驾至杭州，除参加阅兵、祭庙等活动，更要负责天子起居安全，不容出现分毫差错。

栖霞岭行宫是清帝驻跸杭州的行宫之一。位于杭州西湖岸边，与湖中孤山隔水相望。清圣祖玄烨早期南巡时，均驻跸于太平坊杭州府行宫，宫室较为简陋，后由杭州地方官在西湖孤山脚下为其兴建了气势非凡的新宫。此处行宫秀石嵯峨，茂林蒙密，宫舍清幽，成为清帝南巡上佳的驻跸地。

154

驻跸杭州行宫

杭州行宫位于今天西湖边中山公园，公园正门应为行宫大门，但当时行宫面积远大于此，应包括现在的浙江省博物馆、浙江省图书馆古籍部以及孤山等处。

清康熙晚期，杭州官员在孤山为皇帝修建了行宫；但在雍正朝，将其改建为圣因寺，成为西湖的四大名刹之一。至乾隆朝，清高宗弘历又复建行宫，且对其格外欣赏，曾先后五题"西湖行宫八景"，写下四十余首诗篇。

此图为清帝南巡杭州时，于孤山圣因寺曾驻跸过的行宫遗址。此处群山环拱，万堞平连，可将西湖美景一览无余。

155

清中期江宁行宫地形图

江宁又称金陵，即南京。作为"六朝古都"，它曾是中国南方最重要的城市之一。

顺治二年（1645），清朝恢复江宁织局的生产，开始由"江南三织造"（南京、苏州、杭州）为宫廷制造各类织绣制品，直至成为宫廷御用织绣品专供基地，使古都地位日益提升。

从清圣祖玄烨、清高宗弘历多次南巡路线来看，其每次南巡都会在江宁小住，而驻跸地多选在江宁织局所在地，充分显示了此处的重要性，这里因此成为江宁行宫。宫廷侍卫在皇帝驻跸期间，会于大宫门、二宫门、宫门、前殿、中殿及宫墙以外值班守候，并按紫禁城内值班定制，轮流上岗、恪尽职守，确保帝后和随扈人员安全。

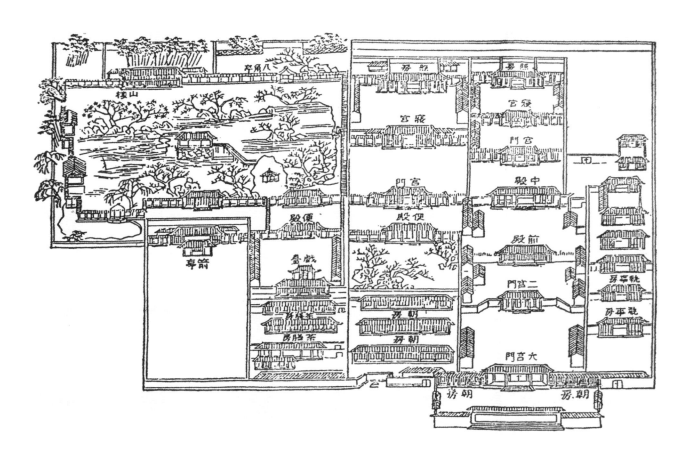

执礼篇

　　清宫侍卫特别是侍卫官员，乃宫廷中最贴近皇帝的臣子。他们在宫内不仅要保护皇帝，还要跟随他参加各种典礼仪式，在活动中承担相关职责。从这一点来看，宫廷侍卫在朝中举足轻重，与国家政治息息相关。

　　清朝封建制度十分森严，建国之初，开国汗王（皇帝）以本族传统文化为基础，借鉴明朝宫廷礼制，开始国家文化建设。入关后，随着各项典制走向完备，宫廷礼仪日益丰富，礼节不断严格，形成所谓的"五礼"制度，即吉礼、嘉礼、军礼、宾礼、凶礼，包含登极大典、朝会典礼、祭祀典礼、筵宴庆典、出征及凯旋礼仪、外藩入觐礼、大婚典礼等。

　　凡皇帝出席典礼活动，领侍卫内大臣、御前大臣、御前侍卫和前引大臣、后扈大臣、内大臣等侍卫官员皆各司其职，部分侍卫官员担任礼仪官，参与相关活动。如皇帝举行登极大典或参加元旦、冬至、万寿"三大节"朝会，诸侍卫官员伴随皇帝身边；皇帝按例在太和门或乾清门"御门听政"，侍卫官员随驾值班，御前当差；皇帝参加太庙、社稷坛、先农坛及天坛、地坛、日坛、月坛、雍和宫等坛庙祭祀，或赴东陵、西陵乃至盛京三陵、热河外八庙、大禹庙、泰岳等陵寝、庙宇祭祀，侍卫官员则与礼部官员共同负责呈递祭文、祭品，协助皇帝完成各项祭奠之礼。

　　清宫筵宴，是宫廷中重要的礼仪活动，例来为世人瞩目。它既是皇帝与后妃、皇室成员、文武大臣、外藩蒙古人等的餐饮宴会，也是宫廷中展现皇朝风范的表演。每逢宫中筵宴，侍卫官员按班执事，或执豹尾枪，佩弓矢、仪刀护卫御前；或奉旨入席就餐，或执酒送茶、恭献食肴，还有一部分御前侍卫和亲兵负责在宴会上舞蹈助兴，以娱观者。这些宫廷侍卫有的表演"扬烈舞"，有的演出"喜起舞""世德舞"，将满洲创业进取精神以舞蹈形式展现出来，使宫廷宴会圆满而热烈。

皇帝大婚是清宫中最重要的典礼之一，宫廷侍卫按例在仪式上承担职责。有清一朝，在宫中正式举行大婚的皇帝仅有四帝，即世祖（顺治帝）、圣祖（康熙帝）、穆宗（同治帝）、德宗（光绪帝）。每逢帝后大婚，宫廷侍卫即奉旨参与其事，如护送聘礼、迎接彩礼、恭迎皇后、执事典礼、参与宴会等。帝后于坤宁宫行合卺礼时，宫廷侍卫和福晋则负责唱喜歌，祝福皇帝、皇后百年好合，恩爱长久。

萨满教是满洲人最初信奉的传统宗教，也是清朝皇室始终尊行的"国教"。每逢各类节日，皇帝、王公贝勒等宗室成员均要在神堂参与萨满祭祀。清朝定都盛京（沈阳）和北京，在皇宫和京城内均建有固定祭祀场所，如盛京清宁宫、盛京堂子，北京坤宁宫、北京堂子。每逢萨满祭祀，宫廷侍卫即按制参加，一方面协助萨满完成祭典，另一方面负责分食福肉，等等。

总之，清宫侍卫在宫廷典礼活动中扮演着多种角色，成为皇朝礼制的保护者和参与者。

当朝使命

（一）大朝执事

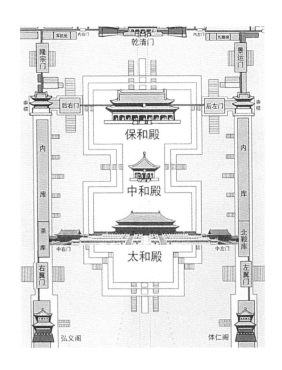

156

外朝三大殿平面图

　　紫禁城外朝，系指太和殿、中和殿、保和殿三座大殿，它们是清朝皇帝举行重要典礼活动的所在，也是国家最高权力的象征，关乎国体与威仪，因此也是清宫禁卫部队重点保卫的区域。

　　按清宫定制，外朝三大殿每天均由"上三旗"官兵轮班值守，每班派领侍卫内大臣一人，内大臣或散秩大臣一人协助，统领在班侍卫，共同守护各殿。

157

太和殿外景

　　太和殿俗称"金銮殿"，始建于永乐十八年（1420），原称奉天殿、皇极殿。顺治二年（1645），清廷将其改称太和殿。大殿共十一开间，为传统单体建筑中最高等级，上承重檐庑殿顶，下为三层汉白玉栏板和平台，殿檐下采用金龙和玺彩画，是北京故宫所有建筑中最高大、最重要的宫殿建筑，也是中国现存最大的木结构大殿。

　　太和殿位于紫禁城南北中轴线的中央位置，成为封建国家最高权力的象征，也是宫廷侍卫重点值守和保卫的大殿。按清宫定制，太和殿昼夜均有宫廷侍卫专门守护，值守该殿的禁卫军为外班侍卫，派"上三旗"侍卫什长各一人，率领侍卫及亲军三十人入值。

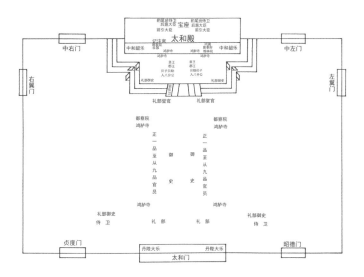

158

太和殿朝贺宫中侍卫执事位置图

本图依据清光绪朝《钦定大清会典图》卷二十六、礼二十六、朝会一之"太和殿朝贺位次图"绘制。有清一朝，宫廷侍卫除守护太和殿等殿宇外，还直接参与殿上各类礼仪活动，负责殿内、殿外执事，礼仪表演等事宜。他们与礼部、鸿胪寺等衙门官员共同执事，督促其他官员按固定位置排列序立，依礼行事，以完成森严的宫廷礼仪演示。

根据清宫定制及本图可知，太和殿朝贺时，在大殿内有御前大臣、侍卫守护于皇帝宝座周围，分别是前引大臣、后扈大臣各两人，豹尾班侍卫十人；太和殿前阶，有銮仪卫班侍卫官员执事；太和殿广场南部东西两侧，在礼部御史之后，分列佩刀内廷侍卫，起到整肃护卫的作用。

159

内廷侍卫执事太和殿

年代　清乾隆
作者　轶名
收藏单位　故宫博物院

此图选自清宫画家所绘《万国来朝图》轴，图中详细描绘了太和殿朝贺之际，宫廷侍卫、銮仪卫官兵手执器械仁立殿前的场景。按照《大清会典》等史籍记载，太和殿朝会皇帝御殿时，陈法驾卤簿，内廷侍卫各执器械，立于丹陛东西两侧。

从本图细部观察，銮仪卫亲军、护军仁立于太和殿丹陛及广场之上，其中三十位佩仪刀、弓矢、豹尾枪侍卫身穿石青缎花袍，按东西两翼排列于太和殿丹陛上；另有两列身穿红缎花袍的銮仪卫官兵，手执殳、戟、钺、星、瓜、仗等器械，按左右两翼分立于太和殿广场，其列队形式与所持器具与清宫定制相符。

160

宫中执事静鞭震慑

年代　光绪十五年（1889）
作者　（清）庆宽等
收藏单位　故宫博物院

本图选自清宫廷画家庆宽等人所绘光绪帝《大婚典礼全图》册之一开。该图以写实笔法，具体描绘了太和殿筵宴之际，两位身着团花红缎锦衣的銮仪卫鸣鞭校尉，一前一后立于太和殿广场御路东侧，手执静鞭，督导大宴的场面，可谓威风凛凛。

静鞭是中国古代皇宫里一种特殊的仪仗警示用具，每逢皇帝在宫内举行大型典礼，或离宫摆驾出行，内廷禁卫官员即手持静鞭，用鸣鞭来告诫臣子、百姓以礼恭迎皇帝。静鞭用黄丝编制而成，鞭鞘颇长，以蜡浸透，其手柄约长1尺，为木质髹红漆，顶端雕金色龙头。

（二）庆典护驾

随帝朝见

年代　乾隆三十年（1765）
作者　（清）丁观鹏等
收藏单位　故宫博物院

　　本图选自清宫廷画家丁观鹏等人所绘《乾隆西域战图》册之十六"凯宴成功诸将士"。清《乾隆西域战图》册又称为《平定准部回部得胜图》册，详细描绘了八旗官兵出征新疆、平定回部的宏大史事；图册以纪实笔法，再现了清军平定回部多次重要战役，另外还有将士凯旋时清高宗出宫郊劳、午门献俘，以及在紫光阁设宴款待等场景。

　　从本开册页来看，为清高宗弘历在紫光阁前宴赏凯旋将士。弘历身着吉服，端坐在十六抬轻步舆之上，前有御用曲柄龙头黄伞及十位前引大臣开路，步舆两侧及后面有王公贝勒、后扈大臣随驾，其后跟随手捧御用佩刀、弓矢等器械的亲军，最后是身穿黄马褂、以扇形相随的佩刀侍卫和豹尾班侍卫，显示出宫中禁卫官兵随同皇帝朝见的场景。

接见外国使臣

年代　清乾隆
作者　（清）杨大章等
收藏单位　故宫博物院

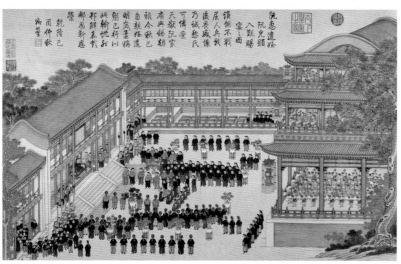

　　本图选自清宫画家杨大章等人所作《平定安南战图》册之"阮光显入觐赐宴"。乾隆五十四年（1789）七月，清军出征安南获胜，安南国王阮惠遣其侄阮光显等前往北京，奉表到达承德避暑山庄，清高宗弘历于山庄福寿园召见阮光显等人，并赐宴款待。

　　此图描绘了清高宗在御前大臣、宫廷侍卫保护下，端坐于福寿园观戏楼内，接受阮光显一行拜见的场景。观戏楼内外站满身着黄马褂的亲随侍卫；楼前台阶两侧，分列着十位豹尾班侍卫；楼前广场两列内廷侍卫中间，跪立着阮光显等使臣，按清宫礼仪觐见皇帝；观戏楼右侧，散布着手捧饮食、茶具和赏赐礼物的众多护军，显示出宫廷侍卫在接见外使活动中的多重职责。

163

圣寿彩衣恭祝献舞

年代　乾隆三十六年（1771）
作者　佚名
收藏单位　故宫博物院

　　本图选自清人绘《胪欢荟景图》册之第四开
"慈宁燕喜图"。乾隆二十六年（1761），清高宗
弘历之母崇庆皇太后钮祜禄氏七十寿辰，爱母至
深的弘历在慈宁宫等处，为母后举行隆重的庆典、
祝寿活动。其中一个重要礼节是在慈宁宫宴会上，
弘历身穿朝衣为母亲恭敬献酒，祝福安康；而后
他又带领身穿彩绣朝服的内廷侍卫，按满洲传统
歌舞形式，于宫前丹陛翩翩起舞，共祝圣诞。

　　从该图描绘的宫中活动看，清高宗弘历立于
宫内筵桌前，手捧酒杯献于母后；二十四位身着
彩衣的内廷侍卫分列于丹陛两侧，精神抖擞，气
宇轩昂，以备献舞。

164

郊劳将士

年代　乾隆四十二年（1777）
作者　（清）徐扬
收藏单位　故宫博物院

　　此图选自清宫画家徐扬创作的《平定金川战
图》册之一开"郊劳将士"。乾隆十二年（1747）
及三十六年（1771），在四川金川地方，先后爆发

了莎罗奔、索诺木及僧格桑引发的战事，清军则
举兵平叛，发动大小金川之战，最终取得胜利。

　　此开图册具体描绘了乾隆四十一年（1776）
第二次金川之役胜利后，高宗皇帝骑马亲至郊劳
台迎接将士的场面。此图中，弘历在十位前引大
臣引导下，端坐于白马之上，向圆坛缓缓而行；
其身后有内廷护卫和众将士相随，队伍最后为
十八位豹尾班侍卫紧紧跟随；其他各处，则有八
旗护军官兵身佩仪刀，按例执行防御任务。

165 恩赏功臣

年代　乾隆五十三年（1788）

作者　（清）杨大章、（清）贾全等

收藏单位　故宫博物院

　　此图选自清宫廷画家杨大章、贾全、谢遂、姚文瀚等人所绘《平定台湾战图》册之一开"清音阁凯宴将士"。乾隆五十一年至五十三年（1786—1788），在台湾爆发了天地会林爽文起义，清高宗派协办大学士、陕甘总督福康安、一等超勇侯海兰察等率军赴台平叛，经多次战斗镇压了起义，捕获林爽文等人。平定台湾后，清高宗命宫廷画家绘制纪实性彩图，并由杨大章、贾全等绘制了相同题材的铜版画。

　　本开图册以写实手法，描绘了高宗皇帝在御前侍卫陪伴下，于避暑山庄福寿园设宴、设戏款待征台将士的场面。从图册可见，弘历端坐于观戏楼内宝座，征台将士跪于戏楼之前，以便接受皇帝恩赏，随其观看精彩的宫廷戏曲。

166 午门凯旋

年代　乾隆四十二年（1777）

作者　（清）徐扬

收藏单位　故宫博物院

　　此图选自清宫廷画家徐扬所绘《平定两金川战图》册之第十六页（局部）。平定金川全册各开内容分别为：收复小金川、攻克喇穆及日则丫口、攻克罗博瓦山碉、攻克宜喜达尔图山梁、攻克日旁一带、攻克康萨尔山梁、攻克木思工噶克丫口、攻克宜喜甲索等处碉卡、攻克石真噶贼碉、攻克薷则大海昆色尔山梁并拉祜喇嘛寺等处、攻克贼巢、攻克科布曲索隆古山梁等处碉寨、攻克噶喇依取捷、郊台迎劳将军阿桂凯旋、午门受俘、紫光阁凯宴成功诸将士等。本图为此册其中一开，具体描绘了午门凯旋的仪式。清高宗弘历在诸侍卫大臣陪同下，端坐于午门之上，接受凯旋将士和金川土司首领朝觐，其宝座前的御前侍卫和两侧的豹尾班侍卫对皇帝起到了烘托作用。

167 参与献俘礼

年代　道光九年（1829）

作者　佚名

收藏单位　故宫博物院

　　此图选自清宫廷画家所绘《平定回疆战图》册之一开"午门受俘仪"。该图册绘制于道光年间，又称《平定回疆剿擒逆裔战图》。嘉庆二十五年（1820），新疆回部大和卓木布那敦之孙张格尔在外国势力支持下，率部发动叛乱；清廷派兵进行平定，前后计有九次较大规模战役；道光七年（1827）末，清军基本消灭叛军，活捉张格尔等八名叛军头目；翌年，张格尔等被押解进京。

　　该图所绘即为道光八年（1828），张格尔被清军押至午门外受降的场面。清宣宗旻宁在王公贝勒、侍卫和文武百官簇拥下，端坐于午门正门之上，居高临下俯视凯旋将士和回部战俘，宫中侍卫按例参与礼仪，御前大臣、领侍卫内大臣、内大臣率领众侍卫侍立皇帝左右，军仪庄重，场面盛大。

（三）御门听政及内外传达

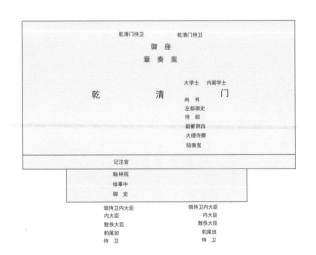

168

太和门听政

　　太和门是明清紫禁城内最大的宫门，也是外朝宫殿的正门，位于午门之内、金水桥以北。始建于永乐十八年（1420），原称"奉天门""皇极门"；顺治二年（1645）改称"太和门"。该门面阔九间，进深四间，为重檐歇山式建筑。该门在清朝时期均曾作为皇帝早朝之处，地位重要。

　　明朝皇帝创立"御门听政"制度，清入关之初，世祖、圣祖沿袭明制，于太和门听政办公，接受臣下朝拜、上奏、颁发诏令、处理军政事务、赐宴，康熙晚期改至乾清门处理朝政。按清制规定，凡皇帝御门听政之日，宫廷侍卫均要奉差值班，做好保卫勤务等事宜。

169

乾清门听政

　　乾清门是明清紫禁城内廷正门，亦是连接内廷与外朝的最重要通道，进入乾清门后，即是帝后、妃嫔等居住的寝宫区。乾清门面阔五间，进深三间，为单檐歇山式建筑，下部为1.5米高的汉白玉基座。康熙时期，清圣祖玄烨将办公地由太和门迁至此门。

　　根据清宫制度，逢"御门听政"之日，内廷侍卫在天亮前护卫皇帝出宫御门，由等候在外面的各部院衙门官员轮流入门奏事，再由皇帝作出决策和指示。皇帝御门期间，内廷侍卫不仅负责皇帝个人安全、官员引见，还要承担皇帝饮食、服侍和处理部分奏报文书。

170

御门听政位次图

　　本图依据清光绪朝《钦定大清会典图》卷二十七、礼二十七、朝会二之"御门听政位次图"而绘制。皇帝御门听政，是清朝宫廷政治上的一件重要事项。清帝每天亲临太和门（后改至乾清门，再后改为养心殿）办公，通过批阅臣工奏章、发布圣旨，以统辖全国军政要务。

　　皇帝御门办事之际，宫廷禁卫官兵负责天子安全，并参与传唤、引导朝臣。根据《大清会典》等典籍记载，皇帝御门之时，其身后有乾清门侍卫按左右两翼排列，恭立守候；在乾清门外御路两侧，则有领侍卫内大臣、内大臣、散秩大臣、豹尾班侍卫、内廷侍卫等相向侍立，保证早朝安全。

171

执红绿头签引见制

年代　清光绪
收藏单位　故宫博物院

　　执牌等候，再由宫廷侍卫奉旨引入宫内，是
清宫传统的君臣议事方式。

　　按清宫定例，皇帝上朝日，凡文武大臣欲入
宫觐见，即按红、绿头签之制。红、绿头签，又
名膳牌，为亲王及以下各级官员恭候召见时所用
之木牌。其中亲王用红色头签，大臣用绿色头签，
每人于签牌之上书写爵位、职官、姓名。皇帝早
膳时，按所呈之签题名，由内廷侍卫传唤，引其
入宫觐见。待君臣会见议事后，再由侍卫从宫中
引出。

172

膳牌红头签

年代　清光绪
收藏单位　故宫博物院

　　此件红头签为清宫膳牌之一，是清末醇亲王
奕譞所用遗物。牌身为木质长条形，上部制成云
头状，髹红漆。牌身上部中央楷书"和硕醇亲王
奕譞"七字。

　　载湉（即光绪皇帝）入继大统后，其父奕譞
"父以子贵"，受到慈禧太后那拉氏重用，朝中政务
多与之商议。奕譞即以此红头签，多次奉旨入宫
请见，以商讨军机大事。

173

引见绿头签

年代　清光绪
收藏单位　故宫博物院

　　清朝中晚期，随着国家政局动荡，一些汉族
官僚、士大夫日益受到帝后重视，开始被纳入朝
廷中枢机构。他们或被授以军机大臣，或被赐封
内阁大学士，或担任部院要职，以便献言献策。
这些部院大臣每日上朝候旨时，其所持引见牌均
为绿色牌头，与宗室亲王所持红头牌形成区别。

　　此件绿头签为清末著名大臣张之洞所持。牌
身为木质长条形状，牌上部刻成云头造型，并
髹以绿漆。牌身上部中央处，以墨笔楷书"大学
士张之洞"六字，反映了当时宫廷侍卫持牌传唤、
引见的史事。

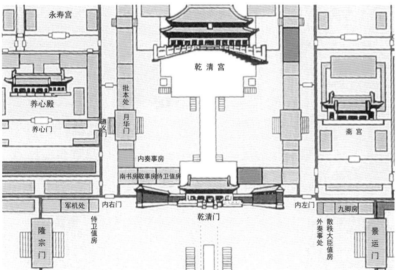

174

九卿房西值房

　　清朝内廷侍卫的重要值房之一。在乾清门和内左门东侧有一组建筑，它既为宫廷侍卫、护军值班处，亦是其转呈文书的办公之所。

　　这组建筑自东向西依次为侍卫值房、九卿房、散秩大臣值房和外奏事处，九卿房西侧值房即是"外奏事处"。每天在此值班的内廷侍卫，负责向宫内转呈文武大臣奏章及其他重要文件，使得宫廷侍卫直接参与到国家政务活动之中。

175

内、外奏事值房

　　清朝帝后日常燕居于紫禁城后寝区，亦即乾清门以北的后宫区域。当朝王公贝勒、文武大臣要经常上报奏折，向皇帝汇报军政事宜，因臣下不能随时进入内宫，其上书奏章只能由宫廷侍卫转呈。于是在清朝中期，于乾清门内外，逐渐形成了内奏事房、外奏事处等相关值房，由值班侍卫转达诸臣奏书和皇帝批复，以此形成清宫内廷的内、外奏事机制。

（四）经筵及殿试

176

临雍护卫

年代　清雍正
作者　佚名
收藏单位　故宫博物院

　　此图选自清宫廷画家所绘《胤禛临雍图》第二卷。该图又称为《雍正帝临雍讲学图》，具体描绘了清世宗胤禛（雍正皇帝）亲临国子监，于彝伦堂面对文武百官侃侃讲授的场面。按清宫定制，凡皇帝临雍讲学，御前大臣、侍卫、亲军等即随其前往，负责国子监内外守护之责。

　　清世宗十分重视儒家思想，注重向臣民宣扬儒家经典。根据史籍记载，他曾多次驾临国子监，登上讲坛宣讲儒学思想，以此弘扬儒教，标榜清朝统治的合法性，加强对臣民的教化与思想统治。

177

维持秩序

年代　清雍正
作者　佚名
收藏单位　故宫博物院

　　此图与上图一样，均选自清宫廷画家所绘《胤禛临雍图》第二卷。按照清宫禁卫之制，皇帝出行、讲学均有大批御前侍卫、护军从行。从此图来看，国子监彝伦堂前面两侧，排立着腰佩仪刀的宫廷侍从；在整个庭园之内，另有八旗护军沿东西两厢依次序立，他们与堂内御前侍卫、豹尾班侍卫一起，虎视眈眈地注视着千余名听讲官员，以保证讲堂秩序和天子安全。

178

值守门卫

年代　清雍正

作者　佚名

收藏单位　故宫博物院

此图选自清宫廷画家所绘《胤禛临雍图》第二卷。此处为该卷卷首部分，即清宫禁卫官兵守护国子监大门、正门的场景。

国子监位于北京孔庙西侧，是清朝最高学府和教育行政管理机构，又称"太学""国学"，也是清帝经常光顾之处。从画面来看，八旗护军分立于大门、正门两侧，他们相向排列，头戴花翎，身着朝褂，胸挂朝珠，腰佩仪刀，精神抖擞，显示出宫廷禁军的英武气势。

179

奉差中和殿

中和殿位于北京紫禁城外朝中路，为紫禁城最重要的三大殿之一，其南面为太和殿，北面为保和殿。该殿平面呈正方形，面阔、进深均为三间，四面出廊开门，为单檐四角攒尖建筑。修建于永乐十八年（1420），初名华盖殿，后改中极殿；顺治二年（1645）始称中和殿。每逢皇帝前往太和殿举行典礼，多先在此休息，接受官员拜见。每年春季祭先农坛、地坛、太庙、社稷坛等处所用的祭文、祝版等，均在此阅视。

根据清宫定制，中和殿设专门侍卫守护。按《钦定大清会典》记载，宿卫中和殿共三十三人，其中侍卫什长三人、侍卫亲军三十人，分班轮流守卫该殿。

180

保和殿执事

保和殿亦为紫禁城最重要的三大殿之一，地处外朝最北面，其前排列太和殿、中和殿。该殿面阔九间、进深五间，为重檐歇山式建筑。修建于永乐十八年（1420），初名谨身殿，后改建极殿；顺治二年（1645）始称保和殿。此殿是清帝举行宫内大宴和殿试之处，每年除夕及正月十五，皇帝均于此设家宴款待王公贝勒；每三年在此举行一次全国最高等级的科举考试——殿试，由皇帝亲自督考进士，评选出状元、榜眼、探花。

根据清宫典制规定，凡皇帝参加保和殿筵宴及殿试，宫廷侍卫均参与其中，负责侍宴、监督科举考试等任务，可谓举足轻重。

（五）銮仪卫司职

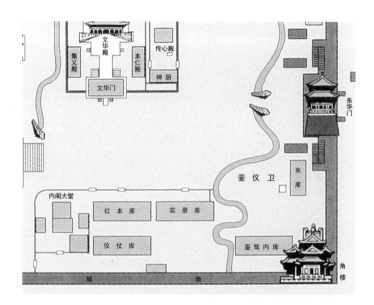

181

紫禁城内銮仪卫位置图

銮仪卫是清宫廷中重要的执事、禁卫部队之一。它承袭明制，顺治元年（1644）按明宫"锦衣卫"建置，设指挥使等官；翌年，改称"銮仪卫"，改设銮仪使、銮仪副使及冠军使、副冠军使等官职；九年（1652），以侍卫处内大臣掌銮仪卫事；两年后，改定掌卫事大臣一人（正一品），从王公及满蒙大臣中选任，另设銮仪卫使满洲二人、汉军一人（均正二品）。该卫下设左、右、中、前、后五所及驯象所、旗守卫等机构。

銮仪卫掌管帝后卤簿、仪仗等御用器物，参与各类宫廷礼仪活动，同时也是保卫帝后安全的亲随侍卫，如豹尾枪、仪刀、弓矢、殳、戟、红杖等器械，均由銮仪卫官兵执用，近御天子。这些御用器物既是仪仗，也是防卫器械。因此，銮仪卫也成为重要的清宫禁卫机构。

銮仪卫设置于东华门内南侧，设有东库、内库和仪仗库等库房，专门收贮帝后御用卤簿、仪仗、乐器、兵械等器物。

182

卤簿仪仗中的侍卫兵器

收藏单位　故宫博物院

清宫銮仪卫官兵执用的兵器，具有一定的防御功能和攻击力，它们模拟古代兵器，既可以作为帝后御前陈设的仪仗，也可以用于安全保卫，可谓一举两得。此图展示的是部分清宫仪仗中侍卫所持兵器，从左至右分别是豹尾枪、戟、殳、星、立瓜、卧瓜、钺。凡遇皇帝大朝、出行等场合，宫廷侍卫、亲军等执械护从。

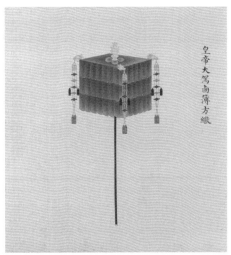

183

皇帝大驾卤簿方伞图

  这两幅方伞图选自清乾隆朝宫廷画家冷鉴、黄门等人所绘《皇朝礼器图》册《卤簿图》之"皇帝大驾卤簿方伞"。其中上图为红伞，下图为紫伞，其造型和装饰皆一致，均为皇帝御用方伞。

  旗、幡、伞、盖等卤簿仪仗，是清朝帝后御用之物，所有执用及收藏职责，均由銮仪卫官兵负责，为保护和美观帝后出行发挥作用。

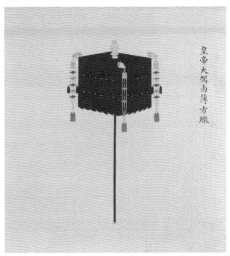

184

沈阳故宫旧藏皇帝仪仗

  1644 年，清朝迁都北京后，盛京皇宫（沈阳故宫）作为其龙兴之地，受到各代皇帝重视，康熙、乾隆、嘉庆、道光四帝曾十次东巡。在祭祀盛京祖陵之后，清帝即带领随扈人员驻跸盛京皇宫，并在此举行朝贺典礼。为方便举行宫廷礼仪活动，盛京内务府曾在宫内保存一批帝后御用卤簿仪仗、乐器等器物，其中部分器物一直传承至今，成为沈阳故宫重要的清宫传世文物。

  沈阳故宫博物院现收藏大量清朝帝后御用卤簿仪仗，包括多种伞、盖、旗、扇、幡、麾、旌、瓜、戟、枪、钺等。这些器物曾由銮仪卫官兵持用，成为研究清宫礼仪的重要物证。

太和殿朝贺丹陛陈设卤簿仪仗

年代　乾隆三十六年（1771）
作者　佚名
收藏单位　故宫博物院

　　该图选自清宫廷画家所绘《胪欢荟景图》册第一开"万国来朝"。《胪欢荟景图》各开绘制宫中不同礼仪场景，分别为"万国来朝""合璧联珠""回人献伎""慈宁燕喜""寿宇同游""九老作朋""香林千衲""厘延千梵"。

　　此开"万国来朝"，描绘了清乾隆年间多国使臣汇聚紫禁城太和门外，等待皇帝召见的场景；虽有虚拟成分，但宫中礼仪场面和使用器物，则较为真实。从图中局部看，銮仪卫官兵按照四个层次分列于太和殿丹陛上下，其中最上层为豹尾班、仪刀侍卫；第二层为持钺、瓜、殳、戟侍卫；第三层为执御用曲柄伞銮仪使；最下层广场上为执各种伞、盖、幡、幢侍从，场面宏大而辉煌，显示出宫廷御用仪仗的壮丽与华美。

出巡陈列仪仗

年代　康熙二十八年（1689）
作者　（清）王翚、（清）杨晋等
收藏单位　故宫博物院

　　本图选自清宫廷画家王翚等人所绘《康熙南巡图》第一卷。《康熙南巡图》描绘了清圣祖玄烨第二次往返江浙南巡时较重要的场景，原图共十二卷，现分藏于故宫博物院、法国巴黎吉美艺术博物馆、美国纽约大都会艺术博物馆、加拿大亚伯达大学博物馆和私人收藏手中。全图在忠实记录清帝南巡史事之时，也再现了当时的社会风情、沿途风光和民间生活等内容。

　　从此卷局部来看，銮仪卫侍卫骑于马上，分两列行于御驾之前，他们按照豹尾枪、佩弓矢、佩仪刀侍卫的顺序依次排列。在侍卫右侧，则是金辇、玉辂、仪象及其他銮仪卫官兵，反映了清帝出巡的隆重场面与繁缛礼仪。

187

筵宴奏乐设仪仗

年代　清乾隆
作者　（清）姚文瀚等
收藏单位　故宫博物院

本图选自清宫廷画家姚文瀚等人所作《紫光阁赐宴图》卷。为奖赏出征立功将士，乾隆皇帝经常于西苑紫光阁举行宫廷筵宴，招待凯旋功臣以及在朝的王公贵族。在宴会上，通常演奏各种宫廷音乐和其他少数民族藩部乐曲，銮仪卫侍卫和乐部成员即在这些筵宴和演奏活动中各司其职。

188

迎娶皇后陈设仪仗

年代　光绪十五年（1889）
作者　（清）庆宽等
收藏单位　故宫博物院

本图选自清末宫廷画家庆宽等人所绘光绪帝《大婚典礼全图》册"奉迎礼"的一个场面，表现了清宫侍卫参与帝后婚礼、依制奉差的职责。

从此图来看，銮仪卫侍卫刚刚出离午门，按两列队各执器物而行，他们有的举着伞、盖、幡、幢，有的肩背交椅、脚踏、方几，有的手擎"金八件"和彩色宫灯，正出宫迎接皇后；在两列队伍中间，有三位手持曲柄凤纹黄伞的銮仪使，不久皇后銮驾即将在此伞引导下进入紫禁城。

（189）

帝后出行御用舆、轿

年代　康熙五十六年（1717）

作者　（清）王原祁、（清）宋骏业、（清）冷枚等绘，
　　　（清）朱圭镌刻制版

收藏单位　故宫博物院

此图由康熙五十六年（1717）武英殿刊本
《万寿盛典初集》插图中提取，可清晰了解清宫侍
卫抬用帝后舆、轿的场景。

由该图可知，帝后所乘之舆由近三十位銮仪
卫侍卫抬行，舆上部为八角或四角形，下部呈方
形，装饰得非常华丽，一派皇家气象。在乘舆左
右，伴随着御前大臣和其他贵族；乘舆后部为亲
随侍卫和捧持御用器物的侍从；乘舆侧面另有两
三个侍卫肩扛雕栏台阶，以备帝后上下轿使用。

（190）

由銮仪卫起家的和珅

来源　《平台二十功臣像》

　　此图为和珅画像。

　　和珅是清史上著名的人物。他生于乾隆十五
年（1750），少贫好学，仪表俊雅，精通满、汉、
蒙、藏四种文字。三十七年（1772），授三等侍
卫；三年之后升乾清门侍卫兼副都统，同年再升
御前侍卫，并授正蓝旗副都统；四十一年（1776）
入军机处，成为当朝炙手可热的重臣；其后，他
又先后担任御前大臣、户部尚书、议政大臣、镶
蓝旗及镶黄旗都统、领侍卫内大臣等职，为清宫
侍卫的最高首脑。其了被清高宗赐名，并指婚为
十公主额驸。嘉庆四年（1799），乾隆帝去世，清
仁宗颙琰即以贪腐之名处死和珅，留下了"和珅
跌倒，嘉庆吃饱"的民谚。

　　按照史料记载，和珅之所以能在短时间内飞
黄腾达，与其担任銮仪卫侍卫，并与乾隆帝结缘
有着直接关系，反映出清宫侍卫在清宫政治中的
特殊性、重要性。

祭祀随从

（一）大祭执事

祭祀是清宫重要的礼仪活动，"国之大事，唯祀与戎"。宫廷侍卫在皇帝参与的各种祭祀中不仅承担保卫之责，还要在祭祀时随帝祭拜，协助其完成祭礼。在这类祭祀仪式中，清帝通常要向神祇敬献福酒、福胙，而宫廷侍卫则在其敬祭后"接福酒、福胙"，成为祭礼的重要执事者，足见清宫侍卫在宫廷中举足轻重的作用。

191

诣天坛祈年殿祭天

有清一朝十分重视各项传统祭祀活动，凡圜丘、方泽、祈谷、太庙、社稷之祭，均属国之大祭，遇有重大节日，必依制举行祭祀礼仪。

祭天活动是清朝最重要的国之祭典，圜丘、祈年殿等处均为祭祀场所。天坛始建于明嘉靖年，圜丘位于天坛南半部，现存建筑为乾隆十六年（1751）改建，其造型为圆形，以象征上天，分为三层，每层四面出阶各九级，坛石均以九为基数铺砌。每岁冬至日，皇帝至此行告天大礼，仪式隆重。

祈年殿位于天坛北半部，现建筑为光绪二十二年（1896）遭雷火后重建，圆形大殿建于三层汉白玉祈谷坛上，殿顶饰蓝色琉璃瓦，代表令人敬畏的上天。每年正月上旬辛日，皇帝按例率王公大臣、文武百官至此行祈谷礼，以祈祝丰年；遇有天旱，亦来此祈雨。在各次祭祀活动中，宫廷侍卫承担护卫、执事等职责。

192

圜丘坛祭

本图依据清光绪朝《钦定大清会典图》卷一、礼一、祀典一之"圜丘坛图"而绘制，由该图可知清帝祭祀圜丘时，奉差侍卫的所处位置。

圜丘坛祭是清宫祭祀最重要的礼仪之一，被宫廷典制确定为大祭"第一"。每次皇帝至此祭祀，宫廷侍卫按例与太常寺、光禄寺官员随帝致祭。在祭祀活动中，两名侍卫即西侧官员最北按制"接福酒、福胙"，此间，"立西司香之后"，皇帝完成祭奠。

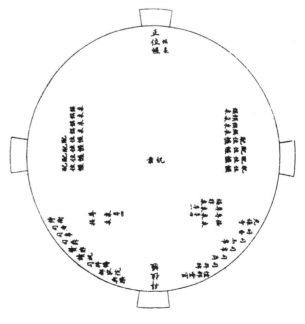

193

社稷坛祭拜

　　社稷坛位于紫禁城外侧西南部，地处天安门、端门西侧，现为北京中山公园。这里曾是明清两代皇帝祭祀社神、稷神的地方。始建于永乐十九年（1421），依古代封建王朝"左宗（庙）右社（稷）"之礼而建，其中社指土地神，稷指五谷神。清入关后，于顺治元年（1644）确定社稷祭祀之制，使之成为国家典礼。

　　区域内的圆坛为三层式平台，高1米余。坛上铺垫着全国各地进献的五色土，即中黄、东青、南赤、西白、北黑，象征着五行和天下五方土地。坛中央立一块方形石柱，名为社主石，又称江山石，代表着国家江山永远稳固。有清一朝，每年于春、秋仲月（春、秋季第二个月）上旬的戊日早上，由皇帝亲诣社稷坛致祭。在随帝执事各官中，有"接福酒、福胙侍卫二人，立于壝门外之东"。凡遇八旗军旅出征、凯旋、献俘等活动，皇帝也至此举行告祭仪式，宫廷侍卫乃随帝前往大祭。

194

太庙祭祀

　　北京太庙位于紫禁城外侧东南部，地处天安门、端门东侧，现为北京市劳动人民文化宫。这里曾是明清两代皇帝祭祀祖先的家庙，亦为国家宗庙。始建于永乐十八年（1420），占地二百余亩，由前、中、后三层庭园和三座大殿、配殿、神库等建筑组成，建筑之外广植古柏。

　　有清一朝，太庙的前殿（又称大殿、享殿，面阔十一间）用于陈设历代帝后的龙凤神座；中殿（又称寝殿，面阔九间）用于供奉上至清太祖努尔哈齐，下到清德宗光绪帝的神位和神龛；后殿（又称祧殿，面阔九间）用于供奉清朝追封的肇、兴、景、显四帝及皇后神位、神龛；前殿的东、西配殿各十五间，分别陈设历代有功的皇族成员神位和异姓功臣神位。按清宫定制，凡皇帝亲诣太庙祭祀前，相关官员将帝后神位从中殿移至前殿；祭祀之日，御前大臣、侍卫、护军等随驾而行。每年四季首月在此举行"时享"，岁末举行"袷祭"，其他婚丧、登极、亲政、册立、征战等国家大事，宫中侍卫均随帝行"告祭"礼。

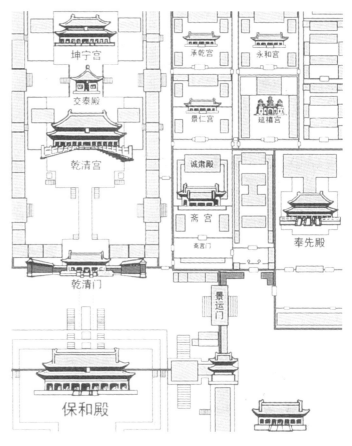

195

紫禁城内斋宫、奉先殿、坤宁宫位置图

　　祭祀是封建时代最重要的思想文化活动，也是清朝宫廷中最重要的礼仪内容。按清朝定制，在特殊时日，皇帝除要到京城各处坛庙参加祭祀之外，还要参加宫内各神堂、神殿的祭拜礼仪，包括奉先殿、坤宁宫、钦安殿等处，以及为祭祀而特别修建的斋宫。

　　清朝定例，凡皇帝参加国之大祭，均要在紫禁城内斋宫斋戒三日，不理刑名，不听音乐，不设宴会，以示对天地神祇的敬畏。其他随扈侍卫、官员人等也要同时随帝斋戒，以保证祭祀活动的纯洁与礼制。

（二）参与中祭

中祭礼仪是清宫大祭之外的另一系列重要祭祀，皇帝率王公大臣、侍卫官员等多有参与，如祭天神、地祇、太岁、朝日、夕月、历代帝王、先师、先农、关帝等均为中祭范畴。在祭日坛、月坛等仪式中，宫廷侍卫亦要按例奉差执事。

奉先殿祭祀

奉先殿是皇帝在宫内祭祀祖先的殿堂，建于工字形基座之上。其诚肃门外，原设有侍卫值房，由其守护内东路等建筑。奉先殿内供奉清列朝帝后神主牌位，遇元旦、冬至、万寿（皇帝生日）等重要时日，皇帝均在大臣、侍卫陪同下，诣前殿举祭；遇先帝、先后诞辰日和祭辰日，以及清明、中元等日，则在后殿行祭。每年皇帝在木兰秋狝亲获鹿、獐等物时，常派侍卫奉献于此，以告慰神灵。

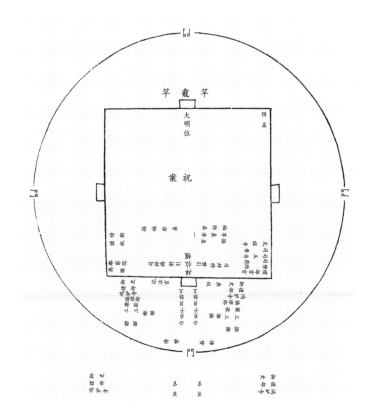

197

祭日坛位次图

　　本图依据清光绪朝《钦定大清会典图》卷十一、礼十一、祀典十一之"日坛位次图"绘制，由该图可知清帝祭祀圜丘时，奉差侍卫的所处位置。

　　日坛又称为朝日坛，现位于北京日坛公园内。这里曾是明清两代帝王朝拜太阳神的地方。祭日坛，是清宫主要祭祀活动之一。凡春分之日清帝赴日坛祭祀"大明之神"（即太阳），在其向神祇供献贡品时，桌案南面为"捧福酒、福胙光禄寺卿二人"，北面为"接福酒、福胙侍卫二人"，这两位参与祭祀的侍卫"立读祝官之后"。皇帝接福酒、福胙祭拜毕，即由侍卫上前迎接，协助皇帝完成祭日仪式。

198

随帝致祭先农坛

年代　清雍正
作者　佚名
收藏单位　故宫博物院

　　此图选自清宫廷画家所绘《雍正祭先农坛图》第一卷。中国古代一直为农业国家，祭祀先农神祇在各朝各代均为重要礼仪，唐代以后，逐渐形成祭祀先农的礼制，至明清时期仍十分流行。有清一代，皇帝在每年春季，均会率领文武百官前往先农坛行藉田耕种之礼。

　　先农坛位于北京永定门内、正阳门西南，与其东面的天坛建筑群比邻。它又称为山川坛，始建于永乐十八年（1420），清承明制，在顺治十年（1653）始行祭先农之制，按例致祭先农、山川、太岁诸神。坛内有五组建筑群：庆成宫、太岁殿、神厨、神仓、俱服殿；另有坛台四座：观耕台、先农坛、天神坛、地祇坛。每年三月春季，皇帝即率侍卫、文武大臣至此祭奠先农诸神。

199

接福酒、福胙

年代　清雍正

作者　佚名

收藏单位　故宫博物院

此图选自清宫廷画家所绘《雍正祭先农坛图》第一卷，图卷中以纪实性笔法，描绘了清世宗胤禛亲赴先农坛参与祭祀活动的场景。从原图可见，当清世宗前往先农坛时，御前大臣、侍卫随扈而行，其他銮仪卫、乐部官兵及宫廷侍卫、护军等早已列队等候，以协助皇帝完成祭礼。

根据清宫典籍记载，皇帝至先农坛祭祀时，"读祝官一人，接福酒、福胙侍卫二人，侍仪都察院左都御史一人、副都御史一人，乐部典乐一人，序立于接福胙桌之南"，面东肃立。这幅清宫绘画正如实反映了宫廷祭祀的实际情况。

200

先农坛耕耤

年代　清雍正

作者　佚名

收藏单位　巴黎吉美博物馆

本图选自清宫画家所绘《雍正祭先农坛图》第二卷，该图承接第一卷内容，具体描绘清世宗胤禛在先农坛观耕台前田亩中，亲自扶犁耕耤的隆重场面。

依据清宫定制，皇帝在先农坛行祭祀礼之后，即至具服殿，脱卜礼服（衮服），换上黄色龙袍，由户部尚书跪进耒耜，亲自下到田里扶犁而耕。随后他在侍卫陪伴下，登上观耕台而座，阅视王公大臣从耕。据《大清会典》等清朝典籍记载，皇帝亲耕时，前引、后扈大臣要在其左右两侧护卫，外围则为宫廷侍卫、护军；在皇帝观耕之时，内大臣、后扈大臣侍立于御座旁东西两侧，以保证其安全。

随扈皇后祭祀

年代　乾隆九年（1744）
作者　〔意〕郎世宁、（清）金昆、（清）程志道、
　　　（清）李慧林合绘
收藏单位　台北"故宫博物院"

　　此幅绘画选自清宫廷画家郎世宁等人合绘
《亲蚕图》卷之"献茧"，描绘了清高宗弘历孝贤皇
后祭祀先蚕坛的场面。该图较长，前部绘孝贤皇
后富察氏端坐亲蚕殿内，诸王妃跪进蚕茧，协助
其完成祭先蚕礼仪。此段画面则展示了銮仪卫官
兵守护蚕坛的场景。

　　依清宫定制，每年春季第二个月，皇后或率
诸妃亲赴先蚕坛，或派人至此举行祭祀活动。凡
皇后前往先蚕坛行祭，御前大臣则率宫廷侍卫、
亲军等随扈而行，承担此间御卫之责。

禁卫祭祀重地

年代　乾隆九年（1744）
作者　〔意〕郎世宁、（清）金昆、（清）吴桂、
　　　（清）曹树德合绘
收藏单位　台北"故宫博物院"

　　该幅绘画选自清宫廷画家合绘的《亲蚕图》
卷之"诣坛"。清朝皇后作为一国之母，按例要参
与各种宫廷礼仪活动，并亲自主持相关祭祀礼仪。
在先蚕坛，皇后作为最高主祭者，由其负责祭奠
礼仪，为天下妇女做出表率和引领。

　　从此段画卷内容看，众多清宫銮仪卫官兵散
布于先蚕坛正门之外，他们各持卤簿仪仗以及豹
尾枪等器械，三五成群，耐心守候；坛门之内，
众多女官则身着礼服，侍立于御路两侧，反映了
皇后祭先蚕的盛大场面。

京师亲蚕殿旧址

　　中国历来为农业社会，桑蚕养殖为重要的经
济生活，蚕神无论在宫廷和民间，均受到人们重
视。而皇后作为母仪天下的代表人物，则承担起
引导妇女养蚕、纺织的责任。

　　北京先蚕坛地处清宫西苑东北，现北海公园
东北角，是清朝后妃祭祀蚕神之处。据史籍记载，
明朝先蚕坛在京城内外先后建有数处，清朝先蚕
坛建于乾隆七年（1742）。该坛为方形，其东、西、
北三面俱植桑柘，园内另有观桑台、茧馆、织室、
先蚕神殿等建筑。此为该坛建筑老照片。

（三）群祭代为行礼

在清宫祭祀活动中，除上述大祭、中祭等不同仪式，还有一些群祭礼仪，如祭先医、火神、东岳、都城隍庙、显佑宫、河神庙以及贤良祠、昭忠祠等。在这类小规模祭祀中，皇帝通常不会亲自前往，而是派亲信大臣或侍卫首领，带领宫中侍卫前往祭奠。此外，皇帝巡幸各地遇到开国功臣、重要古迹、山川名胜等寺观庙宇，也常派亲随侍卫代为行礼，逐渐形成侍卫代祭的礼仪。

204

御前大臣、侍卫随帝参加佛教法事

年代　清乾隆
作者　佚名
收藏单位　故宫博物院

　　此幅绘画选自故宫博物院藏《万法归一图》屏，具体描绘了宫廷侍卫扈从清高宗弘历，在承德避暑山庄普陀宗乘之庙万法归一殿举行法事的场景。

　　乾隆三十六年（1771），为迎接从俄罗斯率部东归的厄鲁特蒙古土尔扈特部汗王渥巴锡等首领，清高宗弘历特意邀请三世章嘉呼图克图、三世哲布尊丹巴呼图克图在新落成的普陀宗乘之庙大殿内举行法事，以安抚崇信喇嘛教的蒙古上层贵族。在此次活动中，弘历在御前大臣、侍卫簇拥下，端坐于万法归一殿内右侧，渥巴锡等十一位首领跪于殿内左侧，殿外平台正中则安放供桌，传法高僧或坐或站，声势浩大，反映了宫廷侍卫在法事中的重要身份。

205

清乾隆款黄釉描金爵

年代　清乾隆
收藏单位　沈阳故宫博物院

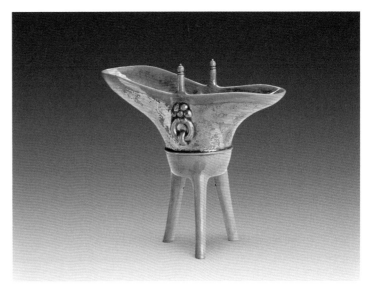

此件乾隆款黄釉描金爵，为清高宗弘历御用祭祀器物，专门用于太庙、地坛等祭奠仪式。按清宫定制，皇帝赴坛庙各处举行祭祀，所使用的器物及所穿着的服饰，均要采用与祭祀相关的色彩，如天坛采用蓝色，地坛采用黄色，日坛采用红色，月坛采用月白色等。每逢皇帝亲赴祭礼，宫廷侍卫随驾而行，待皇帝捧爵奉献之际，侍卫即接传金爵，以尽其责。

206

清嘉庆款霁蓝釉簠

年代　清乾隆
收藏单位　沈阳故宫博物院

此件霁蓝釉簠，为清仁宗颙琰御用祭祀器物，专门用于天坛祭礼活动。其外观仿制传统的青铜祭器样式，表面也有仿古图案装饰，实际功能则仍为祭礼。

清朝宫廷承袭明宫旧制，十分讲究礼仪与色彩和谐，皇帝至天坛举行祭祀活动，所使用的祭器大多为霁蓝釉瓷器，如其中的爵、登、簠、豆、牺尊、铏、簋等，均采用整套的官窑霁蓝器物，体现了宫廷礼仪中人与自然的和谐统一以及礼仪色彩的讲究。根据清宫定制，皇帝在天坛祭祀时，宫廷侍卫随之参与相关祭礼。

207

清乾隆款白瓷铏

年代　清乾隆
收藏单位　台北"故宫博物院"

此件乾隆款白瓷铏，为清高宗弘历祭祀月坛、太岁坛时专用祭器。宫廷侍卫按例随驾而行，参与祭祀活动。

根据古礼定制，铏在祭祀活动中用于盛装汤肴，外形作直式椭圆形，器体分为盖、身两部分，盖上装饰三片山形立板，器表锥印卷草纹、卍字、回纹、龟背纹等，下部三足亦作山形立板，器身口沿两侧饰双牺形耳，盖内及底部均制篆书"大清乾隆年制"款识。

三

参与筵赏

（一）奉旨参宴

　　清宫禁卫官兵作为保护帝后的直属部队，不仅随驾前往，还要参与宴会，成为宫廷筵宴的重要组成部分。按照清宫制度规定，其一，清宫侍卫要负责每次宫内、宫外各种筵宴的安全；其二，要负责宴会过程中部分奉差执事任务；其三，侍卫当中的少数人，奉旨直接参加筵宴饮食。

　　清宫筵宴表面看是宫廷中的饮食活动，但实质远非如此，许多清宫筵宴是为款待某些特殊客人而举行，另有一些宴会是为某些政治活动而举办的庆贺宴。因此，清宫筵宴从早期的实用功能逐渐向着礼仪方面转化，直至清晚期，已带有浓厚的礼制内容，甚至在某些场合则完全变为宫廷表演，带有更多的礼仪性质。在有清一朝宫廷筵宴中，宫廷禁卫官兵均要按照皇帝意愿，参与到相关活动中。

208

亲随侍卫侍大宴

　　本图选自后金天聪年间绘制的《太祖实录战图》之《太祖大宴群臣》（局部），具体描绘了清早期宫廷侍卫随侍宴会的活动，如身佩武器的侍卫分列于努尔哈齐宝座两侧，手持其御用器械，举用宫廷卤簿仪仗等。这些参加宴会的侍卫，既有努尔哈齐的亲随侍卫，也有在国中任职的开国功臣，体现了宫廷侍卫的多重身份。

209

家奴包衣侍汗前

　　这幅绘图亦选自《太祖实录战图》之《太祖大宴群臣》，反映了清开国时期努尔哈齐的家奴在宴会中参与执事的场景。

　　清初，汗王（皇帝）在正式选任宫廷侍卫之外，将自己的部分家奴、包衣人用于宫廷服务之中。这些人虽然身份低下，但长期依附于主子，听命于汗王，在守卫、筵宴和其他宫内服务方面承担职责，逐渐受到信任和重视，社会地位也逐渐上升，成为开国时期的特殊势力。清入关后，许多早期的皇室家奴、包衣人开始登上政治舞台，在宫廷中发挥出越来越大的作用。

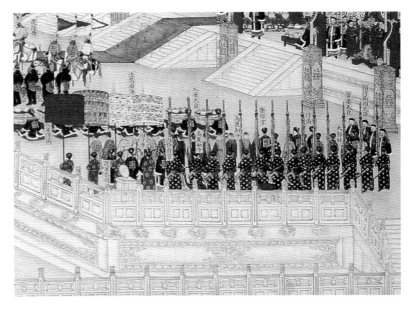

210

太和殿筵宴执事、参宴

年代　光绪十五年（1889）
作者　（清）庆宽等
收藏单位　故宫博物院

　　本图选自清宫廷画家庆宽等所绘的光绪帝
《大婚典礼全图》册之一开。从图中可以看到宫廷
侍卫在宫中筵宴中的执事位置：两名御前大臣和
管宴大臣、总管内务府大臣侍立于殿前左右两侧；
在殿前丹陛东西两侧，分别排列着十四位身着彩
衣的豹尾班侍卫，他们手执长长的豹尾枪，腰间
佩带腰刀或箭囊；侍卫前列，有护军参领等执事
官员；在殿前宴席上就餐的各位官员中，专门设
有"入宴侍卫"的固定桌位，显见其特殊地位。

211

紫光阁筵宴护驾

年代　清乾隆
作者　（清）姚文瀚等
收藏单位　故宫博物院

　　此图选自清宫廷画家姚文瀚等所绘的《紫光
阁赐宴图》卷，从图中可见御前大臣同筵宴，
后扈大臣和豹尾班侍卫、佩刀侍卫于御座两侧护
守皇帝，其他御膳房、御茶膳房侍卫人等按例奉
差，传送膳食。

　　清乾隆时期，清军在新疆、金川等地战场先
后取得胜利，乾隆皇帝特命重修紫光阁。乾隆
二十六年（1761）正月，紫光阁修建完成，乾隆
帝乃于阁内设宴庆功，命宫廷画师姚文瀚等为立
功将士画像，自己则在画像上题诗赞誉，随后将
绘画悬于阁内，以示表彰，由此形成紫光阁赐宴
和悬挂功臣像的定制。

212
西苑护驾

年代　乾隆十四年（1749）后
作者　（清）张廷彦、（清）周鲲
收藏者　私人收藏

　　本图选自清宫廷画家张廷彦、周鲲合绘《苑西凯宴图》卷。乾隆年间，四川爆发大小金川土司之战，清军前往弹压受阻；乾隆十三年（1748），大学士傅恒以川陕总督身份，亲赴前线督战，翌年初取得平叛胜利；二月，傅恒班师回到京城，乾隆皇帝亲自前往西苑丰泽园，为其举行隆重的庆功宴。本幅长卷即真实再现了乾隆皇帝设宴款待傅恒等人的宫廷筵宴活动。

　　长卷前端，绘西苑湖畔皇家建筑；龙船之侧，排列两队手执卤簿仪仗的銮仪卫官兵，最后是豹尾班侍卫和佩刀侍卫队伍；在丰泽园空地，以黄幔城隔出接见、宴会的场地，布城之外为八旗护军连帐，布城以里为大宴蒙古包和制作膳食、茶饮的较小蒙古包；画卷中心部位即大蒙古包前，绘乾隆皇帝在诸大臣、侍卫陪护下，乘轻步舆前往筵宴，其身边及各处执勤侍卫、护军可谓一目了然。

213
随驾圆明园正大光明殿

年代　道光九年（1829）
作者　佚名
收藏单位　故宫博物院

　　本图选自清宫廷画家所作《平定回疆战图》册之十"正大光明殿宴成功诸将士"。该册页又名《平定回疆剿擒逆裔战图》，共十开，前后另有引首两开、序两开、跋一开。图中详细描绘了宫廷侍卫于圆明园正大光明殿执事的场景。

　　嘉庆二十五年（1820），新疆大和卓木布那敦之孙张格尔在英国、浩罕国支持下，于那林河源发动叛乱，攻打喀什噶尔边境，清军出兵平叛，历经多次战役，至道光七年（1827）始获张格尔等叛军头目，并押赴京城处死。是年八月，道光皇帝在正大光明殿赐宴凯旋将士，并御制七律诗以纪此事。

(214) 大政殿筵宴侍宴座次

本图依据清光绪朝《钦定大清会典图》卷二十八、礼二十八、燕飨一之"大政殿筵燕位次图"而绘制，由该图可知清帝东巡驻跸盛京，在大政殿举行筵宴时，参加宴会侍卫的所处位置，除在皇帝宝座后部左右有内班侍卫外，在御案之前左右，各有两个前引大臣宴桌；在靠近大门处左右，另有两个管宴大臣宴桌。

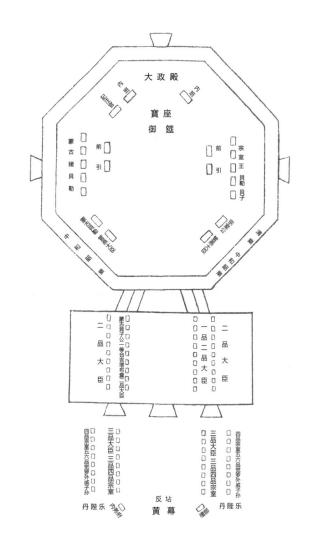

(215) 护帝参与大蒙古包筵宴

年代　清乾隆
作者　[意]郎世宁等
收藏单位　故宫博物院

此图选自清宫廷画家郎世宁等所绘《万树园赐宴图》，为纪实性宫廷绘画。乾隆十九年(1754)五月，清高宗弘历于热河行宫(承德避暑山庄)万树园接见归顺清朝的厄鲁特蒙古之杜尔伯特部三首领(史称三车凌)，分别册封爵位、赏赐大量物品，并在万树园大蒙古包举行隆重宴会，对其予以热情款待。郎世宁等人对此进行了真实描绘，创作了《万树园赐宴图》卷等清宫绘画。在万树园大宴中，宫廷侍卫负责全园警戒、御前守卫及其他差事，成为满蒙结盟、交好的参与者。

119

（二）筹备筵席、斟茶执酒

清宫侍卫大多出身满洲、蒙古贵戚世家，因父祖与皇帝有着十分特殊的关系，他们也与天子建立起主仆甚至父子形式的私交。他们当中的一些人，自幼即入宫当差，承担起宫中许多重要职责。每逢宫廷筵宴，许多内廷侍卫在负责安全的同时，还要承担宴会上摆桌、传膳、倒酒、斟茶等差事。

216

侍汗饮食

本图选自清初所绘《太祖实录战图》之"额亦都招见九路长见太祖"（局部）。

后金至清初，汗王（皇帝）身边的亲随侍卫具有多重身份，他们既有保护主人安全的使命，又有服侍主人日常起居之责，另外还要参与宫廷礼仪、筵宴等内侍任务。从此图可见，当努尔哈齐设宴款待外部酋长时，其府中数位亲随"辖"（侍卫）侍立于大殿台阶下，负责上膳、斟奶茶之责。

217

御膳房侍卫、仆役随侍筵宴

年代　清乾隆
作者　（清）姚文瀚
收藏单位　故宫博物院

本图选自清宫廷画家姚文瀚所绘《紫光阁赐宴图》卷。由该图可见，在紫光阁宫廷宴会上，有一批御膳房、茶膳房侍卫聚于阁后，为前面的宫廷大筵提供服务。他们有的在烧火做饭，制作各式饮食，有的肩扛、手捧各式汤桶、食盒，反映出清宫侍卫的别样身份。

筹办饮食与饮酒

年代　乾隆五十八年（1793）
作者　佚名
收藏单位　故宫博物院

　　本图选自清宫廷画家所绘《平定廓尔喀战图》册。从图中大蒙古包后场景所见，有不少御膳房、御茶膳房侍卫正在制作、捧送各类饮食和奶茶、奶酒，以便筵宴开始时供皇帝、诸王贝勒和使臣享用。

　　乾隆五十七年（1792），廓尔喀继三年前入侵西藏后，再次出兵攻打西藏，但在擦木打等地为福康安所率清军击败。战后，廓尔喀派使臣进京，向清廷臣服，受到乾隆皇帝接见。本图即描绘了廓尔喀使臣到京时，高宗皇帝在王公大臣、侍卫引导下乘舆前往紫光阁接受进觐，并设宴款待使臣的情景。

侍卫把酒传膳

年代　清乾隆
作者　（清）姚文瀚等
收藏单位　故宫博物院

　　该图选自清宫廷画家姚文瀚等所绘《紫光阁赐宴图》卷。此处局部图反映了清宫侍卫在宫廷筵宴中的具体职责，他们捧端着盛满食物的碗盘，抬着摆装菜肴的桌张，按照管宴大臣传膳指令，将精致的菜品、酒茶一一奉上，好一派宫廷大宴的热闹场面。

（三）庆隆乐舞

女真（满族）起源于东北地区的山地荒野，在其传统文化中，一直保持着能歌善舞的娱乐习俗。在清宫筵宴上，经常由宫廷侍卫表演歌舞，以之助兴，并使满洲人的狩猎风俗得以再现。据史籍记载，满洲宫廷传统歌舞可分为扬烈舞、喜起舞等形式，至清中期宫廷礼仪定制，清宫乐舞最后被定名为庆隆舞。

220

侍卫大臣结队起舞

年代　光绪十五年（1889）
作者　（清）庆宽等

本图为清宫廷画家庆宽等所绘光绪帝《大婚典礼全图》册之"太和殿筵宴"。从此图可见，在皇帝大婚仪式的太和殿筵宴中，宫廷侍卫、护军担任着重要角色，即在大婚最隆重的场合表演清宫传统舞蹈——庆隆舞。在表演活动中，宫廷侍卫有的扮演行军狩猎的武士，手持弓箭、身背八旗，有的则装扮成山中猛兽，头戴面具、身穿兽皮，扮演者交替而上，最终武士逐一猎杀猛兽，体现了满洲传统狩猎习俗与崇尚武功的文化特征。

221

护军校充庆隆舞者

本图选自清光绪朝《钦定大清会典图》卷五十六、乐二十六、乐舞十一之"庆隆舞乐舞图"，反映了清宫侍卫于宫中表演舞蹈的相关内容。

清朝宫廷在入关前即有宴会舞蹈的习俗，参舞者以侍卫为主，汗王（皇帝）亦经常率舞其中。清宫舞蹈以庆隆舞最为常见，其通常由十三人组成，"以八旗护军校等选充"。这些表演者冬季戴冬冠、穿蟒袍，外罩豹皮端罩；夏季戴纬缨夏冠，除去端罩。待其表演时，高唱"庆隆之章"。

侍卫对跳喜起舞

此图为清宫侍卫成对表演喜起舞，选自清光绪朝《钦定大清会典图》卷五十六、乐二十六、乐舞十一之"喜起舞乐舞图"。根据清宫定制，宫内设喜起舞队舞大臣二十二人，"以侍卫充"。表演时，二十二人分列大殿两侧，头戴朝冠，身着朝服，其外不罩补服，另悬佩朝珠、朝带、佩帉、佩刀等物，依次成对上殿表演。清中晚期，凡宫中重要节庆活动及殿庭各式宴会，均由侍卫表演此舞。

清末宫廷喜起舞蹈

年代 光绪三十年（1904）
作者 佚名
收藏者 私人收藏

本图选自光绪三十年（1904）出版的《启蒙画报》（半月刊，1903 年创刊，北京）第二季第一上册。插图题名为"喜起舞"。清末，满洲传统习俗日渐稀少，唯宫廷乐舞被一直保存下来。当时宫廷内部热衷于舞蹈，"凡朝会和大燕飨，选侍卫中壮勇便捷者十名，穿一品朝服，对舞于庭，舞与歌声相应，歌工穿豹皮褂，戴貂帽，歌辞都用国语，乐工不用丝弦，但击畚箕相和"。反映了清宫侍卫以舞侍上的传统。

侍卫划节而舞

本图选自清光绪朝《钦定大清会典图》卷五十六、乐二十六、乐舞十一之"庆隆舞乐舞图"。史籍记载，清宫侍卫在宫内筵宴中，经常按例表演满洲传统舞蹈，这其中即包括持节划拨的"虎箕舞"。表演时，清宫乐队配以相关乐章，宫廷侍卫外罩豹皮端罩，内穿寿字袍，左手持节若箕，右手持竹节若箸，划箕作声，气势阳刚。

225

宫中筵宴持节列队

年代　乾隆三十六年（1771）
作者　（清）姚文瀚、（清）周本、（清）伊兰泰
收藏单位　故宫博物院

　　本图选自清宫画家姚文瀚、周本、伊兰泰等
所绘《崇庆皇太后八旬万寿图》，反映了宫廷侍卫
列队宫中，为皇太后表演祝寿的场面。

　　乾隆三十六年（1771），清高宗弘历率后妃、
皇子及大臣、侍卫等为其母崇庆皇太后庆贺寿辰。
由该图可见，宫廷侍卫手持器具，列队于慈宁宫
外，这其中即有少数銮仪卫官兵手执彩绘虎头节，
显示出这些宫廷划拨乐器的独特之处。

226

宫廷舞蹈使用的"虎头节"

　　节是清朝宫廷中具有东北少数民族特色的乐
器之一，它来自生产生活用具，又高于原本的实
用器。据清《钦定大清会典》记载，节用于宫中
庆隆舞乐，它以竹、柳编成簸箕形，通体髹朱漆，
背面绘制虎头，使用时以两根朱漆竹杆划拨作声，
形成别样的音效。从史料记载和清宫绘画看，虎
头节均由清宫侍卫持用，于宫廷舞蹈按例演奏。

扬烈舞侍卫乐舞

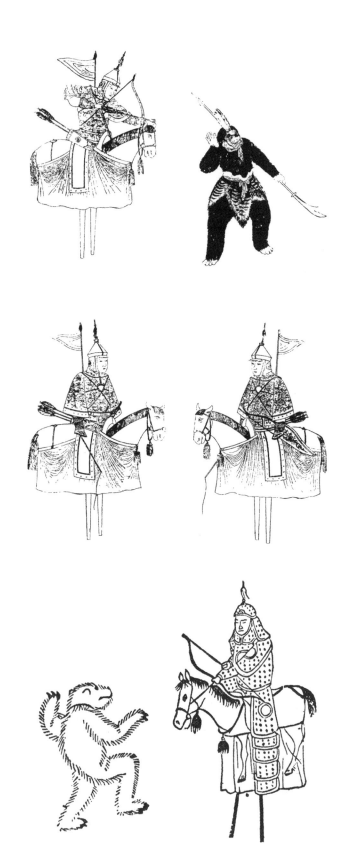

此图选自清光绪朝《钦定大清会典图》卷五十六、乐二十六、乐舞十一之"扬烈舞乐舞"。按清宫定制，宫廷中凡举行重要筵宴，由内廷侍卫等表演扬烈舞，"司舞八人，以八旗护军领催、马步军等选充"，他们身着甲胄，骑禺马，背部插背不同旗帜，腰佩櫜鞬、弓矢，按照左右两翼依次入场，至殿外丹陛，北向一叩头，周旋驰逐。除八旗官兵外，另有穿黄画布套者十六人，服黑羊皮套者十六人，各戴面具，跳跃翻腾类于异兽。骑禺马为首八旗护军，张弓扣矢向一巨兽劲射，巨兽舞刀相迎，最后巨兽受矢，群兽慑服而退，象征武功庆成。

射兽起舞

清宫侍卫作为紫禁城的守护部队及执事人员，在宫内典礼、舞蹈中扮演重要角色，如遇皇帝参与万寿、元旦、冬至三大节及其他大型宫廷筵宴，宫中侍卫即表演"扬烈舞"；在盛京宫殿，则表演"世德舞"；大功告成设宴，表演"德胜舞"。在这些舞蹈中，均有八旗护军骑禺马、射猛兽的表演活动。该图选自清光绪朝《钦定大清会典图》卷五十六、乐二十六、乐舞十一之"扬烈舞乐舞"图二。

229

张弓逐射古风存

年代　光绪三十年（1904）
作者　佚名
收藏者　私人收藏

本图源自光绪三十年（1904）出版的《启蒙画报》第二季第一上册。插图题名为"庆隆舞"，具体说明文字为："喜起舞舞于殿上，庆隆舞舞于殿下，用人装扮虎、豹、熊、鹿等兽，奇形怪状，往来追逐；再选高大侍卫八人，穿甲胄，挟弓箭，骑假马往来，仿佛打猎的光景。"此图具有写实意味，反映了清季宫廷中依然有侍卫表演传统乐舞的情况。

（四）御膳房、御茶房与御茶膳房

"民以食为天"，清朝宫廷中亦同样遵循饮食为上的原则，后宫之内，设建多处御膳房、御茶房、御茶膳房，以专门为帝后、妃嫔、皇子、公主等皇室成员制作膳食与饮品。

按清宫旧制，宫内茶膳由内务府所属机构承办，从采买、制作、传膳、近侍均设固定人员，并由御膳房总管、侍卫官员等主持其事。每年，从京城和各地采购的茶膳原料花费大量银两，另外还由东北粮庄、皇庄及猎户、网户等，按季提供粮食、山货、山果及渔猎产品，以供宫中消费。

雍正时期，清宫开始编撰《御茶膳房》专门档案，将帝后每日膳食予以记录，包括"膳底档"和"膳单"等内容，日日相连，年年不断，最终形成约近两亿字的清宫膳食档案。目前，清宫《御茶膳房》档案档目共五千三百四十七件，整理八十五册，为我们了解和研究清宫膳食提供了依据。

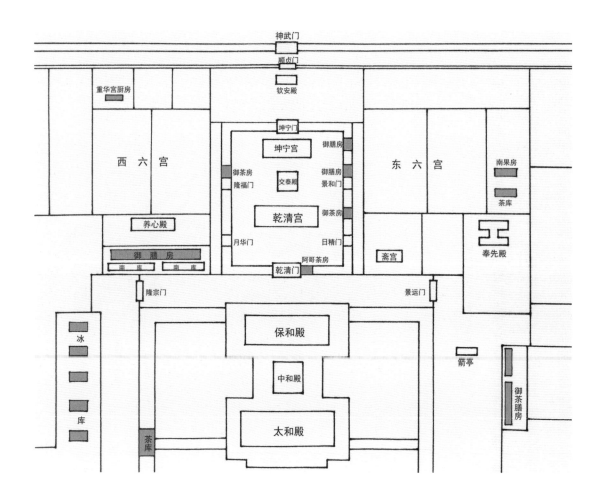

230

清宫膳房、茶房位置图

在紫禁城中，曾建有多处为帝后制作饮食的膳房、茶房，其位置虽有更改，但大多靠近帝后寝宫，以便更好地为宫内提供御膳和饮品。由此图可见，在皇帝寝宫养心殿前，建有紫禁城内最大的御膳房；坤宁宫东西两侧，有数处膳房、茶房；乾清门东侧有阿哥茶房；箭亭东南另有茶膳房。此外，在西六宫后，有重华宫厨房；在东六宫东侧，有茶库和南果房；在隆宗门以南，有冰窖、茶库等建筑。所有这些膳房、茶房中均安置有固定的宫廷侍卫、亲军，以便监管、制作和运输饮食。

231

箭亭东侧的清宫茶膳房

此处为紫禁城东部箭亭东南实景，原为较大规模的茶膳房。从其位置看，当时应为制作宫廷筵宴及为其他入宫人员提供膳茶之处。因其至清末一直使用，故保存至今。

清掐丝珐琅勾莲纹嵌石多穆壶

年代　清乾隆

收藏单位　故宫博物院

此件多穆壶为清宫御制，壶身呈圆筒形状，僧帽口，龙柄，龙流，盖顶嵌珊瑚珠为钮。錾刻镀金口沿、横箍和底座上嵌有多色宝石，壶体以掐丝珐琅饰缠枝花卉纹，整体流光溢彩、富丽堂皇。足上嵌长方形铜镀金片，上阴刻"大清乾隆年制"楷书款。

多穆壶是蒙、藏少数民族盛装水或酥油茶的器皿，具有浓郁的少数民族特色。清代宫廷亦以此盛装奶茶，乾隆年间曾以多种工艺进行制作，有瓷、银、铜、漆等多种质地。壶体表面装饰融入汉文化元素，因此粗犷、柔美兼具，制作考究。凡宫廷筵宴，侍卫执此壶以进奶茶。

清褐漆描金勾莲纹多穆壶

年代　清乾隆

收藏单位　沈阳故宫博物院

此壶总体呈立柱式，顶部为僧帽式，有圆形壶盖，盖上有葫芦形铜钮；壶身制五道横箍，中部前面安有方口弧状流，后面安有两个如意头形提手，中间连接长链作为把手，壶链上另安有圆钮，方便使用。通体髹深褐色漆地，以金漆描绘缠枝花纹；壶流表面绘龙头图案。全壶画工细密、构图严谨，反映出宫廷制器的高超水准。按照清宫定制，凡宫内宴会、日常饮食乃至野外进餐，均有侍卫执壶供应。

满蒙会亲奶茶香

年代　清康熙

作者　佚名

收藏者　私人收藏

本幅绘画选自清宫廷画家所绘《圣祖木兰会亲图》轴，为清宫旧藏的一幅纪实性绘画作品，反映了清圣祖玄烨远赴塞外，与外藩蒙古亲王、额驸、公主及外孙等人会亲的场景。从图中可见，宫廷侍卫立于皇帝身后，手捧多穆壶，正在为远道而来的亲王、额驸、公主等人奉上奶茶，由此可知清宫侍卫在皇家生活中的特殊地位。

清乾隆款剔红飞龙宴盒

年代　清乾隆
收藏单位　沈阳故宫博物院

　　此盒为圆形，上盖与盒身以子母口相扣，器身采用剔红工艺制作，体量宽大。盖上面顶部雕巨大的"圣"字，大字两边刻"辅""弼"二字，周围间有卷云纹，文字下面雕飞龙、海水、江崖、朵云纹饰；上盖外壁雕四条行龙，上下左右分刻"乾""坤""如""意"四字，并以圆环相包，形成火焰珠造型，行龙下面为海水、江崖、朵云纹饰；盒盖、盒身口部雕菊花纹，盒外壁刻四条行龙，上下左右分刻"福""禄""长""春"四字，亦以圆环相包，形成火焰珠造型，行龙周围为海水、江崖、朵云纹饰；盒里面及底部均髹黑漆，无纹饰；底部中心以金字竖书"大清乾隆年制"，其下有楷书"飞龙宴盒"款。此盒是清宫筵宴中盛装食物、水果的盛盒，通常由宫廷侍卫捧送御前。

清褐漆描金彩八仙庆寿八瓣果盒

年代　清乾隆
收藏单位　沈阳故宫博物院

　　此盒为清宫传世生活用品，为盛装水果的食盒。盒顶部凸起平台，全器呈八瓣造型，盖与盒由子母口相扣，盒内有九个套盘，用于分装食物。全盒表面髹深褐色漆，漆上以红、绿两色绘描金牡丹、团寿字、暗八仙、云朵、卍字等图案；盖、盒外壁绘一圈花卉图案；盒里为黑漆面，内装一套九个红漆套盒，吉祥喜庆。从清宫传世绘画看，在宫廷宴会上，经常有清宫侍卫手捧果盒的形象。

清朱漆戗金彩勾莲纹梅式盒

年代　清乾隆
收藏单位　沈阳故宫博物院

　　该件漆盒既是清宫盛装食物的实用器，又是可供观赏的陈设品。全盒呈梅瓣式，上盖下盒，子母口，圈足。漆盒髹红漆地，彩漆戗金勾莲纹，盒里和底部为黑漆地描金折枝花纹。盖面中心呈六瓣形，由内及外五层纹饰，有缠枝莲、宝相花纹，饰黑漆地戗金回纹圈边。表面以红、黄、绿色填漆，戗金勾画缠枝莲。口沿和底沿均饰云蝠纹。漆盒采用描金、填漆、戗金三种制漆工艺，做工细致，填饰精美，是清中期宫廷器物的经典之作，大量应用于清宫筵宴活动。

四
大婚执事

（一）恭迎皇后

清宫侍卫作为宫廷中与皇帝关系最密切的人群，在宫廷礼仪中倍受器重，这在清朝帝后大婚中也有较多体现。按照清宫定制，帝后大婚的许多活动，均由侍卫参与，甚至由其领衔执事。

根据清宫定制，领侍卫内大臣、内大臣、散秩大臣和内廷侍卫、銮仪卫官兵、护军等在帝后大婚时，要担任多种角色，如运送聘礼，

恭送皇后金册、金宝，前往皇后府宅参与宴会，恭迎皇后入宫，在坤宁宫帝后合卺礼由侍卫夫妻唱喜歌等。这些迎送活动既是宫廷礼仪的一部分，也藉此向国人宣告帝后大婚的完成，从而为全国树立全新的帝后形象。

238

凤舆玉辇恭候慈宁

年代　光绪十五年（1889）
作者　（清）庆宽等
收藏单位　故宫博物院

本图选自清宫廷画家庆宽等所绘光绪帝《大婚典礼全图》册中的一开。该图描绘了宫廷侍卫、大臣准备出宫恭迎皇后的一个场面。由图中可见，在慈宁宫外隆宗门前，众多銮仪卫侍卫、护军正列队等候，而迎接皇后的车马、喜轿等已准备就绪，正待出发。

239

护卫喜轿

年代　光绪十五年（1889）
作者　（清）庆宽等
收藏单位　故宫博物院

本图选自清宫廷画家庆宽等所绘光绪帝《大婚典礼全图》册中的一开。该图描绘宫廷侍卫、大臣护卫皇后喜轿，出离太和门，正准备跨过金水桥的一个场面。由图可见，太和门已搭起华丽的彩棚，皇后喜轿由十六位銮仪卫官兵肩扛，其前有正使、御前大臣，其后有豹尾班侍卫和后扈大臣，使宫廷礼仪的隆重场面得以再现。

240

清宫迎娶皇后的喜轿

此件黄缎绣凤内饰红缎双喜彩凤舆轿，为清末宫廷中的实用物，是皇后大婚时使用的小型喜轿。轿顶端及四角上部，饰铜鎏金凤形，另外装饰璎珞彩穗；轿杆虽为木质，也由金漆彩绘装饰，反映了宫廷器物的奢华与艳丽。按清宫定制，皇帝迎娶皇后时，由宫廷侍卫出宫奉迎，喜轿则由銮仪卫官兵抬进。

241

迎亲出宫

年代　光绪十五年（1889）
作者　（清）庆宽等
收藏单位　故宫博物院

本图选自清宫廷画家庆宽等所绘光绪帝《大婚典礼全图》册中的一开。描绘了宫廷侍卫出离紫禁城神武门，前往皇后府中迎亲的场面。该图详细描绘并记录了迎亲侍卫的活动与职官，如皇后孔雀顶大轿之前，有前引总管大臣、提炉侍卫、銮仪卫、引轿云麾使、銮仪卫校尉，大轿两侧有扶轿大臣，轿后有护军参领、护军校、带豹尾班大臣、护军统领和左右总兵、豹尾班侍卫等，队伍最后还有上驷院官员跟随的黄舆车以及引导跟随的内务府官员人等。

（二）参与家宴

宫廷侍卫作为清朝皇室的保护人员，在帝后婚礼活动中，从始至终均承担重要职责。在迎娶之日前，先行纳彩礼，由礼部尚书、内务府大臣任使节，由侍卫将相关物品护送到皇后府中，所送彩礼有鞍马十四匹、甲胄十副、缎一百匹、布二百匹等。在婚礼当日，内廷侍卫则亲赴皇后府宅迎接，并参与其家的庆贺宴会。

242

列队后府大礼恭迎

年代　光绪十五年（1889）
作者　（清）庆宽等
收藏单位　故宫博物院

本图选自清宫廷画家庆宽等所绘光绪帝《大婚典礼全图》册之一开。按照清宫定制，帝后大婚之日，宫廷侍卫、护军在御前大臣等带领下，保卫凤舆、凤轿前往皇后府宅迎接。从此幅画面看，众多銮仪卫官兵、护军已在皇后府中排列仪仗，宫廷乐队、执灯亲兵和豹尾班侍卫也已守候门外，其场景热烈而繁华。

243

恭迎皇后

年代　光绪十五年（1889）

作者　（清）庆宽等

收藏单位　故宫博物院

　　此图选自清宫廷画家庆宽等所绘光绪帝《大婚典礼全图》册之一开。画中描绘了前引大臣、銮仪卫侍卫护从皇后孔雀轿到达皇后府第内宅，恭迎皇后的场景。皇后府内彩棚高悬，鲜花成行，一派喜庆热烈。

244

皇后府中举家宴

年代　光绪十五年（1889）

作者　（清）庆宽等

收藏单位　故宫博物院

　　本图选自清宫廷画家庆宽等所绘光绪帝《大婚典礼全图》册之一开。按清宫定制，当宫廷内府向皇后家送去彩礼之日，要由光禄寺在皇后府中备办纳采宴，由公主、命妇等奉旨陪同皇后之母入宴；由御前大臣、侍卫、八旗中侯爵以下及二品以上官员陪同皇后之父入宴。

（三）运输彩礼

作为迎娶皇后的一项重要程序和仪式，清宫侍卫在恭迎皇后当天，要按例将皇后家中的陪嫁之物，悉数运入内廷。

在封建时代，包括帝后在内的许多贵族婚姻，都讲究"门当户对"，因此当帝后大婚时，不仅宫廷要向皇后府中送彩礼；皇后入宫前，也会由宫廷侍卫从后府迎回一定数量的彩礼，这其中有的虽是宫廷所赠之礼，但可显示帝后婚姻的美满与富足。

245

恭送嫁妆

年代　光绪十五年（1889）

作者　（清）庆宽等

收藏单位　故宫博物院

本图选自清宫廷画家庆宽等所绘光绪帝《大婚典礼全图》册其中一开。从图中可见，銮仪卫官兵正肩扛大小紫檀立柜、方柜进入紫禁城东华门，其他大臣、侍卫官员则骑马跟随其后。据清宫档案《皇后妆奁金银木器抬数清单》载，皇后妆奁共有二百抬，反映了宫廷彩礼的众多和铺张。

246

聘礼回宫

年代　光绪十五年（1889）

作者　（清）庆宽等

收藏单位　故宫博物院

本图选自清宫廷画家庆宽等所绘光绪帝《大婚典礼全图》册之一开。从该图可见，銮仪卫官兵抬扛着众多彩礼，正行进在紫禁城协和门通往昭德门的一段路程，其中的妆奁约有二十三抬之多，仅西洋钟即有四抬，反映出宫中嫁妆的庞大和华丽。

（四）迎后入宫

经过周密、繁缛的准备之后，紫禁城终于迎来帝后大婚的日子。是日，宫廷侍卫继续执事，承担起迎接皇后的重任。

由于帝后大婚是紫禁城中最重要的活动之一，因此宫廷侍卫等迎后入宫之时，必须经过宫中最重要的四道宫门，即大清门、天安门、午门、乾清门，直至将皇后凤舆送至婚礼正堂坤宁宫。

247 参与册封礼仪

年代　光绪十五年（1889）
作者　（清）庆宽等
收藏单位　故宫博物院

本图选自清宫廷画家庆宽等所绘光绪帝《大婚典礼全图》册之一开。册封皇后，是帝后大婚中的一项重要环节，自然离不开宫廷侍卫的参与。此图描绘宫廷侍卫执红仗、旗帜、伞盖、幡幢出宫册封的场景，其后由八名侍卫肩扛金漆香亭，其上供奉着代表皇后地位的金印、金册。

248 设仪仗迎皇后

年代　光绪十五年（1889）
作者　（清）庆宽等
收藏单位　故宫博物院

本图选自清宫廷画家庆宽等所绘光绪帝《大婚典礼全图》册之一开。从图中可见，两队身着红缎花袍的銮仪卫官兵正列队走出午门，他们手中各执卤簿仪仗。队列中央的御路上，有三位侍卫擎举曲柄黄伞。队伍两侧，则是八旗护军的防卫线，足见帝后大婚程序的严谨与规范。

249

迎驾大清门

年代　光绪十五年（1889）
作者　（清）庆宽等
收藏单位　故宫博物院

该图选自清宫廷画家庆宽等所绘光绪帝《大婚典礼全图》册之一开。图中描绘的宫廷乐队已步出大清门，其后是骑于马上的后扈大臣、内务府大臣等。大清门彩棚高悬，准备迎接新婚的皇后。

250

大婚礼成太和殿筵宴

年代　光绪十五年（1889）
作者　（清）庆宽等
收藏单位　故宫博物院

本图选自清宫廷画家庆宽等所绘光绪帝《大婚典礼全图》册之一开。图中描绘了帝后大婚的最高潮场景，即在太和殿丹陛之上举行隆重的宫廷筵宴和传统舞蹈。帝后御用的各种卤簿仪仗陈列于殿上殿下，宫廷侍卫、亲军装扮成骑马武士和山林猛兽以歌舞形式为宴会助兴，并以此传承满洲骑射的遗风。

五

萨满食胙

（一）朝夕祭神

女真（满洲）人最初信奉的宗教，原为北方少数民族普遍信仰的萨满教。因其为自然崇拜的多神教，因此并不避讳其他民族宗教。清太祖努尔哈齐在赫图阿拉建国之初，已经将汉族信仰的道教、佛教乃至关圣帝，以及蒙古、西藏人信仰的黄教（喇嘛教）等，统统纳入本国宗教信仰体系，并在其后发展的过程中愈信愈深。

按照清宫定制，凡皇帝亲赴宫内、宫外举行祭祀活动，特别是参与清宫萨满教祭祀，宫廷侍卫均要按例参与其中。

251

沈阳故宫清宁宫外景

此为后金天聪年间（1627—1636）由清太宗皇太极主持营建的沈阳故宫正宫清宁宫。该建筑面阔五间、进深三间，为前后廊硬山式建筑，其中东稍间为暖阁，由皇太极与皇后哲哲居住使用；西侧四大间无隔断，为巨大的通体开间，是皇室成员举行萨满教共同祭祀之处。自清初开始，宫中侍卫即参与到每次的祭祀活动中。清朝入关后，逢皇帝东巡祭祖，也会在此举行宫廷祭祀活动，并由侍卫人等参与祭祀和吃福肉。

252

清宁宫院内神杆

在满洲人所信奉的萨满教中，北方地区常见的乌鸦是一种神鸟，它们是人与天神往来的纽带，可以转达人对上天和神祇的敬重与祈求。因而在有清一朝，乌鸦受到众多满洲人，特别是受到清朝宫廷的特殊敬重与尊奉。按照满洲传统习俗，满洲大户人家和宫廷之中，均会在寝室院内立一木杆，其上安置锡斗，用于盛装杂肉和谷物，以便乌鸦飞临，分而食之。

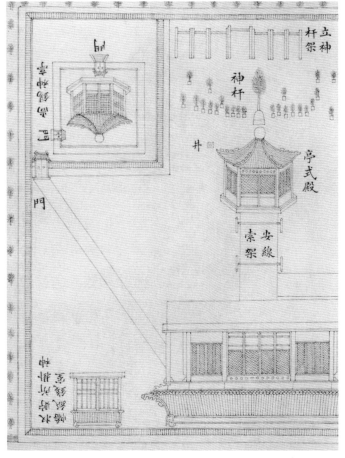

坤宁宫外景

坤宁宫是北京紫禁城内廷三宫的最后一座，此宫始建于永乐十八年（1420），在明代一直是皇后的寝宫。顺治元年（1644）清迁都北京，十二年（1655）为继续举行宫中萨满教祭祀活动，乃仿照盛京皇宫（沈阳故宫）清宁宫样式，修建了北京的坤宁宫，此后坤宁宫萨满祭祀便一直延续下来，直到清朝覆亡。

坤宁宫面阔七间，东西两侧为过道，西四间为神堂，进行萨满祭祀；与其相连的东侧一间开门，门东两间则为帝后大婚使用的洞房。根据清宫定制，宫廷侍卫要参与坤宁宫祭祀活动，如吃福肉、演奏乐器。逢帝后大婚当日，侍卫夫妻则于坤宁宫外唱满洲喜歌。

清宫堂子平面图

在清朝宫廷萨满教祭祀活动中，有一项重要的传统祭拜内容，即堂子祭。该祭祀活动早在清初即已形成，在佛阿拉、赫图阿拉均建有堂子，在盛京城（沈阳城）抚近门（大东门）外，亦建有皇家祭祀堂子。顺治元年（1644），清朝迁都北京后，先于长安左门外御河桥东（台基厂大街北口路西）修建了堂子，以后又迁建到南河沿南口路北（北京饭店贵宾楼位置），专门用于皇帝和其他宗室成员祭祀祖先。堂子内设有固定的大殿、亭式祭祀殿和尚锡神亭，殿前陈列大小神杆，殿后有悬挂子孙绳的安线索架等。每逢皇帝诣堂子致祭，宫廷侍卫便各司其职。

参与祭祀

年代　清乾隆
作者　（清）常青
收藏者　私人收藏

　　此图为清乾隆时期满洲正白旗舒舒觉罗常青所绘，原是其《巫人祭祀诵念全录》（亦名《满洲舒舒觉罗哈拉萨满祭神图像》）一书中的插图。该书曾由意大利人斯达理以德文出版。此图题名"得祭肉之后先三次淘拔而后献之"，描绘清朝官员参与萨满祭祀宰牲和献福肉等活动，可作为了解当时宫廷侍卫参与祭祀的参照资料。

协助萨满跳神

年代　清乾隆
作者　（清）常青
收藏者　私人收藏

　　此图为清乾隆时期满洲正白旗舒舒觉罗常青所绘，原是其《巫人祭祀诵念全录》（亦名《满洲舒舒觉罗哈拉萨满祭神图像》）一书中的插图。此图题名"杀牲时诵念式样"，描绘了清朝官员参与萨满祭祀跳神活动的场景，可作为了解当时宫廷侍卫参与祭祀的参照资料。

（二）分食福肉

257

沈阳故宫清宁宫内景

　　清宁宫是沈阳故宫最重要的内寝建筑，即所谓的"正宫"，为清太宗皇太极与皇后博尔济吉特氏哲哲的寝宫。该宫西侧四间是帝后、皇室成员举行萨满祭祀的重要场所。清初，皇太极曾率领后妃、族人和宫廷侍卫在此进行萨满祭祀。清入关后，康熙、乾隆、嘉庆、道光诸帝东巡盛京时，也曾按祖制在此敬祭天地、祖宗之神，由御前大臣、领侍卫内大臣、侍卫等参与祭祀。每次清宁宫祭奠后，散秩大臣、侍卫等通常要分食福肉，形成清宫萨满祭祀由侍卫直接参与并吃福肉的习俗。

258

清宁宫煮肉灶台

　　此处为沈阳故宫清宁宫内灶台，按照清宫传统习俗，每次宰杀生猪解成大块后，要放于大锅内烹煮，称为神肉；而后将神肉供献于西侧神龛前。祭祀活动结束，则由随祭的王公大臣、内廷侍卫等分肉而食。

坤宁宫内景

　　此图为北京故宫坤宁宫内景，反映了清宫萨满教祭祀场所的状况。顺治十二年（1655），坤宁宫按沈阳故宫清宁宫样式建成，清帝及皇室成员为延续本族萨满教，布置了坤宁宫神堂，使满洲传统萨满教祭祀得以大张其事。在坤宁宫外，安制有饲喂乌鸦的神杆。按清宫规定，每天朝祭释迦牟尼、观音菩萨、关帝圣君；夕祭穆哩罕神、画像神、蒙古神等。

坤宁宫内灶台

　　此处为北京故宫坤宁宫内神堂之灶，它虽仿造盛京皇宫，窗棂也按照盛京皇宫样式，制作成直棂"一马三箭式"，但室内装饰绘画和木雕门罩等制作得十分精美，体现了清宫萨满教祭祀规格的提升。

满洲王公、侍卫食福肉所用餐具

年代　清中晚期
收藏单位　沈阳故宫博物院

　　这套清宫传世的木鞘骨箸解食刀，一套四件，分为刀、鞘、箸、签四样，其中箸、签为象牙制作，刀柄、外鞘为竹制，鞘外上下部镶饰铜鎏金装饰。解食刀是游猎民族日常佩带的生活器物，清朝皇帝和其他皇室成员、散秩大臣、侍卫在野外用餐，或于坤宁宫举行萨满祭祀时，则必带解食餐具，以便切食福肉之用。

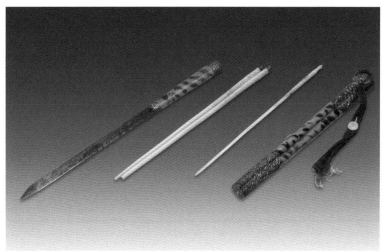

（三）祝歌舞蹈

262

坤宁宫东暖阁

清朝帝后的大婚典礼，按例在坤宁宫东暖阁举行。每逢皇帝、皇后大婚当日，均要在坤宁宫举行合卺礼。在仪式过程中，由宫廷侍卫及其福晋（妻子），在东暖阁外以满语高唱祝福之歌，满语名曰"拉空家"，以恭祝帝后生活美满、百年好合。

263

坤宁宫喜字炕

此处为紫禁城坤宁宫东暖阁内景，亦即是清朝皇帝、皇后举行大婚之宫、行合卺礼之处。按照清宫定制，帝后大婚之日要由宫廷侍卫唱颂喜歌，祈祷帝后婚姻平安、美满。

264

清宫红木素面拍板

年代　清中晚期
收藏单位　沈阳故宫博物院

　　此套拍板为红木素面制作，是清宫传世的萨满教祭祀乐器，由六块木板穿绳制成。凡清宫举行萨满教祭祀，宫廷侍卫参与奏乐、配唱等活动。

265

宫廷侍卫跳舞式样

年代　清乾隆
作者　（清）常青
收藏者　私人收藏

　　此图为清乾隆时期满洲正白旗舒舒觉罗常青所绘，是《满洲舒舒觉罗哈拉萨满祭神图像》一书中的一幅插图，具体描绘了宫廷侍卫身着蟒袍，在乐器伴奏下翩翩起舞的姿态。

266

侍卫大臣对舞式样

年代　清乾隆
作者　（清）常青
收藏者　私人收藏

　　此图为清乾隆时期满洲正白旗舒舒觉罗常青所绘，是《满洲舒舒觉罗哈拉萨满祭神图像》一书中的一幅插图，该图命名为"对舞供献神主式样"，反映了清宫侍卫在萨满祭祀活动中成对舞蹈的场面。

扈卫篇

　　清宫侍卫对皇帝的保护，并不仅仅局限于皇家宫殿以内。由于清朝多位皇帝曾远离宫殿，或外出征战，或巡幸地方，或木兰行围，宫中禁卫部队便要随驾出行，以便随时随地做好禁卫工作。这种在战场上对皇帝的护卫，以及皇帝驾临民间所面临的复杂多变情况，使宫廷侍卫肩负起更重的职责。此外，还有来自宫廷内部的政治斗争，不仅会对皇权构成一定威胁，有时还可能危及皇帝个人的生命。宫廷侍卫需要尽全力去护佑，有时甚至要牺牲自己，以换取天子的平安。

　　清朝的太祖、太宗和圣祖三帝是亲临战阵、浴血搏杀的马上皇帝，特别是开国汗王（皇帝）努尔哈齐和皇太极，因建国大业的需要，他们曾经投入无数次战斗，并在宫廷侍卫拼死保护下转危为安，创建大清。

　　纵观中国古代历朝史事，清朝皇帝属于勤于政务的君王。他们出于政治考虑或遵循满洲旧俗，时常外出巡幸或狩猎。如清圣祖康熙帝，曾多次远赴蒙古地区行围，并建立木兰围场之制。在位期间，他曾多次外出巡幸，足迹远及东北的盛京、吉林，北部的内外蒙古，西部的山西、陕西、甘肃、青海，中原的直隶、河南、山东，江淮和江南的安徽、江苏、浙江诸省，创下清帝"东巡""北狩""西征""西巡""南巡""谒陵"等诸多祖制，为后代皇帝所景仰和遵从。

　　在清朝列帝中，御驾出行次数最多的皇帝莫过于清高宗弘历。其在位六十年间，曾先后六次南巡江浙、六次西巡五台山、一次巡游嵩洛、四次到关外祭祖陵、五次去山东祭岱岳谒孔庙、七次巡视河淀津沽、数十次拜谒东西两陵。此外，他还曾在南苑行围三十八次共一百三十三天，去盘山静寄山庄驻跸二十九次共一百四十一天。在位期间，他几乎每年都去热河（承德）避暑山庄和木兰围场避暑行围，次数多，时间长，可以说开创了皇帝巡幸之最。

清朝列帝的每一次出行，与清宫侍卫和其他禁卫部队都有着密不可分的关系。皇帝出行，他们要负责御前警戒、驾后扈从、逢山开路、遇水搭桥、过河行船等事宜；皇帝驻跸，他们要负责行宫或野外驻跸大营的安全；皇帝在途中休息，他们则负责设立顿营以及饮食、茶饭等事宜。

銮仪卫作为清宫禁卫部队中一个特殊组织，主要承担陈设皇帝、后妃在宫廷典礼和出行时所使用的各种卤簿仪仗，以及他们所乘坐的各类辇、舆、车、轿。在为帝后典礼、出行所陈设的各类卤簿仪仗器物中，绝大多数都是代表身份地位的礼仪性器物，但其中也有一些可作为防卫使用的实用性兵器，如星、殳、立瓜、卧瓜、钺等，这些卤簿仪仗器物虽用于陈列，但也具有警戒和威慑功能，它们与侍卫所持的豹尾枪、仪刀、弓矢一样，在实际保卫皇帝安全时发挥其作用。

保驾征战

（一）随帝出征

　　清初侍卫作为皇帝的贴身侍从，为保护天子而奋不顾身、赴汤蹈火；当皇帝亲赴战场时，则跟随其奋勇拼杀，攻城略地，建功立业。从清朝史迹看，曾有不少宫廷侍卫跟随汗王（皇帝）出征，并在战争中建立了自己的赫赫功业。

267
从汗征战

　　本图选自《太祖实录战图》一书中插图"太祖恩养布占泰"。清朝开国时期，努尔哈齐所属侍卫、家丁大多跟随其出征，不仅在战场上保卫汗王，也通过作战立功而获得奖赏，封官授职，有的则步入贵族阶层，成为大清的开国元勋。

268
护卫汗王灭诸部

　　本图选自《太祖实录战图》一书中插图《太祖率兵伐乌拉》。努尔哈齐自明万历十一年（1583）起兵，至四十四年（后金天命元年，1616）建立大金国，在三十余年时间里，经过艰苦征战，不仅平定建州女真诸部，还统一了海西女真（扈伦四部）和部分东海女真（野人女真）。在这一过程中，跟随他的侍卫也作出了很多贡献，许多人因此成为开国功臣。

建功殊荣

　　本图选自《太祖实录战图》一书中插图"四王破刘綎营"，描绘了身为大贝勒的皇太极率领本旗护军在萨尔浒之战大破明军、射杀明南路军统帅刘綎的史实。

　　清早期，国家草创，许多宫中侍卫曾跟随汗王（皇帝）征战沙场，共建江山。大清建国后，这些侍卫大多成为股肱近臣，有的甚至成为清史上的著名人物，如扈尔汗、博尔晋、伊尔登、巴哈、希尔根、李国翰、索尼、鳌拜等。

护卫圣祖西征

年代　清康熙
作者　佚名
收藏单位　故宫博物院

　　本图选自清人所绘《康熙戎装像》轴。该图描绘了青年皇帝玄烨身着铠甲，腰挂佩刀、弓矢，端坐在松下，四位宫廷侍卫或手执弓矢，或腰悬仪刀呈八字形列于帝前，构成御卫皇帝的经典图例。

　　康熙二十九年（1690），厄鲁特蒙古准噶尔部首领噶尔丹举兵南犯，进逼乌兰布通（今内蒙古昭乌达盟克什克腾旗南部），距北京仅数百里，京师受到威胁。清圣祖即调兵遣将，与叛军会战于乌兰布通山下，大败其军。三十四年（1695），噶尔丹率数万骑兵沿克鲁伦河再次南下，扬言"借俄罗斯鸟枪兵六万，将大举内犯漠南"。玄烨又一次亲率大军征讨，与叛军在昭莫多（今蒙古乌兰巴托东南）激战，歼灭其主力，噶尔丹率残部逃跑。两年后，玄烨再次亲赴宁夏进剿噶尔丹残部，终于平定其势力。宫廷侍卫在玄烨数次亲征中，均发挥了保驾扈从的作用。

（二）护卫圣躬

271

清初侍卫、辅政大臣索尼

此图为清初名臣索尼朝服像，选自清《一等公、辅政大臣索尼画像》。

索尼（1601—1667），赫舍里氏，隶满洲正黄旗，清朝开国功臣之一。他在清太宗皇太极时期初入文馆，赐号"巴克什"（文士），授一等侍卫，成为近御皇帝的宫中精英。后因拥立福临继帝位，而受到多尔衮排挤。顺治八年（1651），福临亲政，擢内大臣兼议政大臣，总管内务府，累进一等伯爵世袭。顺治帝病逝，被任命为四辅政大臣之一。索尼逝世后，因拥立、辅佐皇帝有功，加之孙女为孝诚仁皇后，被追封一等世袭公爵，其子孙也多以荫功得授宫中侍卫及当朝大臣。

272

清初侍卫、辅政大臣鳌拜

此图为清初名臣鳌拜朝服像。

鳌拜（约1610—1669），瓜尔佳氏，隶满洲镶黄旗，清初权臣之一，号称"满洲第一勇士"。青年时代即跟随清太宗皇太极出征，在与蒙古察哈尔部、朝鲜作战时均获战功。特别在攻克皮岛之战中，鳌拜奋勇先登，晋三等男爵，赐号"巴图鲁"（勇士），后在辽西之战再获战功，荣升护军统领。崇德八年（1643），皇太极病逝，鳌拜以其掌控镶黄旗，与其他两黄旗大臣共立盟誓，誓死拥立太宗之子继位，亲统官兵严守皇宫，最终使多尔衮等作出妥协，改立六岁福临继帝位。清入关后，虽在陕西、湖北、四川征剿农民军有功，但仍受多尔衮惩处。清世祖福临亲政后，对其极为敬重，令随侍左右，病逝之前，将其立为四辅政大臣之一，也因此助长了他居功自傲、骄横跋扈的心理，甚至对皇权也构成威胁。康熙八年（1669），清圣祖玄烨利用宫中练习布库（摔跤）的少年侍卫一举除掉鳌拜。

273

侍卫大臣遏必隆腰刀

年代　清顺治
收藏单位　故宫博物院

274

扈从相随

年代　清康熙
作者　（清）王翚等
收藏单位　故宫博物院

此件腰刀为清初重臣遏必隆所佩之刀，不仅在清初由遏必隆本人使用，至清中期，它还成为清朝宫廷的"尚方宝剑"，宫廷侍卫、大臣等可持此刀行先斩后奏之权。宝刀制作精良，外套绿色鲨鱼皮鞘，刀身系咸丰年间象牙牌，一面镌"遏必隆玲珑刀一，乾隆十三年赐经略大学士公傅恒平定金川用过"，另一面刻"咸丰"印一方及"神锋在胜"四字。

遏必隆（？—1673），钮祜禄氏，隶满洲镶黄旗，为后金开国五大臣之一额亦都第十六子。天聪八年（崇祯七年，1634），以父荫袭一等昂邦章京，授侍卫之职，其后在辽西之战和入关后平定农民军战役中屡建战功，赐袭一等公爵，授议政大臣、领侍卫内大臣、加少傅兼太子太傅。顺治十八年（1661），清世祖福临病逝前，遗诏其为辅政大臣，他因此成为皇帝"托孤"的四位顾命大臣之一。康熙八年（1669），清圣祖玄烨铲除鳌拜后，遏必隆亦被论罪夺爵。玄烨念其为顾命大臣且为勋臣之子，命仍以公爵宿卫内廷。死后谥"恪僖"。

本图选自清宫廷画家王翚等人所绘《康熙南巡图》第一卷。画面描绘了清圣祖玄烨在宫廷侍卫陪护下出离京城，跃马前行，刚刚踏上南巡旅程的场景。从画中细节看，玄烨身着行褂，头戴暖帽，端坐于白马之上；其身后的侍卫或高举曲柄黄伞，或抱持弓箭、腰刀，反映了清宫侍卫在皇帝出行之际的特殊使命。

康熙二十三年（1684），清圣祖玄烨以平定三藩、收复台湾大功告成，首次南巡，以期实现治理河工、整饬吏治、安抚江南汉族士绅的目的。二十八年（1689），他传旨宋骏业等，征召绘画名家王翚入宫，绘制《康熙南巡图》。在六年时间里，王翚等先是绘制纸质稿本《康熙南巡图》十二卷，后又奉旨绘制绢质正本《康熙南巡图》十二卷。目前已知存世稿本四卷，其中第七卷稿本藏于南京博物院，第十卷稿本藏于故宫博物院，第十一卷稿本藏于沈阳故宫博物院，另有半部残卷收藏于私人收藏；

至于原有十二卷正本，现仍有十卷存世，其中第一、第九至第十二卷藏于故宫博物院，第二、第四卷藏于法国巴黎吉美博物馆，第三卷藏于美国纽约大都会博物馆，第六卷（残卷）分藏于香港、美国两位私人收藏手中，第七卷藏于加拿大亚伯达大学博物馆。这是研究清圣祖南巡及当时史事的重要物证。

(275)

园苑近御

年代　清雍正
作者　[意]郎世宁
收藏单位　故宫博物院

　　此图选自清宫廷画家郎世宁所绘《雍正观花行乐图》轴。图中描绘了清世宗胤禛身着酱色常服袍，手持如意，在侍卫、大臣等簇拥下，端坐于圆明园牡丹台（圆明园四十景之一，后名"镂月开云"），怡然观花的场面。在胤禛右侧，横向端坐着身穿黄袍的小阿哥弘历。因玄烨当初是在牡丹台首次见到皇孙弘历，故有另说是胤禛、弘历父子在此祭奠康熙皇帝。从此图所绘众多人物看，清帝驾临皇家园苑之时，宫廷侍卫要按例守护御前，确保天子无恙。

(276)

近卫帝侧

年代　清乾隆
作者　[意]郎世宁
收藏单位　巴黎吉美博物馆

　　此图选自清宫廷画家郎世宁所绘《哈萨克贡马图》卷。乾隆中期，清廷追剿准噶尔叛军进入哈萨克，此后，哈萨克使臣不断进京朝觐，并向皇帝进贡西域骏马，由此获得清廷好感。该图描绘了弘历端坐园苑长廊接见准噶尔赴京贡马使臣的场景。画中弘历身着常服袍，坐于立屏前交椅之上，五位亲随侍卫、大臣亦穿着常服，严肃守卫于皇帝身边。

(277)

接见准噶尔特使

年代　乾隆十三年（1748）
作者　[意]郎世宁
收藏单位　巴黎布朗利河岸博物馆

　　此图选自清宫廷画家郎世宁所绘《准噶尔贡马图》卷。本图与前一图所绘内容为同一史事，均为准噶尔使臣向清高宗弘历奉献西域良马的场面，只不过此幅绘画只绘人物和马匹，并无周围配景。画中共有清宫侍卫九人，他们或手持弓箭、腰刀立于弘历交椅侧后，或手执缰绳牵引宝马，或站立远处佩刀警戒，一位藩部使臣在马前跪拜叩见，"天朝"威仪因侍卫而得以体现。

278

护卫帝后舆轿

年代　嘉庆二年（1797）
作者　佚名
收藏单位　故宫博物院

此图选自清嘉庆朝《万寿盛典初集》彩图卷。康熙年间，宫廷画家完成该图武英殿版插图的绘制和印刷，而后在嘉庆二年（1797），由苏州织造奉旨绘制了彩图版，装裱成上下两卷。全图描绘了康熙五十二年（1713）清圣祖玄烨六旬万寿期间，由京西园苑返回紫禁城沿途的庆典场景。是年三月，玄烨奉皇太后由畅春园回銮，途经京西及西四牌楼、北海永安寺白塔、团城等处，最后由神武门入宫。回銮沿途，有臣民搭建的各式彩棚、彩亭，有接驾跪安、献礼的官员、百姓；帝后舆辇周围，有众多随驾大臣、侍卫和护军，体现了帝后的尊贵与威严。

279

顺贞门行刺案

顺贞门行刺案又称"行刺仁宗事件"，系嘉庆年间发生在神武门内一桩平民刺杀清仁宗颙琰的突发案件。清宫侍卫因在此事件中保驾失职，有多人被查处，反映了清中晚期宫廷禁卫的疏懈与废弛。

嘉庆八年（1803）闰二月二十日，颙琰从圆明园乘轿返归紫禁城。当其由神武门进宫欲入顺贞门时，一位失业落魄的北京平民陈德从潜伏的西厢房山墙后猛然蹿出，直奔御轿，举刀欲刺皇帝。因事发突然，许多随扈侍卫不知所措，稍后才有御前大臣定亲王绵恩、固伦额驸喀尔喀亲王拉旺多尔济、乾清门侍卫蒙古喀喇沁公丹巴多尔济、御前侍卫扎克塔尔和珠尔杭阿等六人反应过来，冲上前抱住行刺者，结果绵恩褂袖被刺破、丹巴多尔济被刀扎伤，众人最终才捉住陈德。

此次行刺案震惊朝野，颙琰下令严惩凶犯，惩处当班官员、侍卫。陈德被凌迟处死，其两个儿子处绞刑；多名失察官员被革职发配热河（承德）或降级调任。守卫神武门的护军统领，守卫贞顺门的护军副统领、护军校、护军等被革退，或戴枷示众，或交该管大臣惩治。

二

帝前先导

（一）御前开路

280

引帝而行

年代　康熙五十六年（1717）

作者　（清）王原祁、（清）宋骏业、（清）冷枚等绘，
　　　（清）朱圭镌刻制版

收藏单位　故宫博物院

该图选自清康熙朝武英殿本《万寿盛典初集》插图。《万寿盛典初集》共一百二十卷，编纂于康熙五十二年（1713），由宋骏业、王原祁等领衔，两年后基本成书并配以插图，其中第四十一、四十二两卷为连环版式插图，双面连式，共一百四十八页，总长50米，为古代传世版画中罕见巨构。

从该图来看，街道之上两列骑马护军中间，有一位端坐马上、手持曲柄伞的御前侍卫，这标志着该侍卫的特殊身份。根据清朝定制，曲柄伞侍卫之后，即是帝后所乘坐的舆轿辇辂。手持曲柄伞的先导侍卫，实际成为帝后舆轿的引领先驱。

281

导引辇舆

年代　嘉庆二年（1797）

作者　佚名

收藏单位　故宫博物院

此图为嘉庆朝所绘《万寿盛典初集》彩图卷最精彩的一段。康熙五十二年（1713）三月，清圣祖玄烨六十寿辰。为庆祝皇帝圣诞，宫廷画家根据当时帝后由畅春园返回紫禁城之行，先绘制了《万寿盛典》线刻刊本；嘉庆二年（1797）又按线刻本绘制了彩图卷本，忠实记录了康熙帝六十寿辰京师庆典的史事。

从图中可见，在皇太后凤舆之前，有两位手持金提炉的宫廷侍卫，其身后近三十位銮仪卫官兵肩扛舆杆而行，舆轿后面则是大队侍卫及官员，反映了宫廷禁卫军导引、随扈帝后的职责。

282

出京开路

年代　清康熙
作者　（清）王翚等
收藏单位　故宫博物院

本图选自清宫廷画家王翚等所绘《康熙南巡
图》第一卷。画中具体描绘了清圣祖玄烨出京南
巡，宫廷侍卫在御前开路的场面。在玄烨御驾黄
伞前，有两列宫廷侍卫身穿黄马褂，腰佩仪刀、
弓矢，引辔前行，为皇帝开拓出整洁大路。

283

巡视府城

年代　清康熙
作者　（清）王翚等
收藏单位　大都会艺术博物馆

本图选自清宫廷画家王翚等人所绘《康熙南
巡图》第三卷。清圣祖玄烨曾六次南巡，以此督
促河道治理，巡阅地方政务。该图描绘了玄烨第
一次南巡至山东济南府，在城头巡视并准备离城
启行的场景。宫廷侍卫扈从其左右，而运送辎重、
营帐、饮食等御用物资的内务府护军，则早于大
队先期出城。

284

船抵水乡

年代　清康熙
作者　（清）王翚等
收藏单位　亚伯达大学博物馆

清宫廷画家绘制的《康熙南巡图》正本共
十二卷，现已知传世十卷，并分藏于世界各地博
物馆和私人收藏。本图选自《康熙南巡图》第七
卷，收藏于加拿大亚伯达大学博物馆。图中描绘
了清圣祖玄烨自无锡县经浒墅关，驾临苏州间门的
行程。玄烨安坐船舱，在御前大臣、众侍卫和城中
百姓迎接下，抵达姑苏码头。万众瞩目，场面热闹。

285

渡水先驱

年代　乾隆四十一年（1776）
作者　（清）徐扬等
收藏单位　中国国家博物馆

　　本图选自清宫廷画家徐扬等所绘《乾隆南巡图》第二卷"过德州"。该图描绘了清高宗弘历首次南巡途中，于山东德州渡过河上浮桥时，宫廷侍卫高举御用黄伞，于皇帝轻步舆前策马先行的场景。

　　清高宗弘历继位后，许多军政大事、宫廷礼仪遵行祖制。他在位期间，也像祖父玄烨一样，曾六次南巡江浙地区，留下了大量历史及文化遗迹。乾隆十六年（1751），弘历奉母后崇庆皇太后第一次南下巡视。二十九年（1764），他命宫廷画家徐扬等用六年时间绘制了绢本《乾隆南巡图》十二卷。现该图已散佚世界各地，其中第九、第十二卷藏于故宫博物院，第三卷藏于法国尼斯魁黑博物馆，第四卷藏于美国纽约大都会艺术博物馆，第十卷藏于法国巴黎吉美博物馆，另有一卷收藏于法国私人收藏。三十六年（1771），弘历又命徐扬用五年时间重新绘制了纸本《乾隆南巡图》十二卷，该图全卷原完整收藏于故宫博物院，现保存在中国国家博物馆，成为研究清高宗南巡及当时史事的重要物证。

286

回銮入宫

年代　清康熙
作者　（清）王翚等
收藏单位　故宫博物院

　　本图选自清宫廷画家王翚等人所绘《康熙南巡图》第十二卷。清帝出宫南巡以及东巡、西巡，往往要用一月甚至数月时间，这需要随驾的禁卫部队认真护卫、悉心防御，才能保证圣驾无虞。每次经过漫长旅程后，宫廷侍卫保护皇帝銮驾回到京师，前锋营护军首先入城，他们以整齐的队列穿过大清门、天安门、端门和午门，引导后续銮驾进入紫禁城。

（二）典礼恭导

287

祭祀前导

年代　清雍正
作者　佚名
收藏单位　故宫博物院

　　本图选自清宫廷画家所绘《祭先农坛图》第一卷。按照清宫定制，宫廷侍卫不仅是保护皇帝的禁卫部队，也是宫廷礼仪的重要参与人，每逢皇帝参与祭祀等重要活动，侍卫官员乃至一、二、三等侍卫，均有自己的职责。从此幅绘画看，清世宗胤禛正前往先农坛准备参加祭祀仪式，其行进的御路前方，有十位前导大臣佩仪刀而行；大臣之后是两位提香炉的銮仪使和两位御前大臣，真实呈现出了宫廷侍卫在祭祀活动中的导引作用。

288

郊劳典礼

年代　乾隆三十年（1765）
作者　（清）丁观鹏等
收藏单位　故宫博物院

　　此图选自清宫廷画家丁观鹏等所绘《乾隆平定西域战图》册之十五"郊劳回部成功诸将士"。《乾隆平定西域战图》具体描绘了乾隆二十年至二十四年（1755—1759），清军在新疆地区平定准噶尔部、回部叛乱的数次战役，以及此后两年大军凯旋，清高宗弘历在京举行郊劳、在午门行献俘礼等活动。这套绘图描绘的十六幅战迹、礼仪内容分别为：1. 平定伊犁受降图，2. 格登鄂拉斫营图，3. 鄂垒札拉图之战图，4. 库陇癸之战图，5. 和落霍澌之捷图，6. 乌什酋长献城降图，7. 通古斯鲁克之战图，8. 黑水解围图，9. 呼尔满大捷图，10. 阿尔楚尔之战图，11. 伊西洱库尔淖尔之战图，12. 霍斯库鲁克之战图，13. 拔达山汗纳款图，14. 平定回部献俘图，15. 郊劳回部成功诸将图，16. 凯宴成功诸将图。

　　本图所绘场景，即是乾隆二十五年（1760）二月，弘历亲赴京师南郊良乡附近，在众大臣、侍卫陪护下筑坛慰劳出征将士的史事。是日，御前大臣和侍卫引导、护卫皇帝行郊劳礼，承担着特殊职责。

恭祭禹庙

年代　乾隆四十一年（1776）
作者　（清）徐扬等
收藏单位　中国国家博物馆

　　本图选自清宫廷画家徐扬等所绘《乾隆南巡图》第九卷"绍兴谒大禹庙"。清帝南巡，最远地曾到达浙江绍兴。为了宣扬清朝是历代王朝正统的传承者，清圣祖玄烨、清高宗弘历均曾到禹庙、禹陵祭拜，而随驾的宫廷侍卫，则担负起祭祀引导与护卫职责。从该图来看，乾隆十六年（1751）三月，高宗弘历第一次南巡至绍兴，驻跸于绍兴府城西麓湖村水大营。初八日，他在扈从官员、豹尾班侍卫随同下恭祭禹庙、禹陵。图中，皇帝身着礼服，从黄幄循路而行；其前左右两侧，依次排列着前引大臣，引导他前往祭坛。

紫光阁庆典

年代　乾隆五十八年（1793）
作者　佚名
收藏单位　故宫博物院

　　本图选自清宫廷画家所绘《平定廓尔喀战图》册。作品共八开。乾隆五十四年（1789），廓尔喀派兵入侵西藏；三年后（1792），其军再次入侵，但在擦木等地为福康安所率清军所败。战后，廓尔喀派使臣进京，向清廷臣服，受到乾隆皇帝接见。本图即描绘了廓尔喀使臣到京时，高宗弘历在王公大臣、侍卫引导下乘舆前往紫光阁，接受廓尔喀进贡礼品的场景。从此幅绘画看，前引大臣、后扈大臣和御前侍卫、豹尾班侍卫按例随扈在皇帝轻步舆周围，场面宏大而庄重。

引见藩王、使臣

来源　故宫博物院

　　此图选自法国学者阿兰·佩雷菲特《停滞的帝国——两个世界的撞击》一书中的插图。本图从外国人的视角，描绘了御前大臣、侍卫、护军等护佑皇帝在避暑山庄万树园大蒙古包接见外藩蒙古王公、外国使臣的场景。
　　乾隆五十八年（1793），英国使臣马戛尔尼受本国政府派遣，带着大量礼物前往中国，希望以为乾隆皇帝祝寿名义会见清帝，建立两国往来贸易关系。当年九月，英国使臣赴热河拜见乾隆皇帝，但终因双方文化差异、世界观不同而无法继续会谈，英国使团只好启程返国。

（三）前锋之营

前锋先行壮声威

年代　清康熙
作者　（清）王翚等
收藏单位　巴黎吉美博物馆

　　本图选自清宫廷画家王翚等人所绘《康熙南巡图》第二卷，描绘了清圣祖玄烨南巡途中，在河北南部至山东济南府一段路上，前锋营官兵列队骑马，先行开路的场景。

　　前锋营是清宫禁卫部队之一，它与亲军营、护军营、神机营及内务府三旗包衣官兵（包括护军、前锋、骁骑三营），共同构成清宫禁卫部队主体。前锋营官兵平时要协助护军营排班值守紫禁城；遇皇帝外出巡幸，该营即派出前锋参领、前锋侍卫统率前锋校和前锋兵随驾出京。皇帝驻营时，前锋营在御营前后一二里外，相度地势，安置哨卡，竖前锋营旗帜为出入门户。凡遇皇帝出入关卡，该营官兵则整齐列队、备好鞍马、佩带弓矢，立于御路两侧迎送。

八旗前锋校旗图

　　此图选自乾隆朝《钦定大清祭典会图》卷一百五、武备十五、幄纛二。据该史籍记载：八旗前锋校旗，俱为方幅，旗上制销金飞虎图案；旗帜纵2尺3寸，横1尺8寸，旗杆长6尺，杆围2寸1分；旗杆首部冠金盘，盘上植豹尾、盘下饰朱旄。

　　按清宫定制，八旗前锋营是宫廷禁卫军的重要组成部分。八旗左右翼各设前锋统领一人，掌本翼四旗前锋营政令；前锋参领、前锋侍卫左右翼各八人、署前锋参领各四人，掌督率前锋营警跸宿卫事宜。

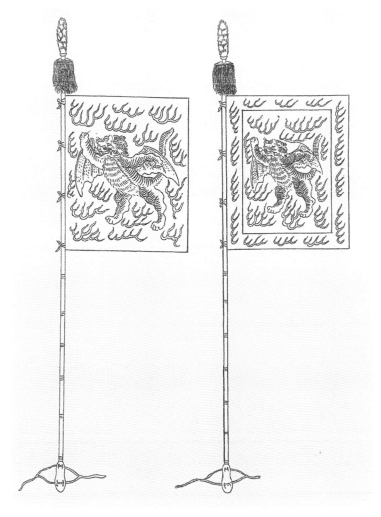

护军开路赴远地

年代　乾隆四十一年（1776）

作者　（清）徐扬

收藏单位　中国国家博物馆

　　本图选自清宫廷画家徐扬所绘《乾隆南巡图》第一卷"启跸京师"。八旗护军是清宫禁卫部队的主要大军，除守卫紫禁城和皇家园苑外，凡皇帝外出巡幸，该营官兵负有开路、警跸等重要职责。从本图所绘场景看，在清高宗弘历銮驾出现前，护军营官兵紧随在前锋营后，对皇帝所经之路开道、警戒。绵长的队列、众多的人马，显示了皇家卫队的威仪。

　　护军营是清朝最重要的禁卫军之一，分上三旗护军和下五旗护军两大类，选八旗满洲、蒙古兵中精锐者充任，专司警跸宿卫、皇宫诸门启闭、锁钥和传筹等事。雍正三年（1725），因皇帝经常驻于圆明园，又增设圆明园八旗护军营驻守该园周围。

先行候驾奉御座

年代　乾隆四十一年（1776）

作者　（清）徐扬

收藏单位　中国国家博物馆

　　本图选自清宫廷画家徐扬所绘《乾隆南巡图》第三卷"渡黄河"。皇帝出京巡幸，宫廷禁军要提前作好部署。每天，御前大臣、内务府官员要预先作好行程规划，设置好每日驻跸行宫、大营等安排，而宫廷侍卫、护军则按预案先期作好准备。从本图所绘看，銮仪卫侍卫、护军营官兵在此次皇帝渡过黄河前即已提前过河，于对岸码头布置好接驾地点，立置曲柄黄伞，摆放好轻步舆，待皇帝渡河下船，即可继续前行。

水乡引路南国行

年代　乾隆四十一年（1776）

作者　（清）徐扬

收藏单位　中国国家博物馆

　　本图选自清宫廷画家徐扬所绘《乾隆南巡图》第六卷"驻跸姑苏"。对于生于北方、擅长骑射的满洲人来说，南方泽国是一片新奇天地。尽管如此，每次皇帝南巡之际，宫廷禁卫部队依然会按定制做好前导、护卫等事宜。本图所绘场景，正体现了清高宗弘历南巡期间在姑苏（今苏州）城的街道上，八旗护军引辔前导的场面。

三

随帝扈行

（一）大臣侍卫后扈之制

随帝出行执械扈从

年代　清乾隆
作者　佚名
收藏单位　故宫博物院

　　本图选自清人所绘《平定大小金川战图》铜版画之"紫光阁凯宴成功诸将士"。此套铜版画由清宫内府纸本印制。画面反映的内容，为清廷平定大小金川后，清高宗弘历于紫光阁设宴款待出征将士的场景。由本图可见，宫廷中举行典礼、筵宴等活动，宫廷侍卫除在御驾前先导，更多是在舆辇后扈从，以确保天子安全。

皇帝乘骑侍卫相随

年代　乾隆三十五年（1770）
作者　（清）徐扬等
收藏单位　大都会艺术博物馆

　　此图选自清宫廷画家徐扬等所绘《乾隆南巡图》第六卷"驻跸姑苏"。清高宗弘历效法祖父，曾先后六次南巡，对于江南文化、社会发展具有较大影响。这幅高宗南巡图描绘了皇帝南巡之时，江南名城姑苏（苏州）的繁华与富庶。从图中可以看到，弘历正骑马穿过城门，宫廷侍卫身着黄马褂紧随其后，由该城胥门鱼贯而入。

299

豹尾枪、仪刀、弓矢侍卫随驾扈从

年代　嘉庆二年（1797）
作者　佚名
收藏单位　故宫博物院

　　此图为清嘉庆初年绘制的康熙《万寿盛典初集》彩图卷本，详细描绘了宫廷侍卫随驾扈从、护卫御辇的真实场景。图中逼真再现了京城街道，宫廷侍卫横向排列在帝后辇舆之后，他们身着"花衣"蟒袍，外罩黄马褂，呈扇面弧形列队，跟随在御前侍卫之后，其中左右两侧为二十位佩仪刀、佩弓矢侍卫，中间是十位豹尾班侍卫，其整齐的队列、壮观的气势令人生畏。

300

建制森严前后有责

年代　清康熙
作者　（清）王翚等
收藏单位　故宫博物院

　　本图选自清宫廷画家王翚等所绘《康熙南巡图》第一卷。画中描绘了清圣祖玄烨率众出京途中，内廷侍卫在圣驾之后紧紧扈从的场面。从该图可见，近三十位内廷侍卫按照二、四、二十人三个梯队，紧紧跟随在皇帝御驾之后，构成后扈区严密的防卫体系。

301

层层列队重重防卫

年代　清康熙
作者　（清）王翚等
收藏单位　故宫博物院

　　本图为清宫廷画家王翚等人所绘《康熙南巡图》第十二卷。画面反映的场景是在清圣祖玄烨銮驾后，由宫廷侍卫、内务府护军构成的后扈队伍。其整齐有序的队列体现了禁卫制度的严格，也说明宫廷内部对扈从禁军的重视。

302

随驾恭行

年代　乾隆四十一年（1776）
作者　（清）徐扬等
收藏单位　中国国家博物馆

　　本图选自清宫廷画家徐扬等所绘《乾隆南巡图》第二卷"过德州"。"天子圣驾，羽林相从"，本图真实描绘了清高宗弘历南巡途中，宫廷侍卫随驾骑行的一个场面，画中侍卫约二十余人，其中佩仪刀侍卫纵马而行，豹尾班侍卫呈扇面式一列横队，紧紧封住后扈区域，以保证銮驾后部的安全。

303

护军殿后其责重

年代　乾隆四十一年（1776）
作者　（清）徐扬等
收藏单位　中国国家博物馆

　　本图选自清宫廷画家徐扬等所绘《乾隆南巡图》第一卷"启跸京师"。该图描绘的场景，为清高宗弘历率南巡人马刚刚出离京城，经大清门出正阳门，而后沿西河沿大街西行，来到画中描绘的广宁门（广安门）。图中所绘为随驾而行的后队护军，他们尚未穿过广宁门，除一些散骑护军外，尚有十二位列成横队的佩仪刀护军，他们高举两杆龙旗，像前面豹尾班侍卫一样，呈扇面式横骑于大路之上，显示了天子圣驾的非凡气势。

（二）张伞执盖

304

侍卫亲兵举盖从行

年代　清康熙

作者　佚名

收藏单位　故宫博物院

本图选自清人所绘《康熙帝出巡图》。清宫侍卫随驾出行，担负着一项重要使命，即擎举皇帝御用的黄伞、黄盖，向世人表明天子的尊贵与神圣，以此构成宫廷礼仪中一个不可或缺的象征即天子驾临。此图中銮仪卫执黄伞侍卫紧随于清圣祖玄烨马后，双手高擎御用曲柄龙头黄伞，而其他侍卫则跟随在黄伞之后，烘托出伞盖的尊贵。

305

神圣的黄伞

年代　清乾隆

作者　（清）徐扬等

收藏单位　故宫博物院

此图选自清宫廷画家徐扬等所绘《平定两金川战图》册第十六开“紫光阁凯宴成功诸将士”。乾隆三十六年至四十一年（1771—1776），清廷对大小金川（亦称两金川）土司发动第二次战事，最终取得胜利。战后，清高宗弘历命图绘立功将士肖像，悬挂于西苑紫光阁内。不久，他传旨仿照平定准部、回部得胜之例，绘制一套册页式战图，具体描绘各次主要战役。本开册页真实描绘了紫光阁凯宴前，清高宗弘历端坐于马上，其身后侍卫高举黄伞的场景，显示出天子至高的威严。

306

前后伞盖明至尊

年代　乾隆四十一年（1776）
作者　（清）徐扬等
收藏单位　中国国家博物馆

　　本图选自清宫廷画家徐扬等所绘《乾隆南巡图》第一卷"启跸京师"。根据清宫定制，皇帝卤簿仪仗中有众多伞盖幡旗，其中最重要的是两件曲柄黄伞，它们一件执设于銮驾之前，向众人警示天子驾临；另一件则固定执设于皇帝头顶，既有遮阳功能，又能提升皇帝的尊贵。从本图描绘场景看，清高宗弘历刚刚出离京师正阳门护城河桥，在其驾前，设有三人执护黄伞；在其驾后，设一人高擎曲柄黄伞，与清宫定制完全吻合。

307

高宗巡阅侍卫执伞

年代　乾隆四十一年（1776）
作者　（清）徐扬等
收藏单位　中国国家博物馆

　　本图选自清宫廷画家徐扬等所绘《乾隆南巡图》第四卷"阅视黄淮河工"。清朝在关外创业时期，即已接受中原传统的宫廷礼仪与仪仗制度，将伞、盖、旗、幡等作为宫中礼仪的重要组成部分，对伞盖的颜色、形制以及使用形式等，亦有明文规定。从本图来看，清高宗弘历身着行服，伫立于黄河岸边，其身后是銮仪卫执伞官员，高举着曲柄龙头黄伞，将天子的尊贵呈现于世人。

308

奉行礼仪兼实用

年代　乾隆四十一年（1776）
作者　（清）徐扬等
收藏单位　中国国家博物馆

　　本图选自清宫廷画家徐扬等所绘《乾隆南巡图》第十一卷"顺河集离舟登陆"。在中国古代，帝后御用卤簿仪仗是宫廷中重要的礼仪用器，同时其中的伞盖、旗扇等又具有实际使用功能，如在炎热的夏日，伞盖、旗扇等则有遮阳、防晒作用。本图描绘的是清高宗弘历南巡返程中，于江苏宿迁顺河集离船改行陆路的场景。从画中可见，宫廷侍卫所擎高伞罩于弘历头顶，正好遮住高悬的日头，起到很好的防晒功能。

163

（三）羽林护军

309

护卫圣祖祭禹庙

年代　清康熙
作者　（清）王翚等
收藏单位　故宫博物院

　　本图选自清宫廷画家王翚等人所绘《康熙南巡图》第九卷。清圣祖玄烨首开清帝南巡之举，通过许多文化活动，加强了与江南社会的联系，这其中即包括他亲赴绍兴大禹庙进行祭祀，使满人与中华传统文化更为接近。玄烨前往禹庙之际，宫廷侍卫承担起随驾护卫之责。本幅绘画描绘玄烨行进在禹庙之外，其周围有侍卫随行。通过后扈佩刀侍卫、豹尾班侍卫的排列队形，可看出康熙、乾隆时期随驾官兵站位上的变化与不同。

310

弓矢佩刀执枪列障

年代　乾隆四十一年（1776）
作者　（清）徐扬等
收藏单位　中国国家博物馆

　　本图选自清宫廷画家徐扬等所绘《乾隆南巡图》第一卷"启跸京师"。画中所绘是紧随銮驾的佩仪刀侍卫、豹尾班侍卫刚刚通过京师南城西部的广宁门的场景。这一队随驾侍卫骑于马上，呈典型的弧形纵队，紧随圣驾，确保安全。从图中侍卫官兵人数看，计有佩仪刀侍卫二十人、豹尾班侍卫十人，应是清宫定制较高等级的后扈禁军。

清宫侍卫所用仪刀

年代　清乾隆
收藏单位　沈阳故宫博物院

　　仪刀是清宫侍卫最典型的防御武器之一，在清宫绘画上，宫廷侍卫经常佩带该刀。清宫仪刀有较统一的制式，其外形类似朴刀，锋利实用；上部安有较长的长把，适于执握和使用，把上缠以绿色丝绳；刀柄上下部、镡部、刀鞘上下部，均装饰铜鎏金镂空錾花横箍，既增加了刀柄与刀鞘的牢固，又有利于仪刀的美感；刀鞘为木制，外罩绿色鲨鱼皮面（因时间久远，大多已变为灰黑色）。至今，故宫博物院及沈阳故宫博物院均保存较多仪刀，为研究清宫禁卫史事提供了物证。

312

清宫小仪刀

年代　清乾隆
收藏单位　沈阳故宫博物院

　　清宫侍卫所使用的仪刀，从外形和大小上基本可分为仪刀、小仪刀两种。其中仪刀较长，特别是刀柄更长，以利于侍卫双手执握砍杀；小仪刀总体略短，其手柄也较短，接近于礼仪性佩刀。此外，在小仪刀手柄和刀鞘装饰的铜鎏金横箍上，还镶嵌有多颗彩色宝石，使其外表更加华丽美观。从以上分析来看，小仪刀似为宫中侍卫官员所用，而仪刀则为中下级侍卫和护军等佩用。

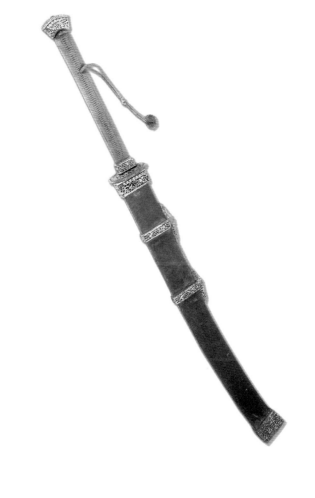

313

豹尾班侍卫列班

年代　乾隆四十一年（1776）
作者　（清）徐扬等
收藏单位　中国国家博物馆

　　本图选自清宫廷画家徐扬等所绘《乾隆南巡图》第四卷"阅视黄淮河工"。图中细致描绘了宫廷豹尾班侍卫在清高宗弘历巡视黄河时，列队于皇帝轻步舆后，持豹尾枪警戒的场面。

314

清宫豹尾枪

年代　清乾隆
收藏单位　沈阳故宫博物院

　　豹尾枪是清宫侍卫最典型的武器之一，在清宫绘画上，它也是宫廷侍卫经常执用的防御武器。清宫豹尾枪有较为统一的制式，其外形类似长矛，修长实用，可以从较远处刺杀对手，克敌制胜。豹尾枪在枪头下部，安系有一根长长的豹尾，起到装饰和美观作用。枪头外部，通常套有皮制彩绘枪套，使全枪宜于保存。

315

制作精美的豹尾枪首

年代　清乾隆
收藏单位　沈阳故宫博物院

　　清宫豹尾枪枪头为铁制，枪杆木制髹朱漆，枪头下面连缀一根豹尾，故有其名。长长的豹尾枪看似长大粗糙，其实枪头制作精良。从本图来看，铁制枪头外形优雅，美观大方，特别是枪头后部采用错金工艺，在铁质表面制有细致的卷草、太阳、火焰、海水江崖等图案。枪头柄部中央饰突起绳纹，柄底部制成莲瓣造型，均采用鎏金工艺，使整个枪头越加精致。

（四）备物供差

316

宫中侍从随驾差奉

年代　乾隆十一年（1746）
作者　（清）金昆等
收藏单位　美国纽约私人收藏

　　本图选自清宫廷画家金昆等人所绘《乾隆大
阅图》第三卷"阅阵"。全卷以细致入微的画笔，
分别描绘了京师八旗左右翼军及前锋营、护军营、
骁骑营、火器营各军列队状况，对乾隆皇帝、御
前大臣、侍卫、护军和满洲、汉军各旗都统、亲
兵及成千上万甲兵逐一写真，如现代照相一般对
参加者进行记录。本图描绘的是跟随于轿辇之后
的銮仪卫、内务府官兵，他们身着红缎花衣，或
背或持行囊，以备随时为皇帝服务。

317

乘骑相随供帝用

年代　乾隆四十一年（1776）
作者　（清）徐扬等
收藏单位　中国国家博物馆

　　本图选自清宫廷画家徐扬等所绘《乾隆南巡
图》第二卷"过德州"。从图中描绘场景看，应
为銮驾后面的辎重部队，其中多为内务府护军营
官兵。他们骑于马上紧随前面大队，或肩背行李，
或手执重物，反映了清帝外出巡幸时后勤保障
的形式。

后扈从行携装备

年代　乾隆四十一年（1776）
作者　（清）徐扬等
收藏单位　中国国家博物馆

　　本图选自清宫廷画家徐扬等所绘《乾隆南巡图》第九卷"绍兴谒大禹庙"。图中描绘了清高宗弘历驻跸绍兴府城西麓湖村水大营，待其亲赴大禹庙、大禹陵祭祀时，负责后备物资的内务府官兵、护军营官兵正于桥上携运相关物品，以供皇帝使用。

随帝备差

年代　清乾隆
作者　（清）姚文瀚、（清）张为邦
收藏单位　故宫博物院

　　本图选自清宫廷画家姚文瀚、张为邦合绘《冰嬉图》卷。该图具体描绘了清高宗弘历于西苑南海乘冰辇欣赏八旗官兵表演冰嬉活动的场景。其冰辇后部，伫立大批侍卫和护军营官兵，他们手中提携多种物品，以备皇帝召唤取用。

四
旅程漫漫

（一）骑乘先驱

　　清宫侍卫跟随皇帝出京巡幸，在旅途中往往要经历一月甚至数月时间，他们不仅要保证皇帝、后妃和其他皇室成员安全，还要从事各种与宫廷礼仪相关的活动，对每次出巡均起到十分重要的作用。

320

安全警戒卫圣躬

年代　清康熙
作者　（清）王翚等
收藏单位　巴黎吉美博物馆

　　本图选自清宫廷画家王翚等人所绘《康熙南巡图》第二卷。该图描绘了清圣祖玄烨在御前侍卫等护从下，由直隶南部抵达山东省济南府境内的场景。图中刻画乡间百姓因皇帝免除当年赋税，心怀感激而夹道欢迎的场景。宫廷侍卫则围绕在皇帝身边，保证天子的绝对安全。

321

沿途护驾设仪仗

年代　乾隆四十一年（1776）
作者　（清）徐扬等
收藏单位　中国国家博物馆

　　本图选自清宫廷画家徐扬等所绘《乾隆南巡图》第一卷"启跸京师"。该图描绘了清高宗弘历南巡出离京师之际，清宫銮仪卫官兵于道路两侧依次陈列皇帝御用辇舆、轿车以及导象、仪象等宫廷卤簿仪仗的场景。

322

护帝恭行

年代　乾隆十五年（1750）
作者　［意］郎世宁、（清）金昆等
收藏单位　巴黎吉美博物馆

　　本图选自清宫廷画家郎世宁、金昆、丁观鹏、程志道、李慧林等所绘《木兰图》卷之"行营"。《木兰图》一套共四卷，分别为"行营""下营""合围""宴乐"等，全卷内容依次相连，真实表现了清高宗弘历从京师出发，至木兰围场行猎的主要过程。此卷"行营"图为《木兰图》首卷，具体描绘了弘历一行在前往围场的北狩御道上，沿途官员、百姓夹道跪迎，宫廷侍卫各自乘骑随驾而行的场景。

（二）沿途扈从

323

随扈江南诸城

年代　乾隆四十一年（1776）
作者　（清）徐扬等
收藏单位　中国国家博物馆

本图选自清宫廷画家徐扬等所绘《乾隆南巡图》第六卷"驻跸姑苏"。清高宗弘历南巡抵达苏州府长州县境后，骑马穿过繁华热闹的浒墅关、闾门前、万年桥，到达了姑苏城胥门。在其身后，簇拥着众多宫廷侍卫，有骑马佩刀的侍卫、护军，有手执曲柄九龙黄伞的銮仪卫官员，由此形成南巡的浩大队伍。

324

护帝渡运河

年代　乾隆四十一年（1776）
作者　（清）徐扬等
收藏单位　中国国家博物馆

本图选自清宫廷画家徐扬等所绘《乾隆南巡图》第二卷"过德州"。该图具体描绘了清高宗弘历乘轻步舆过河上浮桥的场景。清帝巡幸地方，基本有骑马、乘辇、乘舆几种形式，这就需要有大量宫廷侍卫为其提供服务。此处画面中的弘历，乘坐着八人肩扛轻步舆，在众多侍卫护佑下顺利通过桥面。

325

阅视黄淮河工

年代　乾隆四十一年（1776）

作者　（清）徐扬等

收藏单位　中国国家博物馆

　　本图选自清宫廷画家徐扬等所绘《乾隆南巡图》第四卷"阅视黄淮河工"。清帝南巡的一个重要目的，是在山东、江苏、浙江等省视察治河工程，以便保证对水患的治理。此图反映了清高宗弘历驾临黄河大堤合龙处，指示地方官如何治水的场景。在弘历身后，伫立着数十位身着黄马褂的内廷侍卫。

326

随圣祖阅视金山寺

年代　清康熙

作者　（清）王翚等

收藏单位　香港私人收藏

　　本图选自清宫画家王翚等人所绘《康熙南巡图》第六卷（残卷）。图中描绘了清圣祖玄烨在御前侍卫保护下，乘船渡江，登上长江之畔的金山寺，凭栏远眺江天远景的场景。

327

轿辇相随辘辘行

年代　乾隆四十一年（1776）
作者　（清）徐扬等
收藏单位　中国国家博物馆

　　本图选自清宫廷画家徐扬等所绘《乾隆南巡图》第一卷"启跸京师"。清帝离京出巡，每次往往月余甚至数月，因此经常有数位后妃随行，有时则有皇太后同行。因此在巡幸队伍中，亦会有数辆后妃所乘车辇。此幅画面正好反映了清宫后妃车辇的样式，它们在侍卫、护军保护下，随皇帝乘骑和轿辇一路南下，远涉江浙各省。

328

护卫舆轿备帝用

年代　乾隆三十五年（1770）
作者　（清）徐扬等
收藏单位　故宫博物院

　　本图选自清宫廷画家徐扬等所绘《乾隆南巡图》第十二卷"回銮紫禁城"，该卷亦称为"回銮至京"，为绢本绘制。清高宗弘历南巡返京，自永定门经正阳门，入大清门和天安门。此图描绘了宫廷侍卫肩扛御辇，稳步走入宫门的场景。

329

护卫后妃车轿

年代　清乾隆
作者　［意］郎世宁、（清）金昆等
收藏单位　巴黎吉美博物馆

　　本图选自清宫廷画家郎世宁、金昆、丁观鹏、程志道、李慧林等所绘《木兰图》卷之"行营"。图中描绘了清高宗弘历率大队人马远赴口外围场途中的场景。画面中，众多宫廷侍卫保护着后妃乘坐舆辇，紧随皇帝而行，反映了清宫侍卫的多重使命。

（三）舟船随侍

330

护卫圣祖稳渡江

年代　清康熙
作者　（清）王翚等
收藏单位　故宫博物院

　　本图选自清宫画家王翚等人所绘《康熙南巡图》第十一卷。图中描绘了清圣祖玄烨在宫廷侍卫保护下，乘船由江宁（南京）渡江，直抵瓜州（镇江）的宏大场景。画面中，玄烨端坐于大船甲板交椅之上，一名宫廷侍卫手执黄伞，多名侍卫分列前后，保护皇帝顺利过江。

331

随侍高宗渡黄河

年代　乾隆四十一年（1776）
作者　（清）徐扬等
收藏单位　中国国家博物馆

　　本图选自清宫廷画家徐扬等所绘《乾隆南巡图》第三卷"渡黄河"。清高宗弘历南巡途中，乘坐大船渡过黄河，他端坐于该船凉棚下红漆宝座上，隔水远眺景色。御前大臣、宫廷侍卫或跪或站，分置于大船前后；另有数十名身穿红衣的水兵，跪于船首两侧尽力划桨，护送皇帝尽快登岸。

宫廷侍卫乘船行

年代　乾隆四十一年（1776）
作者　（清）徐扬等
收藏单位　中国国家博物馆

　　本图选自清宫廷画家徐扬等所绘《乾隆南巡图》第三卷"渡黄河"。清帝每次南巡，均有大量侍卫、护军、亲兵等随驾而行，因此舟船运输成为重要事宜。此图所反映的内容，即是宫廷侍卫跟随帝船，乘风过河的场景。

高宗南巡渡长江

年代　乾隆四十一年（1776）
作者　（清）徐扬等
收藏单位　中国国家博物馆

　　本图选自清宫廷画家徐扬等所绘《乾隆南巡图》第五卷"自金山放船至焦山"，该图具体描绘了清高宗弘历乘船渡过长江的场景。画面中，清高宗弘历稳坐于一艘大船的仓内，凭窗远眺。在大船四周，围绕着众多八旗护军小船，反映了他们保护皇帝渡江的职责。

龙舟入嘉兴

年代　乾隆四十一年（1776）
作者　（清）徐扬等
收藏单位　中国国家博物馆

　　本图选自清宫廷画家徐扬等所绘《乾隆南巡图》第七卷"入浙江境到嘉兴烟雨楼"。画幅中具体描绘了清高宗弘历乘坐平底大船，安然渡水前往嘉兴的场景。大船上伫立着二三十位宫廷侍卫，在船舷两侧，各有十位摇桨者划船而行；其他豹尾班侍卫、内务府护军等则分乘他船，与皇帝同往嘉兴烟雨楼。

（四）保驾回京入宫

335

南巡返京

年代　清康熙

作者　（清）王翚等

收藏单位　故宫博物院

　　本图选自清宫画家王翚等人所绘《康熙南巡图》第十二卷。图中描绘了清圣祖玄烨南巡结束，由江南返回紫禁城的场景。画幅中，玄烨端坐在八人抬行的轻步舆上，前有宫廷乐队和黄伞引路，后有众多内廷侍卫，一路祥和，顺利返宫。

336

引领入城

年代　清康熙

作者　（清）王翚等

收藏单位　故宫博物院

　　本图选自清宫画家王翚等人所绘《康熙南巡图》第十二卷。此幅绘图具体描绘了清圣祖玄烨南巡返京，清宫侍卫、护军由城南先行进入永定门的场景。

337

圣驾回宫

年代　乾隆三十五年（1770）
作者　（清）徐扬等
收藏单位　故宫博物院

本图选自清宫廷画家徐扬等所绘《乾隆南巡图》第十二卷"回銮紫禁城"，此卷为绢本绘制。清高宗弘历端坐于十六名銮仪卫官兵抬行的轻步舆上，在宫廷侍卫前引、后扈之下，通过端门前往午门，这标志着皇帝南巡的顺利结束。进入紫禁城，随驾的禁卫官兵便最终完成了本次巡幸护驾重任。

338

庞大的扈从

年代　乾隆三十五年（1770）
作者　（清）徐扬等
收藏单位　故宫博物院

本图选自清宫廷画家徐扬等所绘《乾隆南巡图》第十二卷"回銮紫禁城"。清高宗弘历经数月南巡，回归紫禁城，宫廷中举行盛大的迎接仪式，除有大量宫廷乐队高奏升平乐章，随驾的侍卫、护军也达到最多。此幅画面为我们展示了扈从侍卫的庞大阵容，近五十位内廷侍卫身着黄马褂、腰挂橐鞬弓矢，以中央两面黄龙旗为中心，呈弧形扇面式横向列队，整齐行进在銮驾后面，给人以强大的震撼和视觉冲击。

五

驻跸大营

（一）野外立营定制

清帝率大队人马出宫离京，每晚驻跸之地大体有三种形式：其一是驻于已有的行宫；其二是驻于临时搭建的行营；其三是驻在官府衙门或姻亲贵戚府第。在野外露营搭建帐幄本为满洲传统，在开国创业时期，汗王（皇帝）无论是外出征战，还是山野行围，均会采用搭建营帐的方式。因此，驻跸大营在清朝宫廷生活中具有十分重要的实用性，而每次驻营和守营都离不开宫廷禁卫部队。

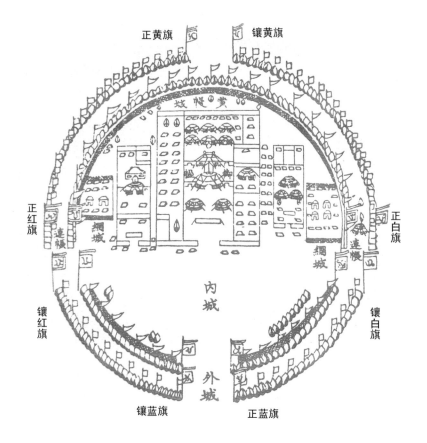

339

《清帝巡幸驻跸大营图》

本图选自清光绪朝《钦定大清会典图》卷一百四、武备十四、幄幕一之"皇帝驻跸大营图"。该大营为内方外圆形，外部为八旗护军连营搭建的外城，其内为黄网拦隔的内城，内城中心为黄幔城，由皇帝、后妃等居中驻跸。内城按东、南、西启建三处城门；外城按东、南、西、北启建四处城门，各门均由侍卫、护军等昼夜轮流守卫。皇帝驻跸大营的守护，按照清宫传统的"八旗方位"分布各旗护军，其中两黄旗在北、两白旗在东、两红旗在西、两蓝旗在南。黄幔城前，设四处侍卫值房；黄幔城西为阿哥所，再外侧设两处侍卫营帐；网城内四隅，设侍卫坐更帐篷。另外在大营以外，还建有护军旗警跸帐，以此构成清帝巡幸驻跸大营严密的防御体系。

皇帝行围驻跸大营

年代　清乾隆
作者　（清）兴隆阿
收藏单位　承德避暑山庄博物馆

　　本图选自清宫廷画家兴隆阿所绘《乾隆木兰秋狝图》横幅。该图分左右两部分内容，其中图左部是皇帝驻跸大营，图右部是乾隆皇帝的"看城"及其与侍卫、八旗官兵进行围猎的场景。全图以宏大的场面，再现了乾隆年间清帝率满蒙王公贵族、侍卫、护军和满蒙汉八旗官兵，在木兰围场行围以及驻营的活动。从图中可见，皇帝驻跸大营虽然繁杂拥挤，但基本与清朝典制记载相一致，反映了满洲行围搭建营帐习俗的一贯传承。

高宗东巡途中驻跸大营

年代　清乾隆
作者　（清）钱维城
收藏单位　沈阳故宫博物院

　　本图选自清宫画家钱维城所绘《山水图》卷。该图描绘了清高宗弘历东巡途中，于皇帝御营大帐接见朝鲜使臣的场景。清乾隆年间，高宗弘历遵照祖制，曾四次东巡盛京，祭祀祖宗山陵，在盛京皇宫举行典礼活动。在东巡沿途的蒙古和吉林、盛京地区，弘历曾率领随扈八旗官兵多次举行行围，大多数时间即于山中扎营驻跸。本图所绘内容，即是弘历在盛京驻营之际，朝鲜使臣前往御帐朝觐的一个场面；图中的皇帝行营与清宫典籍记载基本一致，宫廷侍卫身穿黄马褂守在大营南门，门内是许多连帐围绕的黄幔城。

《清帝驻跸御幄图》

　　本图选自清光绪朝《钦定大清会典图》卷一百四、武备十四、幄幕一之"皇帝驻跸御幄图"。按照清宫定制，皇帝驻跸御幄设于驻跸大营中心区域。为显示天子的至上地位，御幄四周建黄幔城，幔城南侧留有一门，门内竖立一块黄布屏；幔城方庭后部，设圆形御幄，此处为皇帝与诸王贝勒、大臣议事处，接见蒙古王公亦在此处；方庭内左右两侧，各设略小圆幄；御幄内正中设御座，御座后部设长幄直达方形帐殿；帐殿内设东西室，并留有南窗，此为皇帝驻跸休息之处；幔城后部另设六座圆幄，有佛堂、尚乘轿、御药房、鸟枪处及执事太监等帐；黄幔城外左右连帐，为茶膳等侍从官兵营帐。

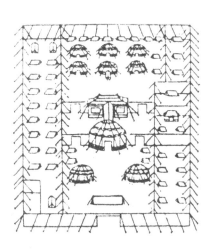

（二）临时扎营

 343

兴安岭上设营帐

年代　乾隆十四年（1749）
作者　（清）董邦达
收藏单位　沈阳故宫博物院

　　本图选自清宫廷画家董邦达所绘《登兴安大岭歌图》卷。该卷前部，有清高宗弘历御笔行书《登兴安大岭歌》长文，卷后部为董邦达配合皇帝纪事长文绘制的山水画。此幅作品为清宫旧藏，画上有乾隆、宣统朝鉴藏玺印，并被收入《石渠宝笈续编》之中。在这幅画中，未具体描绘清高宗弘历与其他随驾人员形象，只画出兴安岭的高大宏伟，另于山顶平缓处，特别描绘了皇帝御营之设，由是亦可见侍卫、亲兵随帝赴此深山，其安营设帐需克服的种种艰难。

 344

《清帝停跸顿营图》

　　本图选自光绪朝《钦定大清会典图》卷一百四、武备十四、幄幕一之"皇帝停跸顿营图"。清帝外出巡幸途中，经常因路途遥远，而在两站之间设立临时休息间营，即所谓"停跸顿营"。根据清宫定制，皇帝停跸顿营四周要建黄幔城，南向留有一门，幔城外加网城；城中建圆幄，为皇帝休憩之处；此外，圆幄左右设行帐六座，后设行帐一座，西北隅设行帐一座，均为服侍皇帝所用。停跸顿营需提前搭建，以备銮驾经过时使用。

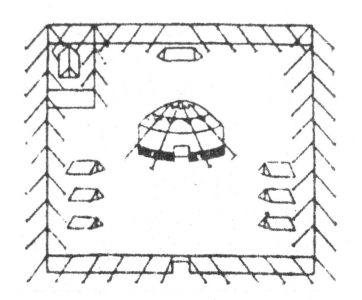

345

高宗南巡停跸大帐

年代　乾隆三十五年（1770）
作者　（清）徐扬等
收藏单位　故宫博物院

本图选自清宫廷画家徐扬等所绘《高宗南巡图》卷之第九卷"绍兴谒大禹庙"。该图描绘清高宗弘历南巡期间，于绍兴禹庙前停跸大帐略做休息，由众侍卫扈从，步行前往禹庙恭祭的情景。由图中所绘可知，清帝出巡临时搭建的大帐，与皇帝驻跸御营中的帐殿有所相似，亦为方形，只是没有南墙与东西窗而已。

346

皇帝临时驻跸看城

年代　清乾隆
作者　[意] 郎世宁、（清）金昆、（清）丁观鹏等
收藏单位　巴黎吉美博物馆

本图选自清宫廷画家郎世宁、金昆、丁观鹏、程志道、李慧林等所绘《木兰图》卷之"马技"。该图刻画了清高宗弘历率王公贝勒于承德木兰围场行猎期间，观看满蒙骑手进行马技表演的场景。图中细致描绘了皇帝临时驻跸看城的场景。按清宫定制，皇帝行围除要搭建驻跸大营外，为方便参与围猎或观看官兵行围，还要搭建"行围看城"，其形制规模如"皇帝停跸顿营"。此图所绘营帐，即为皇帝看城，其外设黄色幔城，外为网城，南设一门，幔城内建有圆幄、营帐，后部一隅另设一帐，只是营帐方位与典籍略有不同。黄幔城外有护军值守，帐侧有序停放着帝后车辇、轿舆，反映了清宫看城实景。

347

高宗狩猎御用帐房

年代　清乾隆
作者　[意] 郎世宁
收藏单位　故宫博物院

本图选自清宫画家郎世宁所绘《射猎聚餐图》轴。图中描绘了清高宗弘历率领三四十名亲信侍卫于山中行围后，搭起帐房，就地野餐的场景。图中弘历端坐于帐篷前，御前侍卫分左右翼和后部守护安全，其他侍卫则于远处烧火烤肉、架锅煮茶，另有一些侍卫分解兽肉、持盘运送，该图反映了宫廷围猎与搭建帐篷、休息进餐的实际情况。

(348)

守护御营卫后妃

年代　乾隆二十五年（1760）
作者　［意］郎世宁等
收藏单位　故宫博物院

　　本图选自清宫廷画家郎世宁等所绘《塞宴四事图》横幅。全图为工笔重彩画作，以真实笔法描绘清高宗弘历率诸王贝勒、侍卫、八旗护军出巡塞外，于大营观看比赛及安营等场面。图右侧，绘弘历在宫廷侍卫陪护下，于跤场观看满蒙武士贯跤比赛；图左侧，则为皇帝驻跸大营后部，是随驾后妃的驻处，黄幔城内外，由侍卫及八旗护军建立多层保卫屏障。从该图局部看，黄幔城内圆幄门外，伫立有多位后妃，她们即是宫廷侍卫重点保护的对象。

(349)

万树园搭建大蒙古包

年代　清乾隆
作者　［意］郎世宁等
收藏单位　故宫博物院

　　该图选自清宫廷画家郎世宁等所绘《万树园赐宴图》横幅，为纪实性宫廷绘画。乾隆十九年（1754）五月，高宗皇帝于热河行宫（承德避暑山庄）万树园接见厄鲁特蒙古之杜尔伯特部三首领（史称三车凌），册封爵位，赏赐物品，并于万树园举行隆重的宴会。郎世宁等人对此进行了纪实性描绘，创作了《万树园赐宴图》横幅等多件清宫绘画，忠实再现了这一史实。在万树园大宴中，宫廷侍卫负责黄幔城内外部警戒、御前护卫及其他差事，成为满蒙结盟、彼此交好的参与者和见证者。

(350)

西苑设幄与守卫

年代　清乾隆
作者　（清）张廷彦、（清）周鲲
收藏单位　私人收藏

　　本图选自清宫廷画家张廷彦、周鲲合绘的《苑西凯宴图》卷。《苑西凯宴图》是清宫绘画《初定金川出师奏凯图》四卷中的最后一卷，反映了清军征讨金川胜利后，大将军傅恒率师凯旋，清高宗弘历亲赴中南海丰泽园设宴接待的场景。从该图局部看，丰泽园前搭建了黄幔城及皇帝御幄，这里应是皇帝筵宴之处；御幄之后，搭建了规模较小的圆幄、长幄和御殿。御幄、御殿两侧为八旗护军连帐，幔城内外散布着大量侍卫、护军，以保证皇帝及诸臣安全。

（三）侍卫亲兵营帐

351

喀喇和屯行宫外亲兵营帐

年代 清乾隆
作者 （清）张宗苍
收藏单位 故宫博物院

本图选自清宫画家张宗苍所绘册页，为其中一开。喀喇和屯又名喀喇城、黑城，原为蒙古游牧之地。清入关之初，摄政王多尔衮因循满洲行猎旧制，经常出古北口，在喀喇和屯等地狩猎。顺治七年（1650），又在此修建临时宫苑。清世祖福临亲政至康熙初期，皇帝出口外狩猎次数增多，乃将旧有建筑改造为行宫。皇帝每次行围驻跸此处，均有王公贝勒、侍卫和大量八旗官兵随扈，随驾侍卫、护军等搭建的营帐即围绕行宫而设，此后逐渐形成随扈官兵营帐定制。

352

清帝东巡随驾亲军营帐

年代 清乾隆
作者 （清）钱维城
收藏单位 沈阳故宫博物院

此幅绘画为清宫词臣画家钱维城所作《山水图》卷，作品为清宫旧藏。该图描绘了清高宗弘历率八旗官兵东巡盛京，于途中驻营的场景。从图中搭建的多处营帐来看，既有贵族使用的较大圆形蒙古包，亦有官兵使用的较小长方形帐篷。各处营帐之中纷纷立起长杆，其上飘荡着旗幡、幢幢，更增添了游猎民族的生活气息，再现了随驾禁军的扎营情况。

353

木兰秋狝随围官兵安营

年代　清乾隆
作者　〔意〕郎世宁、（清）金昆等
收藏单位　巴黎吉美博物馆

　　本图选自清宫廷画家郎世宁、金昆、丁观鹏、程志道、李慧林等所绘《木兰图》卷之"下营"。图中描绘了跟随清高宗弘历前往木兰围场的侍卫、护军于途中搭建帐篷，准备休息的场面。

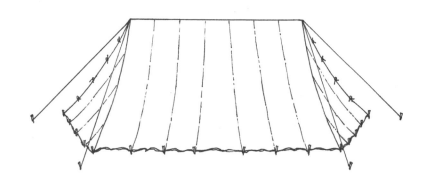

354

《随驾亲兵帐房图》

　　本图选自光绪朝《钦定大清会典图》卷一百五、武备十五、幄纛二之"职官帐房图"。据清宫典籍记载，皇帝出巡驻跸期间，随扈的宫廷侍卫、护军等均要依此搭建帐房。帐房外形呈人字形，上部安有横梁，两侧为立柱，其上罩以单、夹布料，形成保暖防风的营帐；在帐篷左侧，围布采用中分形式，以便官兵随时出入。

355

高宗大阅建官兵帐房

年代　乾隆四十一年（1776）
作者　（清）徐扬等
收藏单位　中国国家博物馆

　　本图选自清宫廷画家徐扬等所绘《乾隆南巡图》第十卷"江宁阅兵"。该图详细描绘了清高宗弘历南巡江浙，于江宁（南京）城检阅八旗官兵武技的场面。从图中局部看，在参加演练的八旗官兵后部，是一排排的八旗营帐，该图真实反映了随扈官兵的扎营情况。

六

按翼设围　随帝行猎

（一）两翼行围

在中国古代历史上，曾有多个北方少数民族入主中原。由于其善于骑射，社会生活以游猎为主，进入中原地区以后，大多保持着浓厚的马上文化色彩。创建清王朝的满族，即是典型的狩猎民族。

女真（满洲）崛起于山海关外的白山黑水，这里气候寒冷，自然环境艰苦，农耕经济落后，人们的生产、生活主要以狩猎为主，并在实践中形成了固定的集体行围形式，即部族围猎制度。这种集体狩猎方式不仅养育了当地女真（满洲）人，还促进了八旗制度的产生，为满洲崛起和清朝建立起到了重要作用。

清朝定鼎中原以后，满洲统治者为维护政权稳定和贵族特权，将"国语骑射"确定为基本国策，各代均予遵守和奉行。自顺治朝开始，即在南苑和京畿地区开展行围狩猎活动；康熙中期以后，朝廷于口外蒙古地方建立了木兰围场，皇帝除带领宫廷侍卫前往狩猎外，还经常统率京师八旗官兵前往围场，举行大规模围猎，以锻炼八旗部队的战斗力，保持其进取意识。

在每次皇帝参与的围猎活动中，御前大臣、侍卫和宫中禁卫部队均奉旨参加，一方面在野外保护皇帝个人安全，另一方面按传统习俗参与集体围猎。可以说，宫廷侍卫、亲军在无数次的狩猎活动中，始终扮演着护驾的角色。

皇帝参与的大规模围猎活动，基本遵循清初形成的八旗围猎制度，即参与人员均以各自旗属为建制，按八旗方位排列，分左右两翼依序前进，最终形成口袋式包围圈，将山野间的虎狼熊罴、狍鹿狐兔网罗其中。之后，皇帝在宫廷侍卫协助下从看城入围逐猎，一展武技，每次都会有丰厚的收获。

山野逐猎，需要使用特殊武器和装备；有时因面对凶猛的野兽，宫廷侍卫还要奋不顾身地保卫皇帝。为此，宫廷中特别设立了专门的禁卫部队，以协助皇帝做好围猎事宜，如虎枪营、尚虞备用处、鹰狗处等等。

356

分旗序进

年代　乾隆六年（1741）
作者　［意］郎世宁
收藏单位　故宫博物院

本图选自清宫廷画家郎世宁所绘《哨鹿图》。全图描绘了清高宗弘历在领侍卫内大臣、御前侍卫陪护下，于木兰围场山中行猎的场景。图上部远山峡谷之中，为分翼而行的八旗官兵。根据满洲行围习俗，在皇帝行围时，八旗军要按左右翼有序排列，分两队进行包抄，形成包围圈之后，皇帝再率侍卫入围射猎，故能捕获较多猎物。

357

两翼合围

年代　清乾隆
作者　［意］郎世宁、（清）金昆等
收藏单位　巴黎吉美博物馆

　　此图选自清宫廷画家郎世宁、金昆、丁观鹏、程志道、李慧林等所绘《木兰图》卷之"合围"。从该图场景看，八旗官兵按照左右两翼在山中形成巨大的包围圈，许多狍鹿被围困于圈内旷野，清高宗弘历骑于马上，在御前侍卫保护下，正逐杀一头雄鹿，满洲人狩猎的合围场面跃然纸上。

358

各旗合围皇帝亲猎

年代　清乾隆
作者　（清）兴隆阿
收藏单位　承德避暑山庄博物馆

　　本图选自清宫廷画家兴隆阿所绘《乾隆木兰秋狝图》横幅。此为该图的右部，具体描绘了清高宗弘历在木兰围场率八旗官兵进行围猎的场景。图中远方，八旗各旗依序行进，在山中合成一个包围圈，弘历则率御前侍卫、护军等停跸于看城内；待八旗官兵将众多野兽驱向下部"看城"时，弘历即在侍卫陪同下入围行猎。全图人物众多，合围结构复杂，使我们对清宫行围活动有了直观的了解。

（二）分旗协同

359

《皇帝行围纛图》

本图选自光绪朝《钦定大清会典图》卷一百四、武备十四、幄纛一之"皇帝行围纛"。据清宫典籍记载，皇帝出巡狩猎行围时，使用该类旗纛，共设五种：包括镶黄纛一，正黄、正白纛各二，俱用缎制，镶黄纛镶红缘；正黄、正白不加缘。旗纛皆为正幅，不施绘绣，以竹杆持纛，杆首饰铁质镀银轮，下系朱缨。

360

《皇帝南苑行围纛排列图》

此图根据清宫典籍记载绘制，逢皇帝至南苑行猎，随扈侍卫、护军布围之时，以镶黄纛居中，两个正黄纛从左右两翼协从，两个正白纛从左右两翼收尾。当两个正白纛从左右翼向中间合拢相遇之际，则围成，所有野兽即被困于包围圈中。

361

《皇帝行围后扈旗图》

本图选自光绪朝《钦定大清会典图》卷一百四、武备十四、幄纛一之"皇帝行围后护旗"。据清宫典籍记载，皇帝出巡行围，使用该类旗帜，共设八种，每旗一种，即镶黄、镶白、镶蓝旗饰红缘，镶红旗饰白缘；正黄、正白、正红、正蓝不加缘。旗帜皆为正幅，旗上饰销金飞虎图案，间以火焰。旗杆竹制髹朱漆，杆首饰铜镀金盘，顶杆裹豹尾，下系朱缨，加明黄色飘带，飘带上饰销金火云纹。

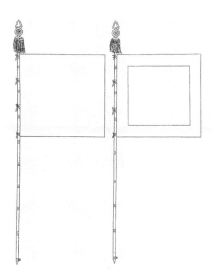

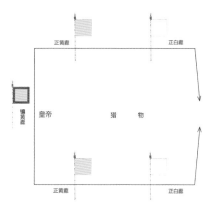

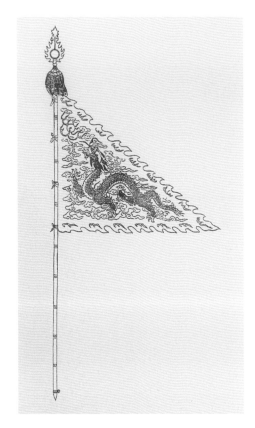

《皇帝行围吉尔丹纛图》

本图选自光绪朝《钦定大清会典图》卷一百四、武备十四、幄纛一之"皇帝行围吉尔丹纛"。吉尔丹为满语，此处为蜈蚣形（锯齿形）边饰之意，即旗缘为锯齿形。据清宫典籍记载，该纛用明黄缎制作，全纛总体呈斜幅，不加彩色缘饰，纛面饰销金云龙、火焰珠纹，周围满饰云纹，在边缘齿内另饰火焰纹。纛杆竹制髹朱漆，杆首为镀金三棱火珠顶，下系朱缨。此为清帝行围中，用于行列中的特殊标志。

《皇帝行围蒙古纛图》

本图选自光绪朝《钦定大清会典图》卷一百四、武备十四、幄纛一之"皇帝行围蒙古纛"。据清宫典籍记载，皇帝出巡狩猎行围时，使用该类旗纛，共设五种，包括正黄、正白、正红纛各一，正蓝纛各二，俱用缎制，皆为正幅不施绘绣。纛杆竹制髹朱漆，杆首饰铁质镀银轮，下系黑缨。

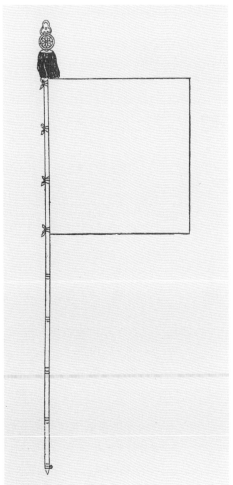

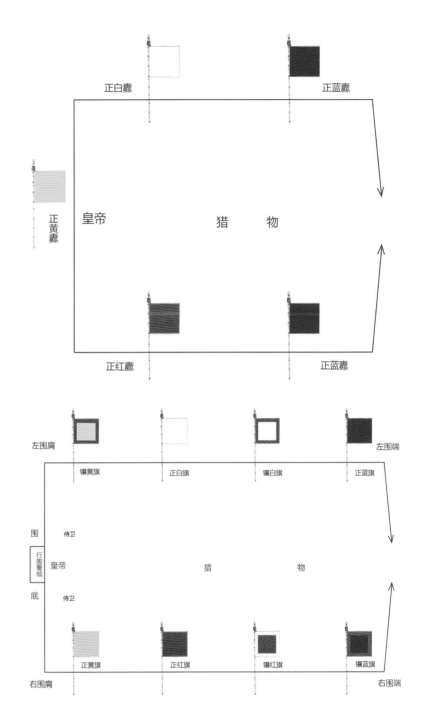

364

《皇帝木兰行围蒙古纛排列图》

此图根据清宫典籍记载绘制，逢皇帝在木兰围场行猎，随扈侍卫、护军布围之时，以正黄纛居中，两个正白和两个正红从左右两翼协从，两个正蓝纛从左右两翼收尾。当两个正蓝纛从左右翼向中间合拢相遇之际，则围成，所有各类野兽均被困于包围圈中。

365

《八旗行围左右翼旗序图》

此图根据清宫典籍与满洲传统狩猎习俗绘制。清朝开国早期，形成八旗左右翼分序排列形式，无论是狩猎、征战乃至驻防、扎营，各旗均依照左右旗序而行，该制度一直延续到清末亦未改变。按照八旗左右翼旗序定制为：左翼有镶黄、正白、镶白、正蓝四旗；右翼有正黄、正红、镶红、镶蓝四旗。清帝统率八旗官兵进行狩猎时，先选择平坦之处建皇帝行围看城，此为围底；之后八旗官兵在管围大臣指挥下，按左右翼属依次排开，由左右迅速向前推进，中间不许掉队，以免围中野兽脱逃；当两翼前锋正蓝、镶蓝旗官兵到达合适位置，即向中间进行合围，两翼合拢则围成，围中野兽几乎插翅难逃。此时，在围底看城的皇帝、皇子则在侍卫保护下，入围狩猎，八旗官兵则在逐步收缩包围圈时开始射杀野兽，往往大获猎物，足见行围定制的优势与功效。

（三）木兰秋狝

366

侍卫、武士各显其能

年代　乾隆二十三年（1758）
作者　［意］郎世宁、（清）方琮
收藏单位　故宫博物院

本图选自清宫廷画家郎世宁、方琮所绘《丛薄围猎图》轴。该图又称《丛薄行诗意图》，详细刻画了清高宗弘历率侍卫、八旗武士于木兰围场行猎的场景。乾隆二十三年（1758），布鲁特派出使臣觐见乾隆皇帝。九月，当使臣到达木兰围场时，正逢弘历率御前侍卫、八旗官兵行围。当时虎枪手击毙大小三虎，索伦侍卫贝多尔徒手生擒一只幼虎，极大显示了清军赫赫功武。弘历为此十分高兴，特作《丛薄行》诗文，并命宫廷画家以绘图形式记录下这一史事，该画作后悬挂于西苑瀛台听鸿楼。

367

木兰围场实景

木兰围场位于今河北省承德市围场满族蒙古特自治县，这里曾是清朝皇帝率王公贝勒、大臣和侍卫、八旗官兵举行射猎的场所。木兰为满语"哨鹿"之意，即以哨声诱鹿进行狩猎。康熙二十年（1681），清圣祖玄烨第二次北巡，以喀喇沁、敖汉、翁牛特诸旗敬献牧场名义，划定规模巨大的围猎场，此后即多次率宫廷侍卫、八旗官兵和蒙古随围官兵至此狩猎；而后又修建起避暑山庄，作为皇帝北狩的行宫。乾隆朝，清高宗弘历奉行祖制，几乎每年秋季均到此行围，形成"木兰秋狝"定制。至乾隆四十六年（1781），清朝宫廷已新建、扩建围场七十二围，使无数侍卫、八旗官兵通过围猎得到骑射训练。至嘉庆二十五年（1820），清帝已在围场举行秋狝一百零五次之多。道光皇帝继位后，秋狝之制废止。

随围守护

年代　清乾隆
作者　［意］郎世宁
收藏单位　故宫博物院

　　本图选自清宫廷画家郎世宁所绘《射猎聚餐图》轴。清朝宫廷自康熙时期确立"木兰秋狝"之制，后代皇帝多有奉行。当皇帝于野外行猎之际，保护其安全即成为宫廷禁卫部队的头等要务。从此图来看，清高宗弘历在行围休息时，安坐在临时搭建的帐篷前，宫廷侍卫依然保持着高度警觉状态，十余名御前侍卫分守于皇帝左右，护卫着天子的绝对安全。

（四）伴帝逐猎

369

御前逐鹿

年代　乾隆三十七年（1772）
作者　佚名
收藏单位　故宫博物院

　　本图选自清宫佚名画家所绘乾隆帝《猎鹿图》横幅。清高宗弘历自十一岁便开始跟随祖父玄烨前往热河（承德）、南苑等处狩猎，练就了高超的骑射本领。在其成长过程中，不仅得到宫廷侍卫的教习，更得到他们的用心保护。此图描绘了弘历率御前侍卫在山中射猎的场景，侍卫们有的纵马逐兽，有的架鹰而望，更多人则守护于皇帝身边，以确保帝尊无恙。

370

助帝行围

年代　乾隆五十三年（1788）
作者　佚名
收藏单位　故宫博物院

　　本图选自清宫佚名画家所绘乾隆帝《一箭双鹿图》轴。该图又名《一发双鹿图》，描绘了清高宗弘历七十九岁高龄时，在御前侍卫陪伴下，纵马逐射、一箭射中雌雄双鹿的事迹。

371

伴帝射猎

年代　乾隆二十年（1755）
作者　［意］郎世宁等
收藏单位　故宫博物院

　　本图选自清宫廷画家郎世宁等所绘乾隆帝《射猎图》轴。全图以细致笔法，描绘了清高宗弘历在宫廷侍卫陪伴下，于南苑行围一天射获八只野兔的情形。诸侍卫或兽前围堵，或马后相随，或捡拾猎物，竭力配合皇帝行围，使射猎大获收益。从画幅上部乾隆御制诗文及图左下角"臣郎世宁恭绘"等题款看，本幅绘画具有较大的纪实性。

（五）尚虞备用处与上驷院司职

372

尚虞备用处侍卫参与围猎

年代　乾隆六年（1741）

作者　[意] 郎世宁等

收藏单位　台北"故宫博物院"

本图选自清宫廷画家郎世宁等所绘《哨鹿图》。该图描绘了宫廷侍卫跟随清高宗弘历在木兰围场行进的场景。图中有五名侍卫正策马紧随帝骑，他们有的驮运辎重或猎物，有的架鹰牵犬，有的肩扛鹿笛，一派紧张忙碌的气氛。

在清宫内务府曾设有一个特殊机构——尚虞备用处，又称为"粘竿处"。该处创立于雍正时期，从表面看，它掌管护卫、随侍皇帝钓鱼娱乐等事宜，但实际上它是由雍正藩邸亲信组成的特务机构，专门办理皇帝亲授的指令。掌管该处的官员称"粘杆侍卫"，一般成员称"粘杆拜唐阿"。

爱犬助猎

年代　清乾隆
作者　[意] 郎世宁
收藏单位　台北"故宫博物院"

　　此幅绘画为清宫廷画家郎世宁所作《十骏犬图》轴之"墨玉螭"。架鹰携犬，出城狩猎，曾是满洲人长期遵行的传统习俗。清入关后，皇帝及满蒙贵族在京师南苑及木兰围场行猎之时，继续采用放鹰、逐犬方式，使宫廷狩猎活动更具少数民族传统色彩。在清宫多件传世绘画作品中，多有皇帝、王公贵族在行围时使用鹰犬的场面。

374

狩猎行围白鹰作伴

年代　乾隆三十年（1765）
作者　[意] 郎世宁
收藏单位　台北"故宫博物院"

　　此幅绘画截取自清宫廷画家郎世宁所作《白鹰图》轴。该鹰又称为海东青，原是蒙古喀尔喀多罗贝勒阿约尔进献给乾隆皇帝的礼物，反映了满蒙贵族普遍喜欢架鹰狩猎的习俗。

　　据史籍记载，清宫内府曾固定设有养鹰处，以专门饲养和训练皇帝御用鹰、犬等物，以备其狩猎之用。在养鹰处，专设有当差执事人，称为"鹰上人"，由其专司养鹰、养犬事宜。

375

宫中上驷院旧址

来源　故宫博物院

　　位于紫禁城东华门内三座门以西，后改建于左翼门外。它是掌管皇帝御用马匹的机构，因近侍天子而地位重要，署内设有多名侍卫之职。据清宫典籍记载，上驷院原名御马监，顺治十八年（1661）置阿敦衙门，康熙十六年（1677）改名上驷院。其内厩设于皇城，外厩设于南苑，专门负责采购、饲养皇帝御用宝马及皇室成员所用马匹。

376

特殊的阿敦侍卫

年代　雍正六年（1728）
作者　［意］郎世宁
收藏单位　台北"故宫博物院"

　　此幅绘画是清宫廷画家郎世宁所作《百骏图》卷的一小部分，描绘了一个称职的阿敦侍卫在骑马涉水的场面。

　　阿敦系满语，原意指马群。阿敦侍卫，亦称"随侍侍卫""牧群侍卫""掌御马侍卫"，归上驷院管辖。凡皇帝出入，则为其提供马匹；牧厂进贡新马，则负责验收及试骑等事宜；凡皇帝至马厩、牧厂阅视马匹，即率司鞍长、副司鞍长随侍御驾。每年冬春两季，例由八名阿敦侍卫试骑各厩御马，不良者淘汰。阿敦侍卫由领侍卫内大臣拣选保送，初设十五人名额，乾隆六年（1741）增设六人，品级为武秩正六品。四十年（1775），复定阿敦侍卫二十一员，由宗室、满洲、东北索伦各七人组成，其中镶黄旗宗室侍卫三人，满洲侍卫、东北索伦侍卫各两人；正黄旗宗室侍卫、东北索伦侍卫各两人，满洲侍卫三人；正白旗宗室侍卫、满洲侍卫各两人，东北索伦侍卫三人，可见该侍卫的重要性。

377

皇家御马厂

年代　雍正六年（1728）
作者　［意］郎世宁
收藏单位　台北"故宫博物院"

　　下面两幅绘画选自清宫廷画家郎世宁所作《百骏图》卷。作品细致描绘了口外或山海关外皇家马厂的风景。马厂里，散布着数位专职牧马人，他们或忙碌或休息，照料着众多御用宝马。根据清宫定制，宫廷内设有固定的"阿敦侍卫"，以专门管理皇家御用马匹，在皇帝选马、试骑等场合，则协助其事。清入关后，为保证皇帝、皇室贵族及八旗官员使用马匹，朝廷在京畿、口外及东北地区曾建有多处固定马场，以专门饲养皇家乘骑。

虎枪威武　呦呦鹿鸣

（一）殪虎猎熊

清帝行围，除使用满洲人擅长的传统弓箭外，还大量使用虎枪、鹿哨等特殊工具。至今，在北京故宫博物院、台北"故宫博物院"和法国巴黎吉美博物馆等文博单位，保留着许多清朝皇帝（主要是清高宗）统领宫中侍卫狩猎行围的绘画，如《丛薄围猎图》《木兰图》《木兰秋狝图》《射猎图》《虎神枪图》《哨鹿图》《刺虎图》《猎熊图》《猎鹿图》《一举双擒图》等，通过这些纪实性绘画作品，我们可以更多了解到宫廷侍卫参与狩猎活动的情形，甚至可以看到当时使用的"鹿哨"等狩猎工具。

可以说，正是由于清宫侍卫的尽职努力，才保证了皇帝个人的人身安全，使每次行围得以顺利开展，满洲传统狩猎习俗得以延续。

由于清帝率八旗官兵举行大规模围猎活动往往要持续几天、十几天甚至一月有余，宫廷侍卫在此期间还要保证皇帝在野外的各项服务，如餐饮膳食、扎营驻跸、车马乘骑等事宜。这些事情看似简单，实则相当麻烦，显示出宫廷侍卫的重要性和必要性。

助帝刺虎

年代　清乾隆
作者　[意] 郎世宁
收藏单位　故宫博物院

此幅画作选自清宫廷画家郎世宁等人所作乾隆帝《刺虎图》轴。画作细致刻画了清高宗弘历在宫廷侍卫协助下，手持虎枪，猎捕老虎的场景。图中，弘历与其他两位虎枪营官兵各持长枪，紧逼一只斑斓猛虎，其危急凶险的情境跃然纸端。

亲军参围

年代　清乾隆十七年（1752）后
作者　［清］徐扬
收藏单位　故宫博物院

　　本图选自清宫廷画家徐扬所绘《虎神枪图》轴。该图描绘了清高宗弘历在宫廷侍卫、护军保护下，于山中行围的场景。由全图可见，弘历在入围射杀猎物后，由众侍卫扈从转到围场高处，在临时搭建的看城远眺。山野间，诸将士皆奋勇当先，列队设围，以便于皇帝再度逐猎。

380

清宫虎枪

年代　清中期
收藏单位　沈阳故宫博物院

　　虎枪是清宫侍卫跟随皇帝出宫狩猎、保护其个人安全最重要的器械之一。因枪杆较长，枪刃锋利，可以有效地保护清帝安全。虎枪枪头由铁质打造而成，枪头下面安制左右带扣，以防枪身过多刺入而无法拔出。枪杆有原木制作和木制髹漆等几种形式。

381

清御用虎枪

年代　清中期
收藏单位　故宫博物院

　　虎枪不仅是清宫侍卫的兵器，也是清帝御用的武器。此件虎枪即为清中期皇帝御用之枪，枪头打造精美，枪杆光滑宜持，应是内务府专为皇帝制作的器械，其外形与前面的《刺虎图》中清高宗弘历所持虎枪完全一致。

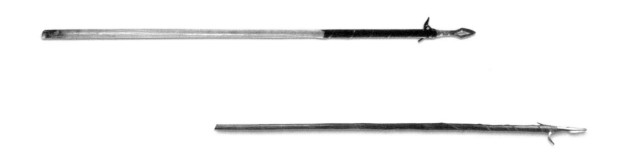

（二）护卫皇帝

382

持枪守护

年代 清康熙

作者 佚名

收藏者 私人收藏

　　本图选自清宫廷画家所绘康熙帝《木兰会亲图》轴。该图描绘了清圣祖玄烨远赴口外蒙古地方，与自己亲生女儿、外孙和蒙古藩王、额驸（女婿）会亲的一个场面。在玄烨与蒙古藩王等人会面同时，有多位宫廷侍卫侍立其身边，以保护皇帝人身安全。这些宫廷侍卫中，即有手持虎枪的御前侍卫，从其虎枪外形看，与清宫传世的虎枪完全一致，反映了官廷制器的精良。

383

随驾护卫

年代 乾隆六年（1741）

作者 ［意］郎世宁

收藏单位 故宫博物院

　　本图选自清宫廷画家郎世宁所绘《哨鹿图》。该图描绘了清高宗弘历统率王公贵族、侍卫、八旗官兵在山中狩猎的场面。图中二人为走在队列最前的御前侍卫，他们一人肩背火枪，另一人腰悬虎枪，正缓缓策马而行，警惕注视着山路周围的情况。

384

虎枪警戒

年代 清乾隆

作者 ［意］郎世宁

收藏单位 故宫博物院

　　本图选自清宫廷画家郎世宁所绘《射猎聚餐图》轴。图中描绘了三位虎枪营侍卫手执长枪、屈膝蹲于空地，警惕周围环境的场景。由三人所处位置和精神状态看，此时的宫廷侍卫应具有良好的训练和战斗素质。

（三）威弧射鹿

385

山中哨鹿

年代　乾隆六年（1741）
作者　［意］郎世宁等
收藏单位　故宫博物院

本图选自清宫廷画家郎世宁等所绘《哨鹿图》。
该图细致描绘了三十岁的清高宗弘历在来保、傅
恒等人陪护下，于木兰围场山中行进的场景。御
驾之后，有大队侍卫、护军部队随扈皇帝哨鹿
狩猎。

386

黑漆描金鹿哨

年代　清乾隆
收藏单位　故宫博物院

　　"木兰秋狝"是清朝宫廷一项别具特色的活动，各代皇帝通过塞外行围，既锻炼了八旗军旅，又活跃了皇室成员生活，直到清晚期道光朝，才因内外交困而废止。所谓"木兰"，为满语"哨鹿"之意，使用特殊器械模仿鹿鸣之声，进而诱引鹿群，实施大规模围猎。这件黑漆描金鹿哨，即是清宫侍卫使用过的诱鹿之器，该哨总体呈长角状，以红黑漆木制成，表面满饰祥云图案，施描金工艺，底端为铜鎏金吹口。

387

一组鹿哨

年代　清中期
收藏单位　故宫博物院

　　此组鹿哨均为清宫侍卫所用之物，自上而下分别为"楠木雕彩漆鹿哨""紫檀木圆雕鹿哨"和"木雕龙金漆鹿哨"，现收藏于故宫博物院。这些鹿哨是清中期宫廷狩猎用具，每年在皇帝木兰行围之时，由侍卫持用，以其仿效鹿鸣而诱引鹿群，再由皇帝和王公贝勒、侍卫、八旗官兵对其进行猎捕。鹿哨大多以漆木工艺制成，外观精美，造型流畅，成为今天我们了解清宫狩猎文化的物证。

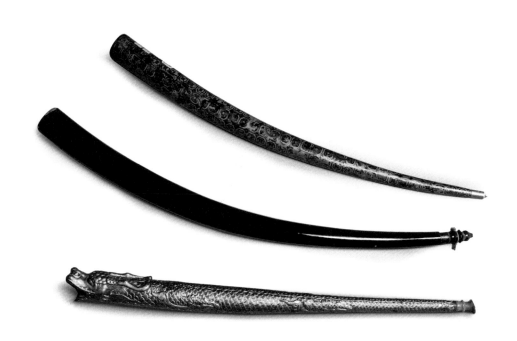

（四）野外餐饮

万树园筹备筵席

年代　清乾隆

作者　［意］郎世宁等

收藏单位　故宫博物院

本图选自清宫廷画家郎世宁等人所绘《万树园赐宴图》横幅。在清宫举行的各次筵宴，特别是野外宴会上，多由内务府侍卫、护军等参与筹备。宴会开始后，宫中侍卫除负责安全事宜外，内务府侍卫、护军还要承担传膳、斟酒、上茶等事宜，成为宫廷筵宴的主要服务者。从该图可见，在避暑山庄万树园大筵过程中，负责膳食的侍卫、护军正在黄幔城外侧忙碌，各类肉食、面食、果蔬、饮品等已准备就绪，只待开宴号令。

389

射猎聚餐

年代　清乾隆

作者　[意] 郎世宁

收藏单位　故宫博物院

　　本图选自清宫廷画家郎世宁所绘《射猎聚餐图》轴。满族发源于东北地区的白山黑水，是以行围狩猎见长的民族，在其饮食文化中，野外聚餐一直是常见的形式。由此幅绘画局部图可见，清高宗弘历正准备与御前侍卫野外用餐，侍卫们分成几组，有的在烧烤兽肉，有的在打开食盒，有的手捧多穆壶或宴盒、盖碗准备将食物送至御前，有的在分解鹿肉、烹煮热汤，还有的侍卫肩扛新猎之鹿而来，满洲传统饮食风俗可见一斑。

390

野餐事炊

年代　乾隆二十五年（1760）

作者　［意］郎世宁等

收藏单位　故宫博物院

　　本图选自清宫廷画家郎世宁等所绘《塞宴四事图》横幅。清帝在木兰秋狝期间，经常于野外举行各种宴会活动，内务府侍卫、护军除要负责皇帝膳食外，还要置办其他参宴者饮食、酒茶等，其他随扈官兵也会加入宴会筹备。从本图描绘的场景看，清高宗弘历正率领王公贝勒、大臣和外藩蒙古来宾观看摔跤比赛，而此时在八旗护军营帐侧后，相关人员正杀羊、做菜、摆酒，以便开启随后的满蒙大宴；还有一些担负要职的宫廷侍卫，已蹲坐在帐外小桌旁边匆忙就餐。

野炊用火镰

年代　清中晚期
收藏单位　沈阳故宫博物院

此对火镰原名清缎地平金银双喜字火镰，为
清宫旧藏之物，曾用于野外取火燃柴，制作饮品
食物。主体为铜鎏金框架，錾刻卷草纹；外部分
别以红缎、黑缎为面，采用平金银针法制双喜字、
双蝠、如意云头装饰；上部安有铜环，以便佩挂，
下部为铁制弧状平板，使用时用燧石击打出火星，
可引燃柴草等物；镰包内空，可放置少量燧石，
便捷实用。

解食刀

年代　清中晚期
收藏单位　沈阳故宫博物院

该解食刀原名"清玉柄木嵌染牙鞘解食刀"，
为清宫旧藏之物。满洲人传统食物多以兽肉和牛
羊肉为主，因此每人腰间佩带解食刀，用餐时方
便切割。刀鞘之中，通常还插带一双象牙筷子和
一根牙签，构成一套完整的餐具。此件解食刀选
材高档，制作精良，使一件生活用具演化成了上
乘的艺术欣赏品。

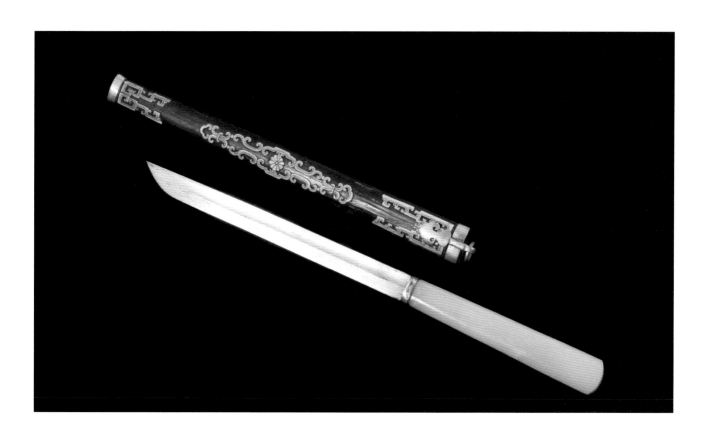

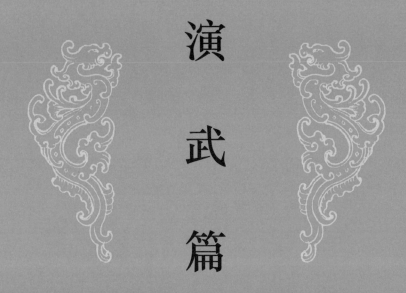

演武篇

　　清宫侍卫作为皇帝的亲信侍从，是宫廷内外离皇帝最近的人，也是皇帝较为信任的特殊臣下。因此，他们在当差值班之余，也经常被皇帝指派，赶赴各地办理特殊军政要务，有的是统兵作战，战于沙场；有的则按皇帝个人意愿，去承办指令的专项差事。

　　从历史资料看，自清初开始，宫廷侍卫便时常奉旨担任一些统帅职务，率领八旗劲旅开赴前线。如康熙朝收复黑龙江流域雅克萨诸城，内廷侍卫曾奉康熙御旨亲往前线督战，而侍卫出身的郎坦则以副都统身份领军出征，他与彭春、萨布素等率兵与俄军苦战，最终取得大捷；康熙朝著名武将施琅，曾以内大臣身份在宫中执事十余年，与皇帝关系密切，平定三藩之后，圣祖复授其福建水师提督之职，命其前往厦门备战，而后他即率军渡海作战，完成收复台湾的重任；乾隆朝勇将海兰察曾为高宗身边的亲随侍卫，他奉旨多次领兵远征，先后参与平定新疆、金川、台湾以及出兵缅甸、廓尔喀等战役，功绩赫赫，成为以侍卫出身而建功立业的典型人物。

　　在清朝历史上，曾发生平定准噶尔部叛乱，而后收复西北边疆的长期战役。在这场关乎国家稳定和领土完整的事变中，宫廷侍卫曾担负起重要职责，发挥重要作用。

　　清朝康熙年间，居住在新疆伊犁河流域的漠西厄鲁特蒙古准噶尔部势力强大起来。因受到上层贵族和沙俄势力支持，曾数次挑起事端，发动叛乱；其势力最为强盛时，甚至入侵到漠南蒙古纵深之地，距离京师仅数百里之遥。为捍卫国家主权，维护蒙古稳定，圣祖曾三次亲征西北，指挥大军平叛，最终平定噶尔丹之乱。雍正、乾隆时期，西北再度燃起战事，世宗、高宗先后多次发兵，逐渐平定策妄阿拉布坦（噶尔丹之侄）父子与回部的叛乱，使西北边疆得以稳定，维护了中央政府对西北边疆的统辖权。

为平叛、收复以及随后长期镇守西北边疆，有大批宫廷侍卫奉命赶往阵前。根据当地的具体情况，朝廷实行特殊的八旗驻防制，即向各地城镇派驻将军、参赞大臣、领队大臣、协办大臣、办事大臣等武职官员，而这些人多由宫廷侍卫提升担任，有的是直接以侍卫之职派往当地，最后形成清宫侍卫轮流派往西北驻防的定制。此外，至清中晚期，遇有朝廷大员犯罪获刑，往往会被皇帝恩赐降级封为侍卫，再派往西北戍边，使其戴罪立功后可再返仕途。可以说，清朝以宫廷侍卫戍守边疆的政策，既维护了国家主权，也锻炼和培养了大批朝廷栋梁，对政权巩固与发展起到较大作用。

清中期，在清高宗弘历主持下，特别制作了几批紫光阁功臣像，以表彰那些为守卫国土、平定叛乱而做出贡献的英勇武士，它们分别是《平定西域前五十功臣像》《平定西域后五十功臣像》《平定金川前五十功臣像》《平定金川后五十功臣像》和《平定台湾前二十功臣像》《平定台湾后三十功臣像》等。在这些功臣中，有许多人是领侍卫内大臣、内大臣、散秩大臣和一、二、三等侍卫、蓝翎侍卫以及前锋营、护军营官员，还有许多参战官员，虽然不再冠以侍卫职名，但原来曾经做过侍卫。因此,从这一点来看,宫廷侍卫实际在清王朝的守边卫国、延续发展中担当起了重要责任。

另外,因清宫侍卫与皇帝有着十分密切的关系,对于一些特别重要的事情,皇帝常面授机宜,派御前侍卫秘密出宫,赶往各地方独力解决问题:如圣祖玄烨裁撤"三藩"之前,曾秘密委派亲信侍卫前往云南,以侦察平西王吴三桂对朝廷的态度。为体现对朝廷要臣的关怀,皇帝经常派亲信侍卫前往各处吊死问疾,如康熙十二年(1673),圣祖派侍卫阿尔赛同太医院官孙之鼎前往盛京,探视盛京将军阿穆尔图之疾;为了治理长期为患的黄河,圣祖派侍卫循河而上,前往陕甘、青海、西藏等地探察河源,最终获得黄河之源的珍贵水文资料;长白山是满洲的发源圣山,但清朝自建立一直未能探明山址位置,圣祖为此派出御前侍卫赴东北,在当地官兵多方协助下,他们于原始森林中找到长白山天池,完成了皇帝交办的重任。

一

领命出征

（一）奉旨作战

393

清初名将"达尔汉辖"

来源 故宫博物院

本图选自清初编纂的《太祖实录战图》一书中插图"三将克扎库塔"，反映了清开国时期，以亲信侍卫起家的扈尔汉率部出征扎库塔的史事。"辖"是从蒙古语借用的满语，为"侍卫"之意。扈尔汉为清初开国名将，姓佟佳氏，隶满洲正白旗，世居建州雅尔古寨，年幼时随父率部归顺努尔哈齐，被其收为养子，养于宫内，成为汗王的亲随侍卫。其后因奉命多次出战，在灭乌喇及其他战役中表现英勇，被列为开国五大臣之一，赐号"达尔汉辖"。后在萨尔浒之战、攻沈阳等城战役中，军功尤重，被加官至三等总兵官。从扈尔汉一生经历可见，清早期至中期，许多武功高强的侍卫均是赫赫有名的战将。

394

收复雅克萨城

雅克萨城为我国黑龙江流域达斡尔族敖拉氏原居地，位于今黑龙江省呼玛县西北漠河东黑龙江北岸。清顺治七年（1650），以哈巴罗夫为首的沙俄侵略者强占雅克萨，修筑城堡，并以此为据点，不断向黑龙江内地侵入；世居雅克萨一带的达斡尔族被驱赶到嫩江流域，清朝黑龙江流域受到严重威胁。康熙二十四年至二十六年（1685—1687），为收复领土、巩固北疆，清圣祖玄烨派大臣郎坦等率八旗大军两次北上开战，最后击败俄军，迫使其退出该城，并于两年后与清廷签订了《中俄尼布楚条约》，明确划分了中俄边界。

指挥本次战役的清军大将郎坦（？—1695），姓瓜尔佳氏，隶满洲正白旗，为内大臣吴拜之子。他年少入宫，十四岁即任三等侍卫。他因出身侍卫，与皇帝关系亲密，并屡立战功，曾先后出任护军参领、副都统、都统等职。

施琅收复台湾

施琅（1621—1696），号琢公，清初著名将领。他最初为明将郑芝龙属下，降清后先后被任命为福建同安副将、总兵等职，在配合清军与郑成功作战中立有战功。郑成功父子退据台湾后，始终不与清朝合作。康熙元年（1662），施琅任福建水师提督，多次击退郑军袭扰，并攻下金门等岛屿，加右都督、靖海将军衔。后因入京协助皇帝策划攻台事宜，授予内大臣，隶镶黄旗汉军。二十二年（1683），清军平定三藩之乱，玄烨命其相机收复台湾，加太子太保衔。施琅回到福建后，夜以继日整修战船，训练军队，准备一举攻台。是年六月，他统率清军战船经过九小时激战，消灭澎湖郑军舰队，并通过对话形式招抚郑克塽。八月，清廷收复全台。施琅以降将被授予内大臣，成为名义上的侍卫高官，亦可见清廷对侍卫名号的特殊重视。

侍卫勇将海兰察雕像

雕像位于内蒙古海拉尔鄂温克博物馆。

海兰察（1740—1793），额格都·多拉尔氏，为清中期著名人物，由侍卫晋身贵胄，成为一代勇将。世居黑龙江，为呼伦贝尔索伦左翼镶黄旗鄂温克人。乾隆二十年（1755）以马甲随军入新疆，参与平定准噶尔阿睦尔撒纳叛乱，因生擒叛首，赐号额尔克巴图鲁，擢升头等侍卫。三十二年（1767），以清军先锋入缅甸作战；翌年，再度随师出征，屡建战功，授副都统等职。三十六年（1771）后，参与大小金川平定战役，任参赞大臣，后授内大臣，命在御前侍卫上行走。四十一年（1776）金川平定后，封一等超勇公爵，授领侍卫内大臣。四十六年（1781），甘肃、青海少数民族起义，海兰察随军前往镇压。乾隆末年，台湾爆发林爽文起义，清廷派福康安、海兰察等入台，五十三年（1788）平定台湾。五十五年（1790），廓尔喀（今尼泊尔）侵扰西藏，进兵日喀则等地。翌年，海兰察随福康安入藏，败廓尔喀兵，迫使其请和。乾隆五十八年（1793），海兰察病逝于京师，高宗传旨命入昭忠祠。因一生战功赫赫，他的画像曾四次荣列紫光阁。

397

亲信侍卫带兵作战

年代　嘉庆三年（1798）

作者　（清）冯宁

收藏单位　故宫博物院

本图选自清宫廷画家冯宁所绘《平苗图》册之《福康安与和琳攻克茶它柳夯图》。《平苗图》又称《湖南战役图》《平定苗疆战图》，绘于乾隆六十年至嘉庆三年（1795—1798），由冯宁奉旨绘制十六幅战迹图册，记录乾隆晚期清军平定湖南、贵州苗民起义的几次重大战役。每幅绘图上，有清高宗弘历题写的御制诗文。此幅绘图描绘了以侍卫起家的福康安、和琳率领八旗官兵，在山中攻打苗人村寨的实战场景。从参战官兵装束看，率兵冲锋的武士中有多名宫廷侍卫。

398

随军远征

年代　乾隆五十四年（1789）

作者　（清）杨大章等

收藏单位　故宫博物院

此图选自清宫廷画家杨大章等所绘《平定安南战图》册之《寿昌江之战》。该图册反映了清军平定安南战事的场景，各开所绘内容分别为：嘉观诃沪之战、三异柱右之战、寿昌江之战、市球江之战、富良江之战、阮惠遣侄阮光显入觐赐宴。此套册页各开图上，均有清高宗弘历御书诗文。本图所绘为清军入安南第一场重要战役即寿昌江之战。此役清军英勇奋战，突破敌阵，生擒阮军百余人。图右侧江岸边为后备清军马队，领队者为头戴花翎的侍卫，说明清宫侍卫直接参与了远征安南战役。

屡立战功的乾清门侍卫额森特

年代　清乾隆
作者　佚名
收藏者　私人收藏
　　（2012 年由香港拍卖公司从德国征集）

　　本图为清宫廷画家所绘《参赞大臣一等娴勇男护军统领额森特像》。于多层高丽纸上采用油彩绘制，画幅右上角用汉文书写："乾清门侍卫、参赞大臣、护军统领、副都统、一等娴勇男额森特。"图左上角书写相同内容的满文。因平定金川之功，额森特受到清高宗弘历嘉奖，在《平定金川前五十功臣像》中列第九位。

　　额森特（？—1782），台褚勒氏，隶满洲正白旗。乾隆年间，以前锋马甲从征伊犁，奉命谕哈萨克首领归附，并护送至京，擢蓝翎侍卫，迁二等侍卫；乾隆三十四年（1769），随经略大学士傅恒征缅甸，再立战功；两年后，随定边右副将军温福征金川，因作战奋勇，赐号"丹巴巴图鲁"，擢头等侍卫，先后授镶黄旗蒙古副都统、领队大臣、正红旗护军统领、散秩大臣、参赞大臣等职；金川平定，清高宗特予嘉奖，封世袭一等娴勇男爵，赐御用鞍马、缎二十端、白金千两，并命绘其肖像，亲撰颂文嘉许；四十六年（1781），随大学士阿桂赴青海平乱，力战被伤，晋三等子爵。从额森特一生功绩看，他既是宫廷侍卫出身，又以战功得任侍卫高官，成为清宫侍卫的代表人物。

御前侍卫普尔普

年代　清乾隆
作者　佚名
收藏者　私人收藏
　　（2012 年由香港拍卖公司从德国征集）

　　本图为清宫廷画家所绘《领队大臣副都统三等奋勇男普尔普》。画面以油彩绘制，右上角用汉文书写："御前侍卫、领队大臣、副都统、三等奋勇男普尔普。"图左上角书写相同内容的满文。因平定金川战功，普尔普被列入《平定金川前五十功臣像》第十四位。

　　普尔普（？—1790），额尔特肯氏，额鲁特人，隶蒙古正黄旗。乾隆年间，以闲散迁三等侍卫，因从征缅甸，擢御前侍卫，授公中佐领；乾隆三十七年（1772），率额鲁特兵从定边右将军温福征金川，因战功命为领队侍卫，加副都统衔，授散秩大臣，赐号什勒玛咳巴图鲁；金川平定，封世袭三等奋勇男爵，清高宗命绘其肖像，列平金川前五十功臣，赐御用鞍马，授正红旗护军统领、正白旗满洲副都统，赐双眼花翎；五十一年（1786），授领队大臣，随将军福康安赴台湾平定林爽文起义，因战功再次悬像紫光阁，晋封二等男，以三等男世袭。从普尔普一生功绩看，他既是侍卫出身，又的确能征善战，进而荣升侍卫高官。

401

两战金川

年代 乾隆四十二年（1777）
作者 （清）徐扬
收藏单位 故宫博物院

本图选自清宫廷画家徐扬所绘《平定两金川战图》册其中一开，详细描绘了清军征战金川，与当地武装进行战斗的场面。全册具体描绘了乾隆三十八年至四十一年（1773—1776），第二次平定金川战役后期，清军在定西将军阿桂等率领下，与大小金川土司接连交战，最终在京师举行受降庆典的多个场面。根据清朝史籍记载，当时有众多宫廷侍卫奉命前往战前，参与平定金川之役，为朝廷平叛发挥了重要作用。

金川位于四川省金沙江流域，为藏族聚居地。清早期，朝廷在此实施土司制，由四川总督及下设官员进行分管，以地方土司各掌其地，致使土司为争夺人口、土地、财产而经常发生战争冲突，清高宗弘历不得不两次下令出兵，以征讨挑起战乱的大金川、小金川。战后，弘历命绘立功将士肖像，悬挂于西苑紫光阁内，后仿照平定准部、回部得胜之例，绘制一套平定金川战图，以此记录清军武功。

紫光阁功臣名录平定金川宫廷侍卫表

平定金川前五十功臣之侍卫官员

名字	排位	职官及称号
额森特	第9	参赞大臣、一等娴勇男、护军统领、副都统
舒常	第10	参赞大臣、护军统领
福康安	第13	领队大臣、内大臣、都统、户部侍郎、三等嘉勇男
普尔普	第14	领队大臣、副都统、三等奋勇男
额尔特	第43	头等侍卫、扎卓穆巴巴图鲁
托尔托保	第44	头等侍卫、扬达克巴图鲁
泰斐英阿	第45	二等侍卫、拉布凯巴图鲁
柏凌	第46	二等侍卫、崇茜巴图鲁
达兰泰	第47	原二等侍卫、额依巴尔巴图鲁
萨尔吉岱	第48	原二等侍卫、善巴图鲁

平定金川后五十功臣之侍卫官员

名字	排位	职官及称号
明仁	第11	原头等侍卫、加赠副都统
彰霭	第23	乾清门头等侍卫、托克莫特巴图鲁
那木扎	第24	乾清门头等侍卫、托克巴图鲁
进财保	第25	头等侍卫、扎拉克巴图鲁
伊立布	第26	头等侍卫、诺阿尔巴图鲁
岱森保	第27	头等侍卫、布隆巴图鲁
穆哈纳	第28	原二等侍卫、巴尔丹巴图鲁
纳逊	第29	乾清门侍卫、二等乌尔图
富宁	第30	乾清门二等侍卫、奇彻伯巴图鲁
明山	第31	二等侍卫、定凯巴图鲁
伊史	第32	二等侍卫
巴达玛	第33	二等侍卫、德捷特巴图鲁
库尔德	第34	原二等侍卫、朗勤巴图鲁
阿兰保	第35	乾清门二等侍卫、噶布什克巴图鲁
阿满泰	第36	三等侍卫、札努恩巴图鲁
新达苏	第37	护军参领、僧格巴图鲁
富尔赛	第38	护军参领、僧笃尔颇特巴图鲁
额尔伯克	第39	护军参领、甲图布巴图鲁
爱星阿	第40	副护军参领
穆塔尔	第49	小金川赏给头等侍卫

403

平定台湾

年代　乾隆五十三年（1788）

作者　（清）杨大章、（清）贾全等

收藏单位　故宫博物院

此图选自清宫廷画家杨大章、贾全、谢遂、姚文瀚等人所绘《平定台湾战图》册之《大埔林之战》。图中不仅描绘了以侍卫起家的带兵将军福康安，另有许多头戴花翎的侍卫形象，反映出宫廷侍卫在战场上的特殊作用。

乾隆五十三年（1788），为纪念清廷平定台湾，清高宗命宫廷画家创作此图册，描绘了乾隆五十二年（1787）十月清军在福康安带领下攻台，至次年皇帝在避暑山庄款待得胜将士的场景，共计大小十余战，形象记录了镇压林爽文起义的经过。

福康安（1754—1796），字瑶林，号敬斋，姓富察氏，隶满洲镶黄旗，为清朝重臣傅恒之子。年少时，因其为孝贤皇后之侄，弘历即将他接入宫中教养。十四岁授三等侍卫，命在乾清门行走；两年后擢二等侍卫，命在御前行走；翌年，又擢一等侍卫，成为宫廷侍卫的佼佼者；次年（1771）十七岁，正式授户部右侍郎、镶蓝旗蒙古副都统。此后，他因平定金川、甘肃、台湾之叛，以及驱逐廓尔喀、收复西藏、平定苗疆等战绩，被授予领侍卫内大臣、武英殿大学士、贝子、忠锐嘉郡王等爵职，成为清史上以侍卫出身起家的代表性人物。

紫光阁功臣名录平定台湾宫廷侍卫表

平定台湾前二十功臣之侍卫官员

名字	排位	官职及称号
海兰察	第 5	领侍卫内大臣、二等超勇公
舒亮	第 12	护军统领、穆腾额巴图鲁、云骑尉
普尔普	第 13	护军统领、沙尔玛海巴图鲁、三等奋勇男、云骑尉
穆塔尔	第 20	散秩大臣、赞巴巴图鲁、四川土参将

平定台湾后三十功臣之侍卫官员

名字	排位	官职及称号
博宾	第 6	副都统衔、头等侍卫、呼嵩额巴图鲁
额尔登保	第 8	头等侍卫、和隆武巴图鲁
春宁	第 9	头等侍卫、费扬阿巴图鲁
阿穆尔塔	第 10	头等侍卫、佐领、能登额巴图鲁
赛崇阿	第 11	健锐营前锋参领、斐灵阿巴图鲁
硕允保	第 12	护军参领、锡林巴图鲁
万廷	第 13	护军参领、喀尔春巴图鲁
锡津泰	第 15	副前锋参领、发拉萨台巴图鲁
彦津保	第 16	副前锋参领、哲布铿额巴图鲁
三音库	第 18	三等侍卫、达春巴图鲁
屯保	第 19	三等侍卫、什勒敏巴图鲁
哲克	第 20	三等侍卫、奇成额巴图鲁
萨宁阿	第 21	三等侍卫、额尔克巴图鲁
克升额	第 22	三等侍卫、额腾伊巴图鲁
萨克丹布	第 23	三等侍卫、伯奇图巴图鲁
博绰诺克	第 24	三等侍卫、能登巴图鲁
特勒登额	第 25	三等侍卫、珠勒星额巴图鲁
巴彦泰	第 26	三等侍卫、扬桑阿巴图鲁
定锡肃	第 27	三等侍卫、瑚东阿巴图鲁
阿哈保	第 28	三等侍卫、锡特洪阿巴图鲁
丹拜锡拉布	第 29	屯练二等侍卫、多布藏巴图鲁

405

赏赐平台功臣

年代　乾隆五十三年（1788）

作者　（清）杨大章、（清）贾全等

收藏单位　故宫博物院

该图选自清宫廷画家杨大章、贾全、谢遂、姚文瀚等人所绘铜版画《平定台湾战图》册之"清音阁凯宴将士"。清廷平定西域、金川后，曾在京师西苑紫光阁设宴犒赏凯旋将士。乾隆五十三年（1788），清军平定台湾后，清高宗弘历恰在承德驻跸，乃于避暑山庄清音阁举办庆功宴，一面安排酒宴，一面在清音阁表演吉祥大戏，以此款待征台有功的福康安、海兰察等将领。筵宴结束后，他传旨杨大章、贾全等人绘制平台彩图，而后又制作了一套相同内容的铜版画，以不同形式将这次历史事件完整记录了下来。

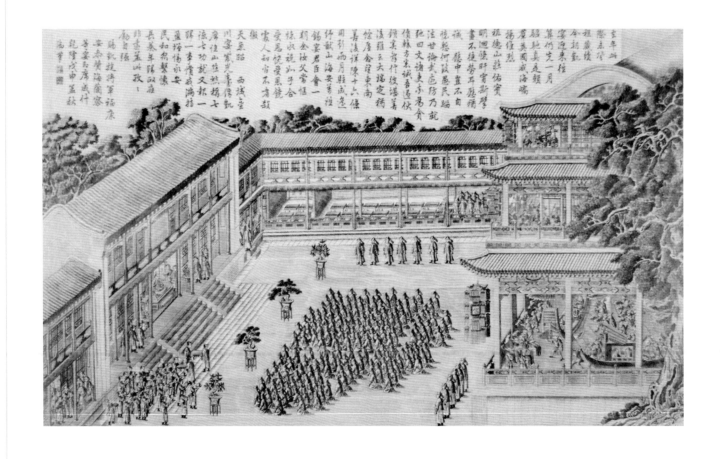

（二）传达谕令

406

后金蒙古文信牌

年代　后金天聪年间
收藏单位　沈阳故宫博物院

　　此为清初宫廷侍卫、大臣奉命出使蒙古地方使用的印信凭牌。全牌以木材雕刻，主体涂朱漆，顶部制宝珠形，穿圆孔，其下为绿色云头形；牌正面阴刻一行蒙古文字："天聪汗之诏"；牌背面刻制平面圆池，池内粘贴高丽纸，纸面钤无圈点老满文篆书印"天命金国汗之宝"，另于纸上墨笔书写六行蒙古文字："汗诏曰：为方便行政官员，凡入甲喇，可乘该甲喇之役马，该甲喇可供其肉食和住宿。惟白天在甲喇中不可食肉；出甲喇，则不许乘该甲喇之役马，也不许食该甲喇之肉，违者论罪。不持信牌者，可不供马匹及肉食。如强索供给，即逮捕送来。为国家办事持信牌的官吏，无论行至何处，该地均应供给役马及肉食。天聪汗再次行文，春正月。"清初国家草创，制度及器物远未规范。这类由侍卫、大臣使用的木牌成为考证当时历史的实物资料。

407

后金满蒙汉文皇帝之宝印牌

年代　后金天聪年间
收藏单位　沈阳故宫博物院

　　此为清初宫廷侍卫、大臣传达汗王（皇帝）旨意，归降者证明身份的印信凭牌。全牌以木材雕刻，主体涂朱漆，顶部制宝珠形，穿圆孔，其下为绿色云头形；牌正面中央刻方形凹池，池内雕刻描金阳文满、蒙、汉三体文字："皇帝之宝"；牌背面刻制平面方池，池内粘贴高丽纸，纸面钤无圈点老满文篆书印"金国汗之宝"。清初战争频仍，时局动荡，宫廷侍卫、大臣可凭此印牌直接传达汗王（皇帝）御旨；归降的汉人、蒙古人亦可凭此牌证明身份，得到八旗官兵保护。此类印牌做工粗糙，存世实物较多，现沈阳故宫博物院仍保存有五百三十余面，可见当时使用相当广泛。

408

清满蒙汉文宽温仁圣皇帝龙纹信牌

年代　清崇德年间
收藏单位　沈阳故宫博物院

　　此为清初宫廷侍卫、大臣传达皇帝诏书的凭牌。全牌以木材雕刻，顶部制宝珠形，穿圆孔，其下为云头形，云头内为蓝色浅池，阳刻描金赶珠龙纹；宝珠圆孔穿系长绳，与皮质信牌套相连，皮套表面彩绘云龙赶珠、海水江崖图案；牌正面阴刻满、蒙、汉三体文字："宽温仁圣皇帝信牌"，字内填金，满文为加圈点新满文；牌背面刻圆形凹池，池内未粘贴任何印模或文书，应是当时每次贴用不同的皇帝谕旨，传达之后即予取下。沈阳故宫博物院保存此类信牌也多达一百余面，牌面明确雕刻"宽温仁圣皇帝"字样，应为清改国号之后宫廷制作并使用的器物。

二

洒血守疆

（一）平定新疆　守卫西藏

409

进剿达瓦齐

年代　乾隆二十年（1755）
作者　（清）钱维城
收藏单位　故宫博物院

　　本图选自清宫廷画家钱维城所绘《平定准噶尔图》卷。全图细致描绘了清军扎营伊犁河畔，在河边接受准噶尔部众献礼、归降的场面。乾隆二十年（1755），清高宗弘历利用准噶尔部首领策妄阿拉布坦父子死后，该部上层争权动乱时机，派定北将军班第等率军兵分两路，果断出击伊犁，平定以达瓦齐为首的准噶尔割据势力。在清军平定新疆的各次战役中，许多带兵征战的将领为宫廷侍卫出身，有的即以内大臣、侍卫身份带兵出征，为收复西北领土做出了重要贡献。从局部图中可见，有多位将领身着黄马褂、帽插花翎，为典型的宫廷侍卫服饰。

阿玉锡持矛荡寇

年代 清乾隆
作者 〔意〕郎世宁
收藏单位 台北"故宫博物院"

本图选自清宫廷画家郎世宁所绘《阿玉锡持矛荡寇图》卷。作品细致刻画了清宫侍卫阿玉锡手执长枪，杀入叛军大营的场面。全图仅刻画阿玉锡一人一马飞驰向前，省略了周围山石和敌营乱阵，更加突出其英气勃发的孔武形象。乾隆二十年（1755），清军出征伊犁，与准噶尔部总台吉达瓦齐展开决战。当时叛军盘踞在伊犁格登山，与叛军相遇当夜，前锋营翼长阿玉锡仅率二十四名勇士策马突入敌营，在夜色掩护下直捣大帐，他拍马横矛、枪矢并发，声震山谷，大败叛军，极大激励了清军将士的斗志，奠定了击溃叛军的基础，也因此受到清高宗弘历的特殊嘉奖。

再征阿睦尔撒纳

年代 乾隆二十年（1755）
作者 〔清〕钱维城
收藏单位 故宫博物院

本图选自清宫廷画家钱维城所绘《平定准噶尔图》卷。图中描绘了清军主帅接受准噶尔部首领、族人投诚的场面。由图中所绘受降主帅身着黄马褂、头戴花翎来看，他或是皇室成员，或是领兵出征的清宫侍卫官员。

乾隆二十年（1755）八月，原已归顺清廷的阿睦尔撒纳举兵反叛，第二次平准战役开始。阿睦尔撒纳，厄鲁特蒙古辉特部台吉，准噶尔汗策妄阿拉布坦外孙，于十九年（1754）秋归附清廷，受封亲王，但在清军平定达瓦齐后，他广结党羽，挑动各部再叛；二十一年（1756）三月，他在俄国势力支持下，于塔尔巴哈台自立为汗；翌年七月，清军击溃叛军，完全清除了准噶尔部的反叛势力。此幅画卷还描绘了清军入疆途中沿途百姓劳军的场面，反映了准噶尔部上层叛乱也受到了新疆各族人民的憎恶。

412

玛瑺斫阵杀敌

年代 乾隆二十四年（1759）

作者 〔意〕郎世宁

收藏单位 台北"故宫博物院"

　　本图选自清宫廷画家郎世宁所绘《玛瑺斫阵图》卷。作品描绘了清宫侍卫玛瑺稳骑白色宝马，左手执弓，右手拔箭，拼死追射敌酋的场景；人物形象刻画生动，真实再现了宫廷侍卫痛击敌酋、收复新疆的风采。

　　玛瑺为清军平定新疆的典型人物之一，乾隆二十四年（1759），他随副将军富德讨伐准噶尔部，临阵英勇，以三箭射毙敌酋；后被叛军所围，他在战马倒毙、负伤十余处后，仍能顽强战斗，以军功升为护军统领，并受到清高宗弘历的表彰。

413

鄂垒扎拉图之战

年代 乾隆三十年（1765）

作者 （清）丁观鹏等

收藏单位 故宫博物院

　　本图选自清宫廷画家丁观鹏等人所绘《平定伊犁回部战图》册之"鄂垒扎拉图之战"。本幅作品用笔细腻，场面宏大，描绘了清军在鄂垒扎拉图偷袭敌营、歼灭叛军一千多人的战斗场景。

　　乾隆二十年（1755）八月，已归降清朝的阿睦尔撒纳举兵反叛，第二次平准战役开始。次年冬，清军定边右副将军兆惠等率五百官兵，自伊犁向巴里坤转战途中与阿睦尔撒纳叛军相遇。在敌众我寡的局面下，兆惠领兵突袭，取得以少胜多的胜利，反映了西征将士不怕牺牲、勇猛拼搏的可贵精神。

414

平定大、小和卓木之叛

年代 乾隆三十年（1765）

作者 （清）丁观鹏等

收藏单位 故宫博物院

　　本图选自清宫廷画家丁观鹏等人所绘《平定伊犁回部战图》册之"拔达山汗纳款"。图中描绘了清军统帅于大帐中接受叛将首级的场景，兆惠将军坐于军帐主位，其余诸将分列两旁，拔达克山汗使臣跪地而见，并献上小和卓木首级。帐前空场上，有清军正在进行马技、射箭、摔跤等竞赛演练活动。

415

午门献俘

年代　乾隆三十年（1765）

作者　（清）丁观鹏等

收藏单位　故宫博物院

　　本图选自清宫廷画家丁观鹏等人所绘《平定伊犁回部战图》册之"平定回部献俘"。该图具体描绘了清宫献俘礼，宫廷侍卫、护军等保护皇帝登上午门，由出征将士献上战利品，向国人宣谕征战之功。乾隆二十五年（1760）正月，定边将军兆惠等押送回部叛乱头目首级和其他首领回到京师，清高宗弘历在众侍卫簇拥下登上紫禁城午门城楼，于正中就坐，由兵部尚书李元亮上奏，兆惠等在午门广场列三队行献俘礼，场面隆重。午门楼上的御前大臣、品级侍卫均按例穿着不同毛皮的端罩；午门之下，其他侍卫、护军各穿棉袍、外褂，按照不同层次进行站班和守门，反映了清朝礼制的完备。

416

《清派驻新疆驻守大臣、侍卫分布图》

　　清朝经过康熙、雍正、乾隆三朝数十载征战，最终平定了新疆，维护了国家统一与完整。在各次平叛战斗中，宫廷侍卫发挥了重要作用。他们或是以侍卫出身担任军前要职，统率八旗劲旅作战；或是受皇帝指派，以侍卫之身前往战场，以超人武功驰骋沙场，建功立业。

　　新疆平定后，清廷为维护全疆稳定，开始在各地分设将军、大臣、领队，以此建立八旗官兵驻防制。这些派驻新疆的将领，许多人即为宫廷侍卫或是侍卫出身，可以更好执行皇帝旨意，贯彻治理方略，充分体现了朝廷对西北疆域的高度重视。

417

守卫西藏之战

年代　乾隆五十八年（1793）

作者　佚名

收藏单位　故宫博物院

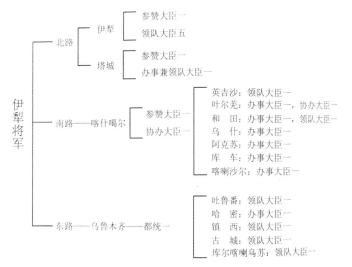

　　本图选自清宫廷画家所绘《平定廓尔喀战图》册之"攻克擦木打图"。廓尔喀，今尼泊尔，与中国西藏相邻。图中描绘了将军福康安在巴图鲁侍卫护从下，乘夜色潜兵进攻，率八旗劲旅追击廓尔喀败兵的场景。

　　乾隆五十三年（1788），廓尔喀兵侵入后藏，理藩院侍郎巴忠隐瞒实情，同意西藏噶隆与廓尔喀达成退兵纳款合约。三年后，廓尔喀藉口债务未清，再次出兵西藏，直犯班禅额尔德尼所驻日喀则，驻藏大臣保泰临阵退缩，竟想把达赖和班禅移至青海。清廷闻报，派福康安为将军，与参赞海兰察、奎林率巴图鲁侍卫入藏，迎击入侵的廓尔喀军。福康安等一路奔驰，于五十七年（1792）正月初抵拉萨，不久即在擦木打、济咙等地连续击败廓尔喀军，并追击到其境内，使廓尔喀国王乞降求和，遣使进京，保证了西藏的领土完整和边疆安定。

（二）紫光阁侍卫功臣像

418

领侍卫内大臣、一等忠勇公傅恒

年代　清乾隆
作者　佚名
收藏者　私人收藏

本图为清宫廷画家所绘《大学士一等忠勇公傅恒像》轴，再现了清朝重臣、侍卫官员傅恒的形象。该图被列入紫光阁《平定西域前五十功臣》第一位，清高宗弘历亲自在画像诗塘上御题："世胄元臣，与国休戚。早年金川，亦建殊绩。定策西师，惟汝子同。鄭侯不战，宜居首功。"

傅恒（约1720—1770），姓富察氏，字春和，隶满洲镶黄旗。因祖辈为开国功臣，又是高宗孝贤纯皇后之弟，而深得皇帝器重用。乾隆五年（1740），授蓝翎侍卫，后升头等侍卫；两年后，擢御前侍卫，任总管内务府大臣，管理圆明园事务。其后，傅恒出任多项要职，如山西巡抚、军机大臣、内大臣、户部尚书、议政大臣、兼兵部尚书、领侍卫内大臣、协办大学士、保和殿大学士，加太子太傅、太保等职，封一等忠勇公爵。他一生虽较为短促，却战功颇丰，曾于乾隆十三年（1748）督战金川；十九年（1754），力主清军进兵伊犁，平定准噶尔部叛乱；三十三年（1768），经略云南军务，指挥清军入缅作战；三十五年（1770）死，高宗亲临祭悼，谥文忠。生前曾撰写《钦定旗务则例》《西域图志》《御批历代通览辑览》等书。

419

领侍卫内大臣、一等谋勇公兆惠

年代　清乾隆
作者　［波］艾启蒙、（清）金廷标
收藏者　私人收藏
　　　　（见于2005年苏富比纽约春季拍卖会）

本图为清宫廷画家艾启蒙、金廷标所绘《领侍卫内大臣、一等谋勇公兆惠像》册。原作为手卷，后装裱成册页。画面左侧绘人物像，右侧书写清高宗弘历御题："济尔哈朗，喀喇乌苏，两番孳迫，均保无虞。以智济险，以诚感众，卓哉崇勋，辟我提封。"

兆惠（1708—1764），吴雅氏，字和甫，隶满洲正黄旗。清圣祖孝恭仁皇后之族孙。雍正九年（1731）二十四岁，以笔帖式入值军机处，授军机章京，后被授内阁中书，随后一路高升，先后晋兵部郎中、内阁学士、刑部侍郎、正黄旗满洲副都统、镶红旗护军统领、都统、户部尚书、刑部尚书、协办大学士、领侍卫内大臣等职。

兆惠作为清中期著名战将，曾随军征伐大小金川，后又以领队大臣、参赞大臣、定边将军身份屡次统兵西北，参与平定准噶尔部之叛。乾隆二十三年（1758），在平定回部大、小和卓叛乱中，所率部队为叛军包围数月，在敌众我寡形势下最终成功突围，被清高宗弘历授封一等武毅谋勇公、御前大臣等要职。因军功被列入《平定西域前五十功臣像》第二位。二十九年（1764）死，命加恩晋赠太保衔，入祀贤良祠，谥号文襄。

420

内大臣、原定边右副将军二等超勇伯萨拉尔

年代　清乾隆

作者　〔波〕艾启蒙、（清）金廷标

收藏者　私人收藏

　　　（见于2005年苏富比纽约春季拍卖会）

　　本图为清宫廷画家艾启蒙、金廷标所绘《原定边右副将军二等超勇伯内大臣萨拉尔像》册。原为手卷，后装裱成册页。图左侧绘人物形象，右侧为清高宗弘历亲作题赞："原定边右副将军、二等超勇伯、内大臣萨拉尔：彼中宰桑，识时早归，副帅以往，克赞戎机。拔身战出，不忘本朝，云胡不死，责备则浇。"萨拉尔因军功被列入《平定西域前五十功臣像》，位列第七。

421

领队大臣、前锋统领墨尔根巴图鲁玛瑺

年代　清乾隆

作者　〔波〕艾启蒙、（清）金廷标

收藏者　私人收藏

　　　（见于2005年苏富比纽约春季拍卖会）

　　本图为清宫廷画家艾启蒙、金廷标所绘《领队大臣前锋统领墨尔根巴图鲁玛瑺像》册。原为手卷，后装裱成册页。图左侧绘拉弓人物形象，右侧为清高宗弘历亲作题赞："侍卫从征，奇功屡立，虽贼万众，单骑直入。陷阵马仆，距跃弯弓，贼人咋舌，称天上雄。"玛瑺因军功被列入《平定西域前五十功臣像》，位列第二十五。

422

散秩大臣喀喇巴图鲁阿玉锡

年代　清乾隆

作者　佚名

收藏单位　天津博物馆

　　本图为清宫廷画家所绘《散秩大臣喀喇巴图鲁阿玉锡像》轴。该图绘阿玉锡手持长枪、肩背櫜鞬、腰挎仪刀、弯弓取箭的威武形象。图上部诗塘有清高宗弘历御题诗文："于格登山，贼据险守，率廿四人，间道袭后。诸贼大溃，爰以成功，本厄鲁特，降顺效忠。"该图为紫光阁所悬《平定西域前五十功臣像》第三十三幅。

　　阿玉锡原为"准噶尔属司牧臣"，雍正年间归顺清朝。他忠于清廷，在平叛战争中贡献较大，成为清宫侍卫的佼佼者。

423

头等侍卫博克巴图鲁老格

年代　清乾隆

作者　佚名

收藏单位　柏林国立民俗博物馆东亚艺术分馆

　　本图为清宫廷画家所绘《头等侍卫博克巴图鲁老格像》册。原为手卷，后装裱成册页。图左侧绘人物形象，右侧为清高宗弘历亲作题赞："哈萨锡拉，叫呶称乱，趣羊适过，以计解难。后复从军，屡战屡进，单马冲突，狮子奋迅。"老格因军功被列入《平定西域前五十功臣像》，位列第四十。

424

头等侍卫墨尔根巴图鲁达克塔纳

年代　清乾隆

作者　佚名

收藏单位　柏林国立民俗博物馆东亚艺术分馆

　　本图为清宫廷画家所绘《头等侍卫墨尔根巴图鲁达克塔纳像》册。原为手卷，后装裱成册页。图左侧绘人物形象，右侧为清高宗弘历亲作题赞："库车围攻，命守要害，侦贼来援，周防以待。贼却乃前，贼前乃却，引至大队，是鞬是韝。"达克塔纳因军功被列入《平定西域前五十功臣像》，位列第四十一。

425

署参领额尔克巴图鲁巴岱

年代　清乾隆

作者　佚名

收藏单位　柏林国立博物馆东亚艺术分馆

　　本图为清宫廷画家所绘《署参领额尔克巴图鲁巴岱像》轴。图中绘人物搏击形象，上部诗塘为当朝文臣奉旨所作题赞："搚博罗特，贼魁莫通，追捍和阗，独入其郭。坠马骁腾，裹创草草，犹左右射，应弦辄倒。"巴岱因军功被列入《平定西域后五十功臣像》，位列第十八位。

头等侍卫固勇巴图鲁伊萨穆

年代　清乾隆

作者　佚名

收藏者　私人收藏

　　　　（见于2008年苏富比香港秋季拍卖会）

　　本图为清宫廷画家所绘《头等侍卫固勇巴图鲁伊萨穆像》轴。图中绘人物形象，上部诗塘为当朝文臣奉旨所作题赞："援兵虽来，画堠相望，孰骑而呼，为告无恙。维巴图鲁，偕往趣师，其冲贼队，如分水犀。"伊萨穆因军功被列入《平定西域后五十功臣像》，位列第十八。

三等侍卫克什克巴图鲁伍克什尔图

年代　清乾隆

作者　佚名

收藏者　私人收藏

　　本图为清宫廷画家所绘《三等侍卫克什克巴图鲁伍克什尔图像》轴。图中绘人物形象，上部诗塘为当朝文臣奉旨所作题赞："预军门选，联镳致书，缠头几万，翩如入虚。达阿克苏，跰将及膝，铅弹在背，至今未出。"伍克什尔图因军功被列入《平定西域后五十功臣像》，位列第二十九。

原蓝翎侍卫莫宁察

年代　清乾隆

作者　佚名

收藏单位　海德堡J.&E人类民俗博物馆

　　本图为清宫廷画家所绘《原蓝翎侍卫莫宁察像》轴。图中绘人物形象，上部诗塘为当朝文臣奉旨所作题赞："略地湟中，啸聚云夥，霹雳弦鸣，箙无余笴。一间老屋，固垒坐焚，昆冈贞玉，气尚干云。"莫宁察因军功被列入《平定西域后五十功臣像》，位列第三十九。

429

二等侍卫丹巴巴图鲁那木查尔

年代　清乾隆

作者　佚名

收藏单位　加拿大皇家安大略博物馆

　　本图为清宫廷画家所绘《二等侍卫丹巴巴图鲁那木查尔像》轴。图中绘人物形象，上部诗塘为当朝文臣奉旨所题赞："于思弃甲，谁当一队，径率百人，攻其腹背。手取回炮，回胆尽寒，铁绣模糊，横捎左鞍。"那木查尔因军功被列入《平定西域后五十功臣像》，位列第三十九。

430

二等侍卫特古思巴图鲁塔尼布

年代　清乾隆

作者　佚名

收藏者　私人收藏

（见于 2008 年苏富比香港秋季拍卖会）

　　本图为清宫廷画家所绘《二等侍卫特古思巴图鲁塔尼布像》轴。图中绘人物形象，上部诗塘为当朝文臣奉旨所作题赞："唾手缚贼，贼莫能夺，引身救人，人无不脱。西拔达山，北俄罗斯，独往独来，縶特古思。"塔尼布因军功被列入《平定西域后五十功臣像》，位列第四十一。

431

二等侍卫哈会哈巴图鲁达尔汉

年代　清乾隆

作者　佚名

收藏者　私人收藏

　　本图选自清宫廷画家所绘《二等侍卫哈会哈巴图鲁达尔汉像》轴。此幅绘画原为立轴式，上部应有当朝文臣奉旨所作题赞，后因破损已被裁剪和重新装裱。达尔汉因军功被列入《平定西域后五十功臣像》，位列第四十三。

头等侍卫呼尔查巴图鲁占音保

年代　清乾隆
作者　佚名
收藏单位　纽约大都会博物馆

　　本图为清宫廷画家所绘《头等侍卫呼尔查巴图鲁占音保像》轴。图中绘人物形象，上部诗塘为当朝文臣奉旨所作题赞："赤手长鲸，阵俘卫诺，贼级累累，注之一椠。捧橄辟展，达巴里坤，马不刷鬣，还报军门。"占音保因军功被列入《平定西域后五十功臣像》，位列第四十六。

三等侍卫克得尔巴图鲁哈木图库

年代　清乾隆
作者　佚名
收藏单位　柏林国立民俗博物馆东亚艺术分馆

　　本图为清宫廷画家所绘《三等侍卫克得尔巴图鲁哈木图库像》轴。图中绘人物形象，上部诗塘为当朝文臣奉旨所作题赞："喀喇乌苏，拔达克山，转战廿一，目无险艰。显号载膺，宜克得尔，用励颜行，成劳是纪。"哈木图库因军功被列入《平定西域后五十功臣像》，位列第五十。

434

头等侍卫扬达克巴图鲁托尔托保

年代 清乾隆
作者 佚名
收藏单位 柏林国家博物馆民俗学分馆

本图为清宫廷画家所绘《头等侍卫扬达克巴图鲁托尔托保像》。该图采用西方绘画的油彩方式作人物肖像图，图右上角以汉文题写职官和名字：“头等侍卫扬达克巴图鲁托尔托保”。图左上角书写相同内容的满文。托尔托保因军功被列入《平定西域后五十功臣像》，位列第四十四。

435

护军参领喀尔春巴图鲁万廷

年代 清乾隆
作者 佚名
收藏者 私人收藏
（见于 2009 年苏富比香港秋季拍卖会）

本图为清宫廷画家所绘《护军参领喀尔春巴图鲁万廷像》轴。图中绘人物形象，上部诗塘为清高宗弘历亲笔御题：“惟彼中林，卫阵孔棘，夺隘毁巢，追奔逐北。踔厉无前，搜捕潜匿，协奏朕功，嘉兹勇力。”哈木图库因军功被列入《平定台湾后三十功臣像》，位列第十三。

三

授命出使

（一）黄河探源

436

奉旨西探黄河源

年代　清康熙四十三年后
作者　佚名
收藏单位　中国第一历史档案馆

清朝前期，宫廷侍卫作为皇帝的亲信，曾奉旨多次出宫执行特殊使命，完成艰巨任务，体现了他们在清宫政治生活中的特殊身份与地位。这幅山川地形图，名为《星宿海河源图》，是康熙四十三年（1704）清圣祖玄烨特派侍卫拉锡等前往青海勘察后，由宫廷画家根据其汇报所绘制。此图成为中国古代首次勘测黄河之源壮举的直接物证。

黄河之患是中国历朝要面对的难题，为治理河工，清圣祖玄烨于康熙四十三年（1704）钦派侍卫拉锡和大臣舒兰等人前往青海，以寻找大河源头，希望通过全面了解黄河，最终解决对它的治理。拉锡等历尽辛苦，对河源进行探察，并汇报："众泉涣散，灿如列星，蒙古谓之鄂敦塔拉，西番谓之索里玛勒，中华谓之星宿海，是为河源。"康熙四十七年至五十六年（1708—1717），玄烨传旨由宫廷和地方官员支持，西方传教士主持，在全国各地实地测绘，完成了中国古代第一次实地勘测地图《皇舆全览图》的绘制。乾隆四十七年（1782），乾清门侍卫阿弥达奉旨，再次前往青海祭告河神，并绘制了更为精确的河源之图《黄河源图》，由纪昀依其考察撰成《河源纪略》一书。

（二）长白寻踪

437

奉命出关探险长白神山

来源　《钦定盛京通志》，清乾隆

　　长白山历来属中国领土，也是满洲人尊奉的神山。清朝入关后，它成为清朝宫廷和满洲文化的精神寄托。康熙时期，因清朝开国和入关时间已久，许多旗人已对长白山感到陌生，甚至不知其方位。康熙十六年（1677），为查找长白神山、光耀祖宗发祥圣地，清圣祖玄烨派内大臣武默讷和一等侍卫兼亲随侍卫首领费耀色、一等侍卫塞护礼、三等侍卫索鼐等人，专程赶赴盛京，前往东北山区寻找和瞻拜长白山。众侍卫在盛京、吉林当地一路探寻，最后于原始森林中发现长白山，完成了对神山的探险与祭拜，为其后清朝宫廷设立长白山封神与祭祀礼仪，提供了必要基础。

　　此图为乾隆朝《钦定盛京通志》所绘东北地形及满洲人心中圣山长白山的位置。

　　长白山在满族人心中，永远是其景仰的民族象征、精神之魂。

（三）奉旨恩封

438

恩赐六世班禅

年代　乾隆四十五年（1780）
作者　陆灿
收藏单位　故宫博物院

　　本图为清宫廷画师所绘《六世班禅僧装像》唐卡。自清初开始，西藏僧人与清朝宫廷即有一定联系；至清中期，随着京城、热河（承德）等地大量藏传佛教寺庙建立，双方联系大为加强，班禅、达赖等宗教领袖曾多次前往京师与皇帝会见。在这些活动中，宫廷侍卫担负起传达、护卫等职责。

　　乾隆四十三年（1778），六世班禅额尔德尼为庆祝高宗七十岁寿辰，上书请往京师，得到批准后，于翌年六月率百余僧人前往承德。在其途经黑水（今西藏那曲）、青海塔尔寺等地时，清高宗弘历先后派大臣、侍卫送去朝珠、鞍马、哈达、御用水獭皮大衣、水獭皮帽等礼物；四十五年（1780）六月，又送赠御用金顶黄轿一乘、红黄伞盖各两顶、幢幡四套、仪仗四十件；俟其到达蒙古多伦诺尔时，高宗再派御前侍卫丰绅济伦"赐敕书及嵌珠帽、金丝袈裟等物"，甚至还送去西瓜、香瓜等以示恩眷，最终实现在承德、京师多次与班禅的友好会见，完成了诸多法事活动。

敕封班禅额尔德尼宝玺

年代　清乾隆
收藏单位　日喀则市扎什伦布寺

　　此宝玺为金质，是清高宗弘历亲自颁给六世班禅的玺印。印文以满、汉、蒙、藏四体篆书文字刻成，表明清廷对西藏宗教领袖六世班禅的认定与支持。

　　乾隆四十五年（1780）九月，六世班禅应邀抵达北京，先后为圆明园、万寿山、香山、雍和宫等地佛寺作开光善住，并在京城广做佛事，为众僧受戒，弘扬佛法。清高宗则多次赐赠物品，以示厚爱。在游览西郊皇家园苑时，安排其暂住在圆明园月地云居景区，派内府三旗护军统领及护军轮番演习，并命侍卫昼夜在园内巡逻，以保证六世班禅等人的安全。

御前侍卫亲奉金奔巴瓶

年代　乾隆五十七年（1792）
收藏单位　拉萨罗布林卡寺

　　此瓶名为"大昭寺掣签金奔巴瓶"，为金质。该瓶由清廷所制，为西藏宗教领袖活佛转世选拔"灵童"的法器。护送该瓶由京城至西藏，则是由清宫侍卫完成。

　　乾隆五十七年（1792），为改变西藏上层集团长期操纵宗教领袖继承权的局面，稳定当地政局，清高宗弘历对西藏大活佛转世制度进行改革，创设金奔巴抽签选定继任之法，制作颁发两个金瓶，分别放置在西藏大昭寺、京城雍和宫，以掣签形式决定下届大活佛转世后的继承人选，即所谓"金瓶掣签制"。是年十一月，御前侍卫惠伦、乾清门侍卫阿尔塔锡等人将该瓶护送至西藏大昭寺，在当地僧人协助下举行隆重的安放仪式。此后，西藏曾有三位达赖、两位班禅和几十位大活佛通过掣签形式得到认定，很好地保证了西藏的稳定及其与中央政府的联系。

四

随帝检阅　演练诸军

（一）大阅护卫

　　女真（满洲）人擅于骑射，崇尚武力。自清太祖努尔哈齐起兵建国，弓马之技在人们生活中日益重要，成为汗王（皇帝）与大小贝勒、诸大臣和八旗官兵日常练习的活动。当时，大金（后改称大清）无论迁都到哪里，都会在城郊修建教场（练兵场）；八旗官兵奉命驻防其他城市，亦会于当地新建训练营地，每日进行操演，以提高官兵的武战能力。

　　纵观有清一朝，许多皇帝都以武功见长。如开国之君努尔哈齐、皇太极，均是膂力过人、骑射超常的马上皇帝；而圣祖、高宗诸帝，为保持大清江山世代永传，往往从幼年之时即勤习苦练，使其个人武艺达到超群的状态。据史籍记载，清帝自幼参加武功训练时，往往会有宫廷侍卫亲自教习，使其能力迅速提高。

　　按照清宫典制规定，诸皇子和王公贝勒、文武大臣、勋戚世家子弟尚在幼龄之时，便要在宫廷内或宗室官学、觉罗官学等处进班学习。每日完成文化学习后，另由宫廷侍卫、师傅辅导武功，以提高他们的骑射本领。如圣祖康熙帝、高宗乾隆帝，其个人武功十分高超，成为时人望尘莫及的榜样。

　　清朝入关后，为使八旗子弟不忘祖先创业之功，使旗人永保骑射技能，从顺治朝开始，于紫禁城内建造了箭亭及操场，供皇帝、皇子和宫廷侍卫习武训练。这里即成为皇帝率宫廷侍卫习射、内廷侍卫比箭以及他们教习皇子、皇孙的所在。清中期以后，因皇帝经常驻跸清漪园（后改建为颐和园）、圆明园、西苑和热河（承德）避暑山庄等处，乃于这些皇家园苑分别修建教场，使皇室成员和侍卫、护军、亲兵随扈皇帝驻跸期间，亦能按期开展箭射、骑马等竞赛演练。

　　乾隆四年（1739），高宗皇帝首次于南苑举行阅兵，在宫廷侍卫扈从下检阅八旗各营操演。此后，宫廷中形成皇帝按例阅兵的所谓"军礼"，每隔三年，皇帝在南苑、午门等处检阅京师八旗和宫廷禁卫军操演。遇皇帝大阅，御前大臣、侍卫和护军、亲兵等即奉旨而行，保卫皇帝完成阅兵。当皇帝出宫巡幸，在野外驻跸之际，随扈的侍卫则奉旨开辟临时教场，搭建看台和布城，以便皇帝驾临检阅。

　　除此之外，清宫侍卫、护军和其他禁卫部队，还要奉旨参加一些特殊军事训练，如攻取碉楼、驾船水战；每逢年节庆典或蒙古王公来朝之时，则由宫廷侍卫与蒙古力士表演传统竞技活动，如赛马、骗马、布库（摔跤）等等；当帝后驾临西苑、圆明园等处行宫，则由侍卫亲军举行冰嬉、跑冰、赛龙舟等活动，从而形成了丰富多彩的宫廷竞技与比赛项目。

　　以上这些宫廷阅兵、宫中竞技活动既锻炼了八旗官兵的战斗力，也提升了皇室成员的宫廷生活趣味。每一次竞技结束，皇帝对优秀者给予奖赏，以示奖优罚劣、皇恩浩荡。

441

威风凛凛随扈皇帝

年代　乾隆十二年（1747）
作者　（清）金昆、[意]郎世宁等
收藏单位　私人收藏

　　本图选自清宫廷画家金昆、郎世宁等人所绘《乾隆大阅图》第三卷"阅阵"。图中细致刻画了清高宗弘历身着铠甲、骑乘雪白的"万吉骦"宝马，于南苑举行大阅的场面。二十名佩仪刀侍卫、十名豹尾班侍卫跟随在两位侍卫官员马后，呈扇面式随扈皇帝乘骑，显示出庄重、威严的阅兵气象。

　　乾隆四年（1739），弘历依祖制举行继位以来首次大阅。是年十一月，他身穿金光耀眼的甲胄，于京城南苑阅兵，观看八旗官兵的军阵队列，由数万官兵先后表演火炮、鸟枪以及骑射、布阵、云梯等军事项目。阅兵同时，他命宫廷画师金昆领衔，画师程志道、吴桂、程梁、姚文瀚等一起参与，对大阅仪式进行实景写生，此后即开始筹划创作。至乾隆十一年（1746），宫廷画家根据稿本进行绘画，经数易其稿，于翌年（1747）完成《乾隆大阅图》的四部手卷，其各卷名称分别为："幸营""列阵""阅阵""行阵"。至今，《大阅图》第二卷仍保存在故宫博物院，第三卷留存于美国私人收藏之手，其他两卷则不知所终。

442

列阵操演

年代　乾隆十二年（1747）
作者　（清）金昆等
收藏单位　故宫博物院

　　本图选自清宫廷画家金昆等人所绘《乾隆大阅图》第二卷"列阵"。长卷具体描绘了宫中侍卫、亲兵与前锋营、护军营、火器营等列队阵势及演练场景。各旗队伍旗帜鲜明、着装统一、布阵严整，充分显示出官兵训练的认真与规范。在各支队伍之侧，分别写有该部的具体名称。

　　第一图为"正黄旗满洲火器营"编队，该营官兵手持火枪，列队于木制拒马之后，队列严整，气势昂扬。

　　第二图为"正黄旗满洲骁骑营、正黄旗满洲火器营"编队，其中上面为独立的骁骑营官兵，下面为火器营、骁骑营分列官兵，展示了他们骑于马上的英武姿态。

443

南苑检阅各营队列

年代　乾隆十二年（1747）
作者　（清）金昆、[意] 郎世宁等
收藏者　私人收藏

　　本图选自清宫廷画家金昆、郎世宁等人所绘
《乾隆大阅图》第三卷"阅阵"。全卷描绘了八旗各
营官兵列队阵营，清高宗弘历骑乘高头大马，在
宫廷侍卫前导、扈从下，行进于中央军阵当中，
御前侍卫、佩仪刀侍卫、豹尾班侍卫以及上三旗
护军、亲军等，呈多组队列随驾而行，全图阵容
整齐、色彩鲜明，规模庞大，体现了清宫大阅的
宏大场景。

　　第一图为"镶黄旗满洲骁骑营"编队，绘镶黄
旗都统身着铠甲，率本营官兵持镶黄旗纛和镶黄
旗小旗，骑马伫立之队列。

　　第二图为"正白旗满洲火器营"编队，为该营
列队背景图，队列之前为骑马领队官员，其身后
为手持火枪的官兵，队列之后为两列牵引火炮的
官兵。

　　第三图为"正红旗满洲骁骑营"编队，几组该
营官兵手持正红旗纛或小旗，分组列队，以显军威。

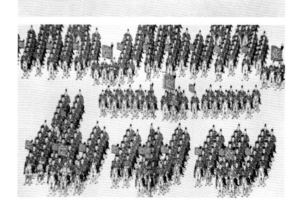

（二）巡方阅兵

444

清圣祖南巡大阅

年代　康熙二十八年（1689）
作者　（清）王翚、（清）杨晋等
收藏单位　故宫博物院

　　本图选自清宫廷画家王翚、杨晋等人所绘《康熙南巡图》第十卷。为宣示清朝武功，激励驻防八旗官兵勤于演练，本次清圣祖玄烨南巡期间，曾于江宁（南京）教场举行大规模检阅和操练活动。此幅所绘内容，即是玄烨端坐于教场看台，宫廷侍卫在其两侧和后部御卫，随驾王公贝勒、大臣和当地官员在台下观看射箭的场面。身穿黄马褂的御前侍卫、豹尾班侍卫及身穿蓝、黑色行褂的护军，在大阅现场可谓出尽风头。

445

清高宗江宁阅兵

年代　乾隆四十一年（1776）
作者　（清）徐扬
收藏单位　中国国家博物馆

　　本图选自清宫廷画家徐扬所绘《乾隆南巡图》第十卷"江宁阅兵"。乾隆十六年（1751），清高宗弘历遵祖制首次南巡江浙，其沿途活动也经常仿效祖父旧制，如在江宁（南京）教场大阅八旗官兵操练，就与玄烨大阅几近相同。绘图中，弘历端坐在看台朱漆描金宝座之上，俯看台下武士操练，而宫廷侍卫也依然侍立于皇帝左右及后部，保证圣驾安全。

446

校场大阅御前护卫

年代　乾隆四十一年（1776）
作者　（清）徐扬
收藏单位　中国国家博物馆

　　本图选自清宫廷画家徐扬所绘《乾隆南巡图》第十卷"江宁阅兵"。该图与前一幅绘画为同一作品，所选局部可以更清晰地呈现清宫侍卫的护卫情况。从本图来看，在皇帝看台前面，增加了御前侍卫的守护，两排重甲侍卫分列台下两侧，既增加了检阅仪式感，也为皇帝增添了保护屏障，可谓一举两得。看台前军容整齐的八旗官兵，按照各旗所属，高举本旗大纛、分着不同颜色服装，威风凛凛；而队伍外侧的众多营帐，更显示出校场大阅的庞大规模。

（三）习武箭射

447

见证比武

来源　故宫博物院

　　本图选自《太祖实录战图》一书中插图"太祖射柳于洞野"。清朝开国早期，汗王（皇帝）与侍卫均为箭射高手，他们自幼习武，膂力过人，有如神助，也经常进行箭射比赛，留下许多令人惊叹的轶闻故事。

　　明万历十四年（1586年）四月，努尔哈齐率部众远迎哈达万汗孙女为妃。途经洞地之时，他与东果部射箭高手纽妄肩较射，目标是百余步外的柳树。纽妄肩下马挽弓射五矢，"止中三矢，上下不一"；努尔哈齐连发五矢皆中，且"五矢攒于一处，相去不过五寸，凿落块木而五矢始出"。这一记载反映了他高超的箭技，跟随努尔哈齐的侍卫见证了这一场景。

448

随帝习射

年代　乾隆二十年（1755）
作者　［法］王致诚
收藏单位　故宫博物院

　　本图选自清宫廷画家王致诚所绘《乾隆习射图》油画挂屏。该图亦称为《弘历矢箭图》，是在多层纸本上用油彩绘制的油画作品。此图镶裱于紫檀边框内，原悬挂在避暑山庄如意洲双松书屋。全图以写实笔法，描绘了清高宗弘历在侍卫陪同下，于避暑山庄万树园西侧的试马埭习武射箭的场面。图中人物刻画生动，场景写实逼真。从绘画看，在试马埭空旷草地上，弘历面对立靶，满弓而射；两个侍卫官员持守黄伞立于方榻之侧；一组侍卫执羽箭立于皇帝身后，准备随时呈递；另一组随扈侍卫、大臣立于其侧前方空地，用心观看劲射；另有三位侍卫候于靶侧，等待中的后更换靶标，两个侍从由广场对面持箭送回射点，全图形成完整的侍卫随帝习射场景，为我们今天研究清帝骑射提供了重要的图证。

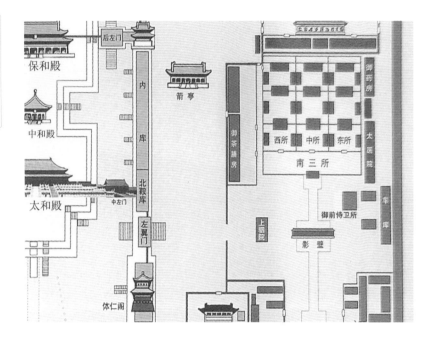

449

清宫侍卫随皇帝、皇子习武箭亭

"国语骑射"是清朝治国方略之一，核心是希望满洲人能够保持本族特色、牢记本族使命，衷心维护天子及贵族集团利益。至于如何保持"骑射"技能，满洲人从关外就形成了在教场演练的传统。因此，无论是紫禁城、南苑、西苑，还是圆明园、热河（承德）的行宫，乃至遍布全国各地的驻防之城，满洲人均建立有固定的教场，通过长期不懈的训练，以提高和保持自己的骑射水平。

在紫禁城东华门内以北，清朝皇帝很早就建造了箭亭，除自己前往演练骑射外，所有皇子、侍卫亦均在此进行习武、比射练习，这里就成为清宫与明宫截然不同的一个亮点。无论是皇帝还是皇子，他们的骑射演练都与侍卫有着直接关系，那些武艺高强的"大内高手"也因此成为箭亭的主人之一。

450

清高宗御制训守冠服国语骑射碑

来源　故宫博物院

　　此碑放置于紫禁城箭亭内，其正式名称是
"训守冠服国语骑射卧碑"，碑文为清高宗弘历御制，
显示了清帝对"国语骑射"的高度重视。碑文为
满、汉两体文字，内容均是告诫皇子皇孙、宗室
子弟和八旗后嗣要牢记本族传统，勿忘骑射之技。
乾隆十七年（1752），清高宗弘历发布上谕，其中
有："……俾我后世子孙臣庶，咸知旧制，敬谨遵
循，学习骑射，娴熟国语"等字样，反映了清帝
对武功的特殊关注。

451

北海侍卫教场御制碑

来源　刘阳

　　此碑为北海侍卫教场旧址内的"训守冠服国
语骑射碑"，用以警示宫廷侍卫、亲军要居安思危，
勤于演练弓马骑射技能。

　　清中期，因天下承平日久，八旗官兵习习十婆
安，满洲骑射日见废弛。乾隆时期，八旗官兵日
常训练时，时常出现"弓马软弱，步射生疏，撒
放亦不干净，箭发无准，甚至擦地"等现象。为
保持满洲固有精神，提高皇子皇孙、宗室子弟、
章京侍卫、八旗官兵武技，清高宗弘历于乾隆
十七年（1752）三月发布上谕，命于紫禁城箭亭、
御园引见楼（圆明园山高水长殿）及北海侍卫教
场、紫光阁八旗教场四处各立石碑，刊刻御制文
字，训诫旗人务须保持本族尚武旧俗，以维护大
清立国根本。四十三年（1778），他又命于引见楼、
北海侍卫教场两碑碑阴再刻上谕，进一步强调保
持骑射的重要性。

452

圆明园侍卫演练处

年代　清乾隆
作者　（清）沈源、（清）唐岱等
收藏单位　巴黎国家图书馆

　　本图选自清宫廷画家沈源、唐岱等合绘《圆
明园四十景图》册之"山高水长"。山高水长楼
位于圆明园坦坦荡荡西面，为一座西向两层楼房。
该楼前环小溪后拥连岗，中间地势平坦，专门用
于设宴款待外藩蒙古王公，同时也是皇子、其他
皇室成员及宫廷侍卫经常举行比武赛箭的地方。
楼前广场隔河，则为圆明园禁军训练的校场，成
为清宫侍卫、护军的重要习武之地。曾经，这里
矗立着乾隆年间御制"训守冠服国语骑射碑"，今
天已移至国家图书馆文津衔分馆院内，成为见证
清宫习武演练的重要实物。

453

清镶铜嵌宝石白海螺

年代　清乾隆
收藏单位　沈阳故宫博物院

这件海螺是清宫侍卫、八旗官兵使用的军事演练用具，也是其征战冲锋使用的螺号。海螺又称"海蠡"，清朝将其定制为"进止之节"。皇帝大阅，"设亲军海蠡十二于纛前，设传令海蠡于台下；前锋营，左右翼各八；护军营，每旗三十六；骁骑营，每参领二、佐领一；火器营，随炮每旗五；鸟枪护军骁骑十四；藤牌营，每旗五；直省绿营，各随其地有差"，可见当时海螺使用之多、之广。此件海螺以天然白螺为主体，口部及身部、尾部外包铜板，其上錾刻卷草纹饰，并镶嵌各色宝石。从吹口及其他部位磨损程度看，应是宫廷侍卫长期实用的军事装备之一。

454

清花海螺

年代　清中晚期
收藏单位　沈阳故宫博物院

此件花海螺，是宫廷侍卫、护军使用的演练用具与战争号角。螺号以天然海螺制成，表面无任何装饰，只磨平顶部作为吹口，因此有可能是中下层护军使用的器物。根据清朝史籍记载，在努尔哈齐开国早期，八旗军旅已开始使用海螺，海螺除用于军事战争外，在宫廷祭祀、汗王仪仗、重要国事乃至后金与外部结盟、宴会中也会使用。清入关后，随着宫廷礼乐制度不断完善，海螺也逐渐退出宫廷典礼范畴，主要使用于平时训练、军事战争和堂子祭祀等传统仪式，另外在大军出征、凯旋等礼仪活动上使用。

455

清铜海螺

年代　清乾隆
收藏单位　沈阳故宫博物院

此件海螺以铜材制作，为清宫仿生器物，是以铜仿天然螺号所制，用于宫中侍卫、护军军事演练与征战鸣吹。清中期，随着宫廷制器能力加强，许多器物从材质、造型上有所提升，制作工艺越加先进，因此出现了各类仿生器。此件铜海螺外形酷似一只天然海螺，实际功能仍是宫廷侍卫、护军日常训练和实战之用。因其材质不像天然螺那样易碎，故而更便于携带与使用，反映了清中期金属器制造的高超水平。

（四）健锐、骁骑之营

456

健锐营练兵碉楼

　　此练兵碉楼位于北京香山。金川之战，清军
在攻其碉楼时屡遭损失。第一次金川战役结束后，
清高宗弘历命于京西香山脚下建筑仿金川碉堡，
设立云梯，由精锐士兵日夜练习攀堡技能，以备
战时之需。这支云梯兵全称为"健锐云梯营"，简
称健锐营，他们在第二次平定大小金川战役中发
挥了重要作用。此后，健锐营即成为清宫禁卫部
队的组成部分。

　　健锐营、骁骑营均是清入关后设立的新式禁
卫部队，两营均创立于乾隆时期。此时距清入关
已经一百余载，八旗子弟承平日久，耽于享乐，
逐渐丧失战斗力。当时为应对新疆、金川乃至台
湾、缅甸、廓尔喀等处战事，清朝在原有八旗各
营之外，又分别设立健锐、骁骑诸营，以满足
时势需要。

　　健锐营又称健锐云梯营、飞虎健锐云梯营、
香山健锐营，是清宫禁卫军中具有特殊能力的一
支部队。该营官兵由前锋、护军营中挑选年壮勇
健者组成。乾隆早期，健锐营官兵先是学习武技
和骗马（马术）表演，用于燕飨蒙古藩部、中
正殿、紫光阁、山高水长筵宴、热河万树园、张
家营行宫筵宴，以及木兰时于月牙城赐蒙古王公
进膳，由该营官兵进行相扑、箭射、骗马等表演。
乾隆中期，因战时需要组成云梯兵，极大推进了
各次战役的取胜。健锐营驻地在香山脚下，常规
编制两千人左右，依照旗属分为左右两翼，营内
官兵主要为满洲子弟，另外还包括大小金川之战
投降的一部分藏军及其后裔构成的苗子营。

457

团城演武厅

此演武厅位于北京香山健锐营附近。清乾隆时期，随着京西香山健锐营设立，清帝经常检阅官兵训练，为此专门修建了团城演武厅、藏式碉堡（在今北京植物园内），以便阅看健锐营步兵操练。在演武厅后设有看城，即是皇帝、侍卫等专门观看官兵演习攻城和骑兵表演之处。

骁骑营，亦是宫廷禁卫军的一个组成部分。士兵称为"马甲"，从满、八旗每佐领选拔二十人，

汉军旗每佐领选拔四十二人，满、蒙、汉马甲共两万八千余人。按规定，京师满、蒙、汉军骁骑营各自为营，驻防外地的骁骑营则是满、蒙、汉军混合编组，由八旗都统分别统领。除马甲之外，还有枪营、炮营和护炮的藤牌营，都附属于汉军旗骁骑营。骁骑营所用军械和火器，一部分由朝廷发给，另一部分自行制造，各营官兵按时进行操练和检阅。

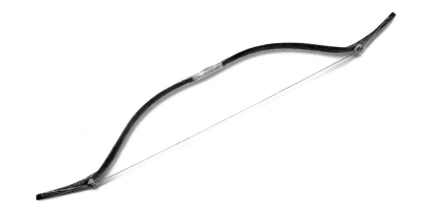

458

清宫旧藏牛角花桦皮弓

年代　清中晚期
收藏单位　沈阳故宫博物院

　　此件桦皮弓为清宫旧藏之物，是皇帝、皇子
或宫廷侍卫在宫中演练箭射的器械。满洲以骑射
见长，以武功建国，始终把箭射视为旗人根本；
与骑射相关的弓箭，也成为宫廷生活的重要组成
部分。这件弯弓即为满洲人典型的实用弓，弓身
以松木或榆木为之，弓身表面置牛角片，以增加
全弓弹射力，内面黏附桦皮；弓弰、弓码为骨质，
弓弭髹朱漆；弓弦以丝线编结制成。

459

清宫旧藏各式箭支

年代　清乾隆
收藏单位　沈阳故宫博物院

　　这组箭支为清宫旧藏之物，是皇帝、皇子或
宫廷侍卫在宫中演练箭射的用箭。清宫廷使用的
箭支种类繁多，据《大清会典》《皇朝礼器图式》
等籍记载，约有三十余种。依箭镞外形可分为四
种：铊箭（镞体宽薄）、梅针箭（镞体细而尖）、
鉋箭（镞为骨或木制）、哨箭（铁镞骨骹），依据
用途则可分为战箭、猎箭、教阅箭、信号箭四类。
清帝御用箭支在做工上十分考究，箭杆多饰以彩
漆，箭镞另有错金银、嵌宝石等工艺。清帝御用
箭支有：大阅铊箭、大阅鉋箭、大礼铊箭、吉礼
随侍鉋箭、随侍兔叉箭、御用射鹄鉋头哨箭等。
侍卫官兵使用的箭支另有水箭、索伦长铊箭、方
鉋头哨箭、鸭嘴哨箭、齐铊箭、五齿鱼叉箭、梅
针箭、快箭等。各类箭支造型不同，功能各异，
反映出清中期制箭工艺的高超水平。

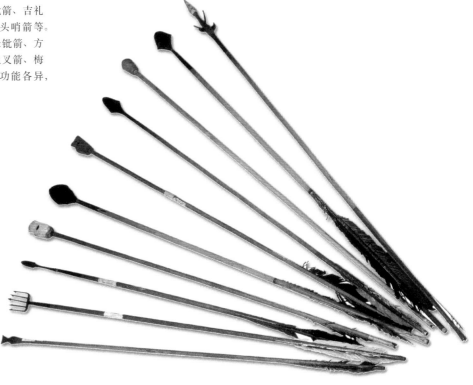

460

八旗官兵使用的翡翠扳指

年代　清晚期

收藏单位　沈阳故宫博物院

　　此件翡翠扳指为清宫旧藏，是皇帝、皇子或宫廷侍卫射箭时戴于食指上的实用器，以避免长时间拉动弓弦损伤手指。从该扳指磨损程度看，应为长期使用的实物。

　　满洲旧俗以狩猎见长，开国创业时期更是以弓马骑射建功，因旗人射箭时经常使用扳指，故受到人们重视。清中晚期，扳指材质多种多样，其射猎、征战功能逐渐丧失，主要转为装饰、佩饰和艺术把件。

461

清宫传世各类习武兵器

年代　清中晚期

收藏单位　故宫博物院

　　清宫侍卫作为保卫帝后、其他皇室成员和守护皇家宫殿、园苑的中坚力量，曾使用过不同的兵器，但最多的仍然是满洲人擅长使用的弓箭与佩刀。除此之外，在宫廷侍卫、护军等训练过程中，他们还会使用众多古代兵器，以显示自己的武功能力和兵器驾驭能力。此图即为清宫传世的各类习武兵器，自左起依次为：阿虎枪（虎枪）、矛、戟（两柄）、殳、偃月刀（三柄）、刀、偃月刀、镗（两柄）几种。

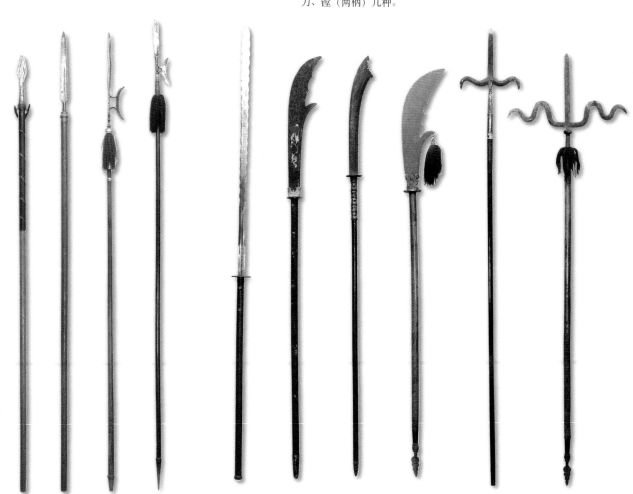

（五）火器、鸟枪诸营

462

火枪之威

年代　清乾隆
作者　（清）绵亿
收藏单位　故宫博物院

　　此图为清宗室画家绵亿创作的《猎骑图》册之一开，描绘了清朝贵族以火枪射猎的场景。图下部左侧有一人，双手举枪正瞄向空中的锦鸡，腰间别有盛装火药的囊匣，反映了当时火枪的普及使用。

　　明末，欧洲火器传入中国，在明清两朝军事战争中均有大量使用。至清代中期，皇帝、侍卫和王公贵族还将火器大量应用于传统狩猎，使得这一新式武器发挥出它的威力。另外，清宫中还专门设立了鸟枪营，选一半前锋营官兵学用鸟枪，称为"鸟枪前锋"，内设什长，每旗六人，以统率本营官兵。

463

清宫传世交枪

年代　清乾隆
收藏单位　沈阳故宫博物院

　　此枪为清宫传世火器，是皇帝、皇子或宫廷侍卫出城狩猎、征战时使用的新式兵器。枪身以木制成，枪管铁制；枪身前部安有双腿支架，以便瞄准射击；枪身后部有扳机装置，引燃火药射出弹丸。至今，在故宫博物院、沈阳故宫博物院等博物馆，均收藏有数量众多的各式火器，说明当时宫廷中火枪十分流行，利用率较高。

464

清蛤蜊嵌铜火药袋

年代　清乾隆
收藏单位　故宫博物院

　　这件火药袋外表呈瓶壶形，用于盛装火枪药粉，是皇帝、皇子或宫廷侍卫使用火枪时必须携带的火药器具。该器整体用铜材打制成壶盖、壶口、壶缘，壶身前则以蛤蜊为面，内部光滑，方便火药存取；蛤蜊表面的褶皱形成精美的花纹图案，可谓巧夺天工。

五

马术布库　冰雪操练

（一）骑马演武

465

观看马术

年代　乾隆二十年（1755）
作者　［意］郎世宁
收藏单位　故宫博物院

　　本图选自清宫廷画家郎世宁所绘《马术图》轴。该图又称《马伎图》，具体描绘了乾隆十九年（1754），清高宗弘历于避暑山庄万树园接受准噶尔部阿睦尔撒纳归降，恩赐该部首领观看马技的热闹场面。弘历骑于马上，身后有众多扈卫大臣、侍卫，准噶尔部归降首领立于其右前方，陪同皇帝一同观看马技表演。操场上有两位头戴花翎的侍卫官员正挥动旗帜，指挥场内九位骑手纵马奔驰，场面精彩。

　　在清朝宫廷中，专门有一批来自健锐营的侍卫，专事马技、马戏，也就是当时所谓的"骗马"表演。这些参与表演的宫廷侍卫，可以一边纵马驰骋，一边在马上做出各种惊险动作，如倒立、背射、双手举人、立鞍吹笛等等，以此赢得观赏者的欢心赏悦。

466

木兰马技

年代　清乾隆
作者　[意] 郎世宁、(清) 金昆等
收藏单位　巴黎吉美博物馆

　　本图选自清宫廷画家郎世宁、金昆、丁观鹏、
程志道、李慧林等人所绘《木兰图》卷之"马技"。
图中详细描绘了清高宗弘历在木兰围场驻跸大营
外，观看满蒙骑士追逐烈马、强拽马头，并为其
配上鞍辔的生动场面。

467

教驹

年代　乾隆二十五年（1760）
作者　[意] 郎世宁等
收藏单位　故宫博物院

　　本图选自清宫廷画家郎世宁等所绘《塞宴四
事图》横幅之"教驹"。清中期，皇帝每年赴热
河围场，在木兰秋狝结束后，通常举行盛大筵宴，
并同时举行四项竞技表演，称为"塞宴四事"，教
驹即为四事之一，其他三项分别为：什榜、诈马
和布库。所谓教驹，即骑生驹，是宴会上由扎萨
克蒙古为皇帝呈献的最后一项表演。教驹表演时，
蒙古王公献上一群刚刚三岁的生驹，它们从未配
过马鞍，更未被乘骑过，因此性情暴烈；首先由
二十名骑生驹手跃马持竿，套住所选生驹，之后
看准时机跃上其背，通过骑乘将其驯服，而后束
缚马笼、马鞍，遂告结束。

（二）布库角觝

阅看掼跤满蒙同乐

年代　乾隆二十五年（1760）
作者　［意］郎世宁等
收藏单位　故宫博物院

本图选自清宫廷画家郎世宁等所绘《塞宴四事图》横幅之"布库"。布库为满语，为摔跤、相扑之意，亦称角觝，为满蒙相聚宴会后经常举行的竞赛、娱乐活动。清帝每次与外藩蒙古聚会，在膳后进茶时，会由二十名武士在帐殿外两两相角，力争高下，比赛结束则赏赉优胜。当时，有大量蒙古力士参与布库，但各部规则不尽相同，其中扎萨克蒙古布库时脱帽，着短袖衣，相角时以致对方扑地为胜；厄鲁特蒙古布库时赤裸上身，不着靴，相角时对方扑地不为胜，唯以致对方扑地后"控首屈肩"不得脱为胜。在清朝宫廷中，专门成立了善扑营，以训练布库角觝，用胜利赢得外藩蒙古的尊重。

满洲人在入关前，即有宴会布库习俗。宫廷侍卫、亲兵平时也多有训练。康熙八年（1669），因开国勋臣鳌拜手握重兵、为人强悍、欺凌众臣，对皇权也构成威胁；八岁的小皇帝玄烨为除掉此患，即召集一群少年侍卫每日于宫中练习布库，最终由他们一举拿下权臣鳌拜，巩固了皇权。

按清宫定制，善扑营由都统、副都统管辖，下分两翼，设翼长和教习，选八旗勇士精练者，教习角觝技艺，参与宫廷筵宴和布库活动。至清末，在北京地方逐渐形成了"掼跤"习俗，于满蒙两族尚武者中尤为流行。

（三）冰上操演

469

冰上逐射

年代　清乾隆
作者　（清）金昆、（清）程志道等
收藏单位　故宫博物院

　　本图选自清宫廷画家金昆、程志道、福隆安等合绘《冰嬉图》卷，卷尾除有作者题款外，还有嵇璜所书清高宗弘历《御制冰嬉赋》长文。本卷旧藏于御书房殿，另有一幅相同题材的《冰嬉图》卷收藏于养心殿。图中细致描绘了宫中侍卫、护军或背插小旗，或携弓带箭，于西苑太液池冰面循冰道依次滑行、各展其技的生动画面。参与冰上表演的侍卫官兵姿态各异，在滑行中各展其能，在其穿越戟门时，还要弯弓搭箭劲射横梁上的彩靶，灵活的表演令人百看不厌。

　　满族起源于关外东北地区，这里天气寒冷，冰雪较多，很早就形成了宫中冰嬉、冰赛等习俗。清入关后，紫禁城西部有南海、中海、北海，西郊有圆明园、畅春园、清漪园（后改建为颐和园）等，这些皇家园林均有宽阔的湖面，在冬季会形成优良冰面，为宫廷中开展各种冰上活动提供了便利。每逢冬季节令，皇帝、后妃经常在宫廷侍卫保护下，前往太液池等处观看侍卫和其他八旗官兵进行冰上表演，宫廷画家则对这些活动进行描绘，留下多幅宫中冰嬉绘画，为我们了解清宫生活提供了图像资料。

470

五花八门各呈其技

年代 清乾隆

作者 （清）姚文瀚、（清）张为邦

收藏单位 故宫博物院

本图选自清宫廷画家姚文瀚、张为邦合绘《冰嬉图》卷，本卷旧藏于养心殿。目前所见清宫《冰嬉图》卷共有两卷，两者应使用同一个稿本，图中仅中心区域冰嬉表演人物不太一致，冰面上皇帝所乘冰车和用色差别较大，其他在全卷布局、建筑树木、人物鞍马等均大体相同，卷尾处嵇璜所书清高宗弘历《御制冰嬉赋》长文位置不一致，反映了清宫画作经常一稿多用的史事。

这幅由宫廷侍卫、护军在太液池冰面表演的画面，较上一幅更为有趣。前一幅《冰嬉图》中滑冰者均为单人依次滑行，而此幅滑冰者增加了难度，有两两相依并滑者，有一人擎举他人共滑者，有手举长杆其上站立娃娃者，更有两人并滑再擎他人者。滑冰者姿态各异，所持器械也更为自由和灵活，不再是单一的旗帜和弓箭，反映了冰嬉表演的丰富与多样。

471

护驾观冰嬉

年代 清乾隆

作者 （清）金昆、（清）程志道等

收藏单位 故宫博物院

本图选自清宫廷画家金昆、程志道、福隆安等合绘《冰嬉图》卷。图中绘清帝乘坐特制冰辇，于西苑太液池观看宫廷侍卫表演冰嬉场面。皇帝坐于冰辇中虽未见其面，但从周围的御前大臣、侍卫、佩仪刀侍卫、豹尾班侍卫和其他手持物品的内务府侍从来看，均符合宫内皇帝出行惯例。紫禁城的冬天颇为漫长，在此期间，八旗官兵利用冰面进行训练，即成为当时一项重要活动；而皇帝驾临观赏，则体现不忘祖制、保持满俗之心。据清朝史籍记载，乾隆二十五年（1760）一月，清高宗弘历曾"幸镜清斋看冰嬉"，"御冰床观焉，每冬二次之多"。说明当时宫廷侍卫的冰嬉活动较为常见。

（四）跑冰竞技

472

侍卫护军太液池竞赛

年代　清乾隆
作者　（清）沈源
收藏单位　台北"故宫博物院"

　　本图选自清宫廷画家沈源所绘《御制冰嬉赋图》轴。该图描绘了近百名八旗官兵于西苑北海冰上，举行速滑竞赛的热闹场面。图左上方有清高宗弘历亲笔所书《冰嬉赋》全文与序文。按清宫旧俗，冰上活动有"冰嬉""跑冰"等形式，此应为"跑冰"，即竞速争先的比赛。

　　乾隆时期，旗人已经入关百余年，对满洲旧俗渐有遗忘，八旗武功更是日渐衰退。清高宗弘历每逢冬至后或在腊八日，往往奉皇太后到太液池冰上观看冰嬉，一方面以示不忘根本，另一方面也藉此以修武事。事毕，经常对竞赛获胜者按名次行赏。图中可见八旗官兵在冰上正进行"跑冰"之赛，人人争先向前，终点处有大臣依次相接，以确定夺冠者名次，而皇帝的冰辇则在侍卫护从下停丁附近。

473

按旗竞技

年代　清乾隆
作者　（清）金昆、（清）程志道等
收藏单位　故宫博物院

　　本图选自清宫廷画家金昆、程志道、福隆安等合绘《冰嬉图》卷。图中描绘了宫廷禁卫官兵各着冰鞋，按照不同旗属、营属进行列队，准备依次进行比赛或表演。从画幅中的各支部队来看，数百名八旗官兵着装整齐、威风排列，一派生龙活虎的气势。

474

宫苑冰面跃跃欲试

年代　清乾隆
作者　（清）金昆、（清）程志道等
收藏单位　故宫博物院

本图选自清宫廷画家金昆、程志道、福隆安等合绘《冰嬉图》卷。满洲人来自东北地区白山黑水，人们在生活中竞争意识十分强烈，在比赛之时更显出其个性。本图中等待竞赛的八旗官兵似乎人人不甘落后，个个欲争第一，以至有数名侍卫张开双臂极力阻拦维持，这也反映了冰嬉活动的确为清人所喜爱。

475

宫廷原藏冰鞋

年代　清中晚期
收藏单位　故宫博物院

　　此双冰鞋为清宫旧藏宫廷侍卫、护军所用冰嬉之具。鞋身木质呈船形，前后制孔，穿系皮带，用于捆住双脚；鞋下面各安置平面铁条，以利冰上滑行。清宫原藏冰鞋看似简朴，其实际使用原理与当代冰鞋如出一辙，反映了清宫冰嬉活动的独特魅力。

（五）冰车之娱

476

冰上"国俗"

年代　清乾隆二十六年后
作者　（清）张廷彦等
收藏单位　故宫博物院

　　本图选自清宫廷画家张廷彦等所绘《崇庆皇
太后万寿图》卷。图中具体描绘了宫廷冰床外观
与使用情况。冰床又称拖床、胡床，原为北方民
族在冰雪上的交通、运输工具，以马匹、驼鹿、
犬或其他畜力、人力拉动而行。清早期即有冰床
使用；入关后，逐渐演化为宫廷娱乐之具，在西
苑各海、西郊各园湖中以及长河、护城河中均有
冰床应用。

　　乾隆二十六年（1761）十月二十五日，为清
高宗弘历生母崇庆皇太后七十寿辰，弘历为此在
宫廷内外举行盛大祝寿活动，并命画家用写实笔
法，将紫禁城直至清漪园等处张灯结彩、表演戏
曲的场面一一做以记录。此处所选画面，是宫廷
侍卫、护军等在河面牵拉冰床、冰船为皇太后祝
寿、娱乐的场景，从中可见清宫生活的另一个
侧面。

477

清高宗御用冰床

年代 清乾隆
作者 （清）金昆、（清）程志道、（清）福隆安
收藏单位 故宫博物院

　　本图选自清宫廷画家金昆、程志道、福隆安合绘《冰嬉图》卷。清朝宫廷早在关外即使用冰床，冰床既为生产生活用具，又是人们闲暇时的娱乐之具。清入关后，每逢冬季在西苑、西郊园苑湖中大量使用冰床，作为皇帝、皇太后等观赏侍卫、护军表演冰嬉的专用工具。从该图来看，清高宗弘历的御用冰床类于宫廷用辇，总体呈四方形，顶盖饰宝珠及行龙，冰床前部开门，其他三面以黄缎彩绣装饰，左右两侧留有观看窗口；冰床下部为木制船形，船下安铁条以便滑行。

478

冰上的龙辇

年代 清乾隆
作者 （清）姚文瀚、（清）张为邦
收藏单位 故宫博物院

　　本图选自清宫廷画家姚文瀚、张为邦合绘《冰嬉图》卷。图中所绘冰床较上图御用冰床更为奢华，无论是冰床造型还是内外装饰，显得富丽堂皇。清中期宫廷画家的创作，往往具有写实成分，因此两幅绘画所作冰床样式不同，很可能表明当时确有两种不同冰床，反映了宫中制器的高端与华丽。

《清宫帝后御用冰车图》

　　清宫生活及相关器具，吸收了大量中原传统文化，同时也保持着较多满洲特色。冰嬉即是满洲传统习俗之一，它源于关外，在努尔哈齐创建后金时期，宫廷中即有此俗。在辽阳东京城，努尔哈齐多次带领福晋（后妃）和侍卫在冰上比赛、娱乐。清入关后，随着宫廷器物制作不断提升，冰床、冰车、冰鞋的制作也愈加精美。在《钦定大清会典图》中虽没有冰床定制，但从传世的清宫绘画来看，可见其制式与帝后辇、舆、轿等比较接近，只是冰床下部要制成船形或双足式，以便安装铁条滑行。此图为清朝帝后御用冰车（冰床）简图，其外形基本源自清宫绘画，使我们可以了解清宫冬季娱乐与文化的特殊性。

冠 服 篇

　　清朝是中国封建社会最后一个王朝，其封建等级制度非常严格，尊卑有序，上下有别，在服饰制度方面也有着严明定制，如帝后、皇子、公主及王公贝勒、文武百官、命妇所穿用的服装，即分为礼服、吉服、常服、行服、戎服等多种，在不同场合穿用。每一类别的服装样式各不相同，并要依据穿用者的不同等级、爵位、官阶，采用不同的色彩、图案纹饰、材质用料，并佩戴不同的佩饰，以服装、佩饰这些外在的用品来体现和强化封建等级制度。

　　清宫侍卫作为清朝国家机器中的重要组成部分，在官阶等级和服饰制度方面，也遵循宫廷法则，建有严格定制；侍卫官员按照不同等级，戴用不同冠帽，穿着不同服装，佩戴不同佩饰，形成清朝宫廷中款式多样、色彩丰富的服饰景观。

　　依据清宫定制，宫廷侍卫有较为严格的等级划分。清中期，侍卫按定制可分为一、二、三、四等侍卫和蓝翎侍卫，其中一等侍卫官阶为正三品，共六十人；二等侍卫官阶为正四品，共一百五十人；三等、四等侍卫官阶为正五品，共二百七十人；蓝翎侍卫官阶为正六品，共六十人；宗室侍卫一等九人、二等十八人、三等六十三人。侍卫官员自上而下有领侍卫内大臣、内大臣、散秩大臣、侍卫班领、什长等职务。

　　据清人福格《听雨丛谈》记载："上三旗"侍卫，每十人各设什长一人，三旗设协理事务班领十二人（又有班领、署班领等名目，均于侍卫内择贤兼之），以上官员统归于领侍卫内大臣之下；每旗设领侍卫内大臣二人，三旗共有六人。在这些官员之外，又设御前大臣、御前侍卫、乾清门侍卫、大门侍卫、汉侍卫、上驷院司鞍、司辔侍卫，以及以侍卫之衔充任尚茶、尚膳、尚虞、鹰鹞房、鹘房、十五善射、善骑射、善鹄射和善扑、善强弓等职务的侍卫。其中，御前大臣或三四人，或五六人，均无定员，以王公勋戚大臣担任；御前侍卫多以王公、胄子、勋戚、世臣及其子弟充任，御殿则在帝左右，随扈则协助起居，满洲将领和大臣多由御前侍卫选出；乾清门侍卫，侍从立于檐溜，扈跸则弧矢前驱，均出入承明，以示亲近；大门侍卫，宿卫禁闼，执戟明光；汉侍卫，人数无定员，不论籍贯为满汉，凡武殿试考试出身者，均称为汉侍卫，其选充侍卫年满后，即直接外转到绿营任职，不再像其他侍卫那些更迁内擢。

清宫侍卫服饰作为宫廷服饰的组成部分之一，融合了满、汉多民族服饰特色。总体来看，侍卫服饰分为夏服、冬服两种，并按其穿着使用功能分为朝服、吉服、行服、常服和戎装等几大类。因侍卫官阶不同，其服饰在冠帽、服装、佩饰方面存在着明显差异。

如按照清宫定制，领侍卫内大臣、内大臣、散秩大臣、一等侍卫、二等侍卫、三等侍卫、蓝翎侍卫的官阶分别为正一品、从一品、从二品、正三品、正四品、正五品和正六品，他们穿着的朝服、吉服、行服等均依等级而定制。具体来看，侍卫官员的冠帽花翎、帽顶要依不同官职和级别，选用不同的孔雀翎（单眼、二眼、三眼）以及不同的宝石（红宝石、珊瑚、蓝宝石、青金石、水晶、砗磲）制成不同的帽顶；其朝服、吉服、行服服装，亦要依不同官阶，在图案纹饰和服装颜色、材质方面有所差别；不同侍卫所佩戴的朝珠、腰带等佩饰，也要各依官阶制成不同的样式。

一

冠帽与冠饰

（一）侍卫朝服冠

480

侍卫官员等级及其服饰表

清宫侍卫设置有不同等级，并按照等级差异严格穿用不同的服饰。每逢宫廷侍卫入宫当差执事或跟随皇帝外出，均要按例穿着各自的服装，戴用不同的冠帽，以此遵守宫廷服饰定度。从本质上说，清宫侍卫等级及相关服饰，已成为封建礼制的组成部分，成为标志封建官员政治地位和个人尊卑的外在符号。

职官	品秩	朝服	补服图案	端罩	朝冠顶饰
领侍卫内大臣	武职正一品	绣四爪蟒纹朝袍	麒麟	貂皮，里用蓝缎	红宝石
内大臣	武职从一品				
散秩大臣（都统、前锋统领、护军统领）	武职从二品		狮子		珊瑚
一等侍卫	武职正三品		豹	猞猁狲皮，间以豹皮，里用月白缎	蓝宝石
二等侍卫	武职正四品	绣四爪蟒纹朝袍	虎	红豹皮，里用素红缎	青金石
三等侍卫	武职正五品	绣四爪蟒纹朝袍	熊	黄狐皮，里用月白缎	水晶
蓝翎侍卫	武职正六品		彪		砗磲

481

领侍卫内大臣夏朝冠

年代 清晚期
收藏单位 沈阳故宫博物院

此冠为清宫侍卫官员曾用官帽。按照清朝官制规定，领侍卫内大臣属职官正一品，其朝冠帽顶按正一品级别戴用红宝石，以此标志其特殊等级和地位。冠帽是典型的清宫夏朝冠样式，总体呈锥体，冠面覆盖丝状红缨穗，冠顶部镶嵌多菱立柱式红宝石顶珠。

清宫冠帽主要分为朝冠、吉服冠、行服冠、常服冠等几种，多数冠帽又按使用时间和样式差别，分为夏冠（凉帽）、冬冠（暖帽）两大类；许多宫廷侍卫、皇帝身边的近臣，可按皇帝恩赐戴用孔雀花翎，形成所谓的"顶戴"和"花翎"。清宫夏朝冠的外形类似小斗笠，以藤草或竹丝编制帽体，外裱米色罗料，其上覆盖丝绵状红缨；朝冠顶部，安有铜鎏金三层顶饰，其表面錾刻精美的花纹，帽顶最上部镶嵌各色宝石，以此标明官员的不同品级。

482

头戴朝冠、身着朝服的御前大臣

年代　清雍正
作者　佚名
收藏单位　故宫博物院

本图选自清宫绘画《先农坛祭祀图》第一卷，绢本设色。该件作品细致描绘了雍正皇帝胤禛在御前大臣、侍卫保护下，前往先农坛举行祭祀活动的场面。从画面上看，胤禛徒步行进在先农坛御路，其身前、身后均伴随着御前大臣和侍卫、亲兵。走在他身前的是两排引路大臣，分别是十位御前大臣、两个执炉侍卫和两位亲信近臣，御前大臣所穿服饰为典型的宫廷样式，甚至其朝冠顶珠也描绘得十分清晰，为立柱多菱形红宝石，足见该件画作具有较强的纪实性质。

483

散秩大臣夏朝冠

年代　清晚期
收藏单位　沈阳故宫博物院

　　此件冠帽为清宫旧藏侍卫官员夏朝冠。从冠帽顶部镶嵌的多菱立柱式红珊瑚宝石来看，应属职官中的从二品官员，即侍卫中的散秩大臣。冠帽总体呈喇叭式，米白色的帽顶与红色的帽缨形成鲜明对比，帽里为红绸料；冠帽下沿前部缝有一颗珍珠，作为装饰标识。朝冠上部缀铜鎏金顶饰，镶嵌着立式珊瑚宝石。按清朝官制规定，散秩大臣为从二品，帽顶藏用珊瑚。此外，八旗都统、前锋统领、护军统领等守护紫禁城的相关官员，其冠帽顶子亦按例戴用珊瑚顶子。

《一、二、三等侍卫及蓝翎侍卫冬朝冠图》

这幅朝冠图出自清乾隆朝刊印的《钦定大清会典图》卷六十四、冠服八，为侍卫官员冬季戴用的官帽。清宫一、二、三等侍卫，蓝翎侍卫所戴冬朝冠样式皆相同，仅冠帽顶端镶嵌的宝石各异，以此区分侍卫等级，其中一等侍卫同职官正三品，帽顶镶蓝宝石；二等侍卫同职官正四品，帽顶镶青金石；三等侍卫同职官正五品，帽顶镶水晶宝石；蓝翎侍卫同职官正六品，帽顶镶砗磲。

据清宫典籍记载，一、二、三等侍卫，蓝翎侍卫冬朝冠制为："檐上仰，上缀朱纬长出檐"，"梁二，在顶左右。檐下两旁垂带，交项下"。冬朝冠以貂皮、獭皮、猞猁狲皮等制成，帽顶镶嵌各色宝石，以此区分官员不同等级。按清廷规定，官员朝冠最初不许用珍贵的貂尾制帽，至清中晚期约束渐弛。

一等侍卫冬朝冠

年代　清晚期
收藏单位　沈阳故宫博物院

此件冠帽为清宫侍卫所戴冬朝冠，从冠帽顶部镶嵌多菱立柱式蓝宝石来看，应属品官系列正三品官员，即一等侍卫所戴用。冠帽以貂皮制成外面，里面缝红绸，冠帽上面覆盖红色绒丝。根据清宫典籍记载，一等侍卫朝冠的帽顶为：镂花金座，中饰小红宝石，上衔蓝宝石，并加戴一眼孔雀花翎。

清初，王公贝勒、大臣官员和侍卫帽顶均采用各色宝石。至雍正朝，世宗皇帝根据宝石奢华、稀缺等实际情况，特传旨许用相同颜色的玻璃替代宝石；因此至清中晚期，大多数官员的冠帽顶饰，已经改用各色玻璃，显得更加闪亮和耀眼。

《一等侍卫冬朝冠彩图》

本图选自清乾隆朝编绘的《皇朝礼器图》册之"冠服"，为图册中的一开。原图由清宫画家冷鉴、黄门等人绘制，用笔细腻，敷色艳丽，造型准确。该幅册页以左文、右图形式，详细描绘了一等侍卫冬朝冠的样式，冠帽顶部镶嵌蓝宝石，并插有一枝单眼孔雀花翎，绘画之旁辅以文字说明："一等侍卫冬朝冠。谨按本朝定制：一等侍卫冬朝冠顶如文三品，戴孔雀翎。"

按《大清会典》记载，一、二、三等侍卫及蓝翎侍卫冬朝冠均以薰貂皮制成帽檐，"檐上仰"；以青缎为帽外面，以红绸布为帽里面；冠上满覆朱纬，长出于冠檐；冠梁皆为两个，在帽顶左右两侧；冠帽左右檐下有垂带，交于项下。

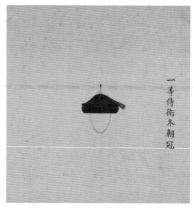

487

《二等侍卫冬朝冠彩图》

本图选自清乾隆朝编绘的《皇朝礼器图》册之"冠服"，为图册中的一开。该册由清宫画家冷鉴、黄门等人绘制。图中冠帽为二等侍卫冬朝冠样式，冠帽顶部镶嵌青金石，并插有一枝单眼孔雀花翎。绘图左侧辅以文字说明："二等侍卫冬朝冠。谨按本朝定制：二等侍卫冬朝冠，顶如文四品，戴孔雀翎。"

根据清宫典籍记载，二等侍卫朝冠帽顶为：镂花金座，中饰蓝宝石，上衔青金石，并加戴一眼孔雀花翎。

488

《三等侍卫冬朝冠彩图》

本图选自清乾隆朝编绘的《皇朝礼器图》册之"冠服"，为图册中的一开。册页由清宫画家冷鉴、黄门等人绘制。本幅册页所绘冠帽为三等侍卫冬朝冠样式，冠帽顶部镶嵌水晶石，并插有一枝单眼孔雀花翎。册页左侧以楷书写明侍卫等级和冠帽顶饰："三等侍卫冬朝冠。谨按本朝定制：三等侍卫冬朝冠，顶如文五品，戴孔雀翎。"

根据清宫典籍记载，三等侍卫朝冠帽顶为：镂花金座，中饰小蓝宝石，上衔水晶石，并加戴一眼孔雀花翎。

489

《蓝翎侍卫冬朝冠彩图》

本图选自清乾隆朝编绘的《皇朝礼器图》册之"冠服"，为图册中的一开。册页由清宫画家冷鉴、黄门等人绘制。这幅册页具体描绘了蓝翎侍卫冬朝冠的样式，其冠帽顶部镶嵌白色砗磲，并插有一枝蓝色羽翎，蓝翎侍卫即因此而名。在册页左侧，明确记载蓝翎侍卫冠帽顶饰："蓝翎侍卫冬朝冠。谨按本朝定制：蓝翎侍卫冬朝冠，顶如文六品，戴蓝翎。"

根据清宫典籍记载，蓝翎侍卫朝冠帽顶为：镂花金座，中饰小蓝宝石，上衔砗磲，并加戴蓝翎。

490

《一、二、三等侍卫及蓝翎侍卫夏朝冠图》

此幅朝冠图选自清乾隆朝刊印的《钦定大清会典图》卷六十四、冠服八，为侍卫官员夏季戴用的官制冠帽。清宫一、二、三等侍卫和蓝翎侍卫所戴夏朝冠样式相同，帽顶上部按不同等级，镶嵌各色宝石，以此形成不同的等级标示。

按清宫典籍记载，一、二、三等侍卫和蓝翎侍卫夏朝冠制式为："织玉草或藤丝、竹丝为质，裱以罗，缘石青片金二层，里用红片金或红纱。檐敞，上缀朱纬，内加圈，带属于圈。""梁二，在顶左右。檐下两旁垂带，交项下。"帽顶按不同等级饰各色宝石。

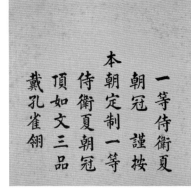

491

《一等侍卫夏朝冠彩图》

本图选自清乾隆朝编绘的《皇朝礼器图》册之"冠服"，为图册中的一开。原图由清宫画家冷鉴、黄门等人绘画，用笔细致，色彩艳丽，造型标准。

该幅册页以左文、右图形式，详细描绘一等侍卫冬朝冠样式，冠帽顶部镶嵌蓝宝石，并插有一枝单眼孔雀花翎，绘画左侧辅以文字说明："一等侍卫夏朝冠。谨按本朝定制：一等侍卫夏朝冠，顶如文三品，戴孔雀翎。"

492

二等侍卫夏朝冠

年代　清晚期
收藏单位　沈阳故宫博物院

此件冠帽为清宫侍卫曾使用过的夏朝冠，由冠帽顶部所镶青金石来看，应属品官系列正四品官员，即二等侍卫所戴用。冠帽以玉草编织帽壁，外裱米色罗面，帽里缝红绸；冠沿有一圈锦纹装饰，冠前沿缝有一颗珍珠，冠面覆盖绒状朱缨，顶部安插铜鎏金錾花顶饰，最上面镶嵌立柱菱形青金石顶子。冠帽下左右两边安有系带，用于佩戴使用。

493

《二等侍卫夏朝冠彩图》

本图选自清乾隆朝编绘的《皇朝礼器图》册之"冠服"，为图册中的一开。该册由清宫画家冷鉴、黄门等人绘制。图中冠帽为二等侍卫夏朝冠样式，冠帽顶部镶嵌青金石，并插有一枝单眼孔雀花翎。绘图左侧配有文字说明："二等侍卫夏朝冠。谨按本朝定制：二等侍卫夏朝冠，顶如文四品，戴孔雀翎。"

494

三等侍卫夏朝冠

年代　清晚期
收藏单位　沈阳故宫博物院

　　本件冠帽为清宫侍卫曾使用过的夏朝冠，据冠帽顶部所镶水晶石来看，应属品官系列正五品官员，即三等侍卫所戴用。冠帽以玉草编织帽身，外裱浅米色罗面，帽里缝红绸；冠下沿处缝有一圈石青片金织物，冠面上覆盖绒状朱缨，顶部安插铜鎏金錾花顶饰，最上面镶嵌立柱菱形水晶石顶子。冠帽下左右两边安有系带，并可按头部大小调整系带长短。

495

《三等侍卫夏朝冠彩图》

　　本图选自清乾隆朝编绘的《皇朝礼器图》册之"冠服"，为图册中的一开。册页由清宫画家冷鉴、黄门等人绘制。本幅册页所绘冠帽为三等侍卫夏朝冠样式，冠帽顶部镶嵌水晶石，并插有一枝单眼孔雀花翎。册页左侧以楷书记载侍卫等级和冠帽顶饰："三等侍卫夏朝冠。谨按本朝定制：三等侍卫夏朝冠，顶如文五品，戴孔雀翎。"

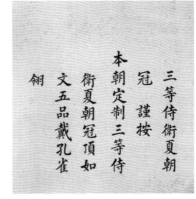

496

《蓝翎侍卫夏朝冠彩图》

　　本图选自清乾隆朝编绘的《皇朝礼器图》册之"冠服"，为图册中的一开。该册页由清宫画家冷鉴、黄门等人绘制。本开册页具体描绘了蓝翎侍卫冬朝冠的样式，其冠帽顶部镶嵌白色砗磲，并插有一枝蓝色羽翎，以此区别于戴孔雀翎的一、二、三等侍卫。在册页左侧，明确记载了蓝翎侍卫冠帽顶饰："蓝翎侍卫夏朝冠。谨按本朝定制：蓝翎侍卫夏朝冠，顶如文六品，戴蓝翎。"

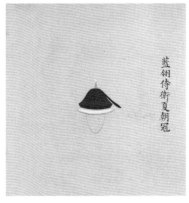

（二）吉服冠、行服冠

497

《一、二、三等侍卫、蓝翎侍卫冬吉服冠图》

　　本图选自清乾隆朝刊印的《钦定大清会典图》卷七十三、冠服十七。按清宫定制，凡宫中举行筵宴、婚礼等吉庆活动，宫廷侍卫与王公贝勒、文武大臣均要跟随皇帝穿着吉服，头戴吉服冠。清宫侍卫所戴吉服冠，分为冬吉服冠、夏吉服冠两种样式，其中冬吉服冠与冬朝服冠外形相似，但帽顶覆盖红缨不同，而且帽顶存在较大差异。

　　据《大清会典》记载，清宫侍卫冬吉服冠制式为：以海龙皮、薰貂皮、紫貂皮等毛皮制作冠帽外檐，以青色（深蓝色）、黑色缎制作冠帽外面，以红绸纱制作冠帽里面；"檐上仰，上缀朱纬长及于檐"，冠顶均为一梁，横亘于帽顶之上，"檐下两旁垂带，交项下"。另外从清宫绘画及传世实物看，吉服冠与行服冠外形基本一致，只是使用的场合有所不同，其称谓也因此而改变。

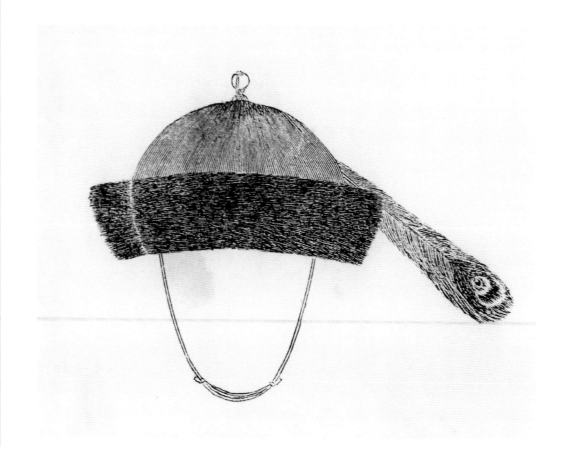

一等侍卫冬吉服冠

年代　清晚期
收藏单位　沈阳故宫博物院

　　本件冠帽为清宫一等侍卫曾戴用过的冬吉服冠。冠帽以黑质绒呢制作，外檐上仰，帽里缝红绸衬布；冠顶满覆编穗红缨；冠顶中央安有帽顶，顶上镶嵌蓝宝石（玻璃）珠子。在帽顶根部衔接一只翡翠制成的翎管，用于安插孔雀翎。

　　根据清宫定制，宫廷侍卫吉服冠按不同等级，戴用不同宝石帽顶顶珠，其中一等侍卫冠顶如文三品，其吉服冠顶用蓝宝石；二等侍卫冠顶如文四品，其吉服冠顶用青金石；三等侍卫冠顶如文五品，其吉服冠顶用水晶石；蓝翎侍卫冠顶如文六品，其吉服冠顶用砗磲。

《一等侍卫冬吉服冠彩图》

　　本图选自清乾隆朝编绘的《皇朝礼器图》册之"冠服"，为图册中的一开。该册页由清宫画家冷鉴、黄门等人绘制。本册页细致描绘了一等侍卫冬吉服冠的样式，并附以说明文字。图册为右图左文式，右侧题书："一等侍卫冬吉服冠"，绘冬吉服冠样式，其冠帽顶部镶嵌蓝宝石，并插有一枝孔雀花翎。左侧以楷书题写："一等侍卫冬吉服冠。谨按本朝定制：一等侍卫冬吉服冠，顶如文三品，戴孔雀翎。"

　　另据《大清会典》记载，宫廷侍卫冬吉服冠采用海龙皮、薰貂皮、紫貂皮外檐，其使用时间有特殊的规定，其中立冬前穿吉服时，戴海龙皮檐吉服冠；立冬后十一月初一日以前、次年元月十五日上元节以后，戴薰貂皮冬吉服冠；十一月初一日至次年元月十五日上元节期间，戴紫貂皮冬吉服冠。从清宫传世实物看，侍卫吉服冠除以兽皮制作冠帽外檐外，常用青（深蓝）绒呢、黑绒呢等材料。

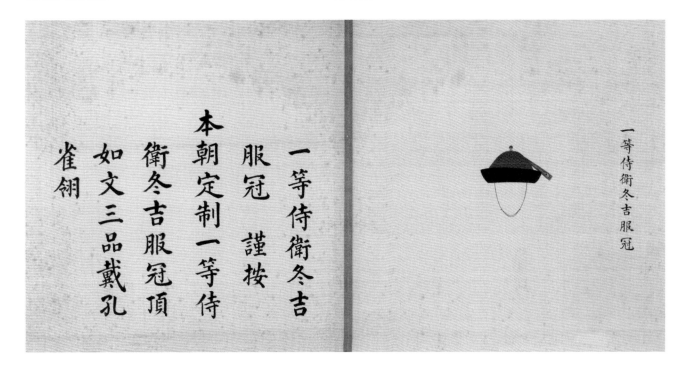

500

二等侍卫冬吉服冠

年代 清晚期

收藏单位 沈阳故宫博物院

本件冠帽为清宫二等侍卫所使用过的冬吉服冠，冠帽以黑质绒呢制作，外檐上仰，帽里缝红绸；冠顶满覆丝穗红缨；冠顶最上部安有帽顶，顶上镶嵌青金石珠子，其质地和色泽与一等侍卫所戴蓝宝石（玻璃）顶珠有明显不同。

清宫侍卫所戴冬吉服冠由满族传统的暖帽发展而成，满族人的暖帽多采用貂皮、獭皮、猞猁狲皮、鼠皮等兽皮制作。清中晚期，随着精致绒呢、毡呢、剪绒等广泛应用，暖帽也大量使用黑色、青色（蓝色）绒呢、毡呢或剪绒为制作材料，使暖帽更为美观和轻便，同时丰富了宫廷冠帽的制作原料。

501

《二等侍卫冬吉服冠彩图》

本图选自清乾隆朝所编绘的《皇朝礼器图》册之"冠服"，为图册中的一开。该册页由清宫廷画家冷鉴、黄门等人精心绘制。本开册页以左文右图形式绘制清宫二等侍卫冬吉服冠，在最右部以楷书题名"二等侍卫冬吉服冠"，其侧彩绘一顶冬吉服冠，冠顶安有青金石宝珠，顶饰旁边插带一枝单眼孔雀花翎。图左部以工整楷书题写："二等侍卫冬吉服冠，谨按本朝定制：二等侍卫冬吉服冠，顶如文四品，戴孔雀翎。"

清宫冠帽具有鲜明的满族文化特色，自清太宗皇太极时期，宫廷中已明确规定王公贵族和文武大臣均要戴用"菊花顶"红缨穗冠帽，但冠帽上的红缨穗制作并不相同。从现在传世的实物看，朝冠顶覆蓬松丝绒状的红缨，而吉服冠、行服冠顶覆则有两种，一种为较粗的编绳状红缨，另一种为较细的捻绳状红缨。因为此类红缨均以细绳制成，在侍卫官员行走或有风吹动时，即会摇动飘曳，形成动态的美感。

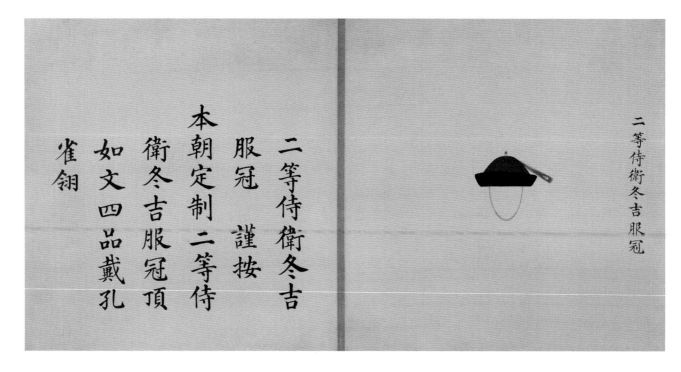

三等侍卫冬吉服冠

年代 清晚期
收藏单位 沈阳故宫博物院

本件冠帽为清宫三等侍卫曾用冬吉服冠，冠帽以黑质剪绒材料制作，帽体缝纫成条纹形状，帽里缝红绸衬布；冠顶满覆较粗的编绳红缨；顶部安有铜质錾花帽顶，顶上镶嵌一颗水晶石珠子，质地纯正，晶莹剔透。

清朝是以满族为统治核心建立起来的中央集权制帝国，自开国时期直至以后入主中原，在吸纳、接受蒙古族、汉族和其他少数民族人口时，曾实行较为严格的"薙发易服令"，这就使得满族传统服饰被推广到中原、江南以及全国各个地区，包括满族的暖帽和凉帽因此被广大国人所接受。今天，我们在许多清朝绘画中，都可以看到头戴暖帽的男子形象，只不过清宫侍卫、文武大臣的暖帽之上安有帽顶和各色宝石而已。

《三等侍卫冬吉服冠彩图》

本图选自清乾隆朝编绘的《皇朝礼器图》册之"冠服"，为图册中的一开。该册页由清宫画家冷鉴、黄门等人绘制。本开册页将清宫三等侍卫冬吉服冠作以图示和文字说明，册页右部以楷书题名"三等侍卫冬吉服冠"，绘有一顶冬吉服冠，

冠顶安有水晶石宝珠，顶饰之侧插带一枝单眼孔雀花翎。册页左部以楷书题写内容："三等侍卫冬吉服冠。谨按本朝定制：三等侍卫冬吉服冠，顶如文五品，戴孔雀翎。"

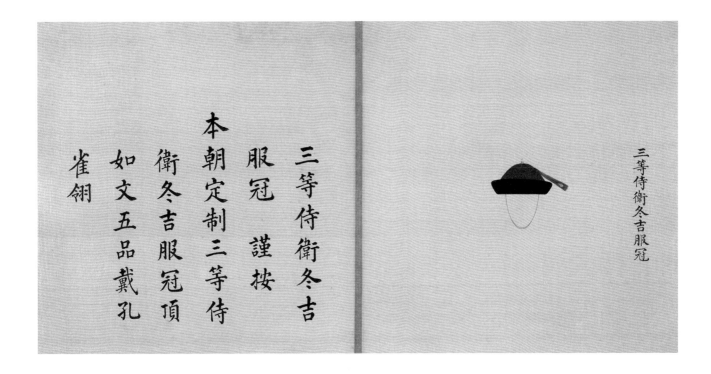

504

蓝翎侍卫冬吉服冠

年代　清晚期

收藏单位　沈阳故宫博物院

本件冠帽为清宫蓝翎侍卫所使用的冬吉服冠。冠帽以黑质绒呢制作，帽里缝红色绸布；冠顶满覆粗体编绳红缨，其上安有铜质錾花帽顶，帽顶之上镶嵌一颗白色砗磲珠子，颜色乳白纯净，与红缨穗形成鲜明对比。

清宫官制冠帽总体上可划分为暖帽、凉帽两种，其外部造型和所采用的原料也基本相同，暖帽均用貂、獭、鼠、绒、呢、毡等材料制作，凉帽多用玉草、藤、竹等材料制作，这些冠帽以冠顶镶嵌的各类宝石标志不同等级。按清朝颁行的服饰定制：文、武一品官，顶用红宝石；二品官，顶用珊瑚；三品官，顶用蓝宝石；四品官，顶用青金石；五品官，顶用水晶；六品官，顶用砗磲；七品官，顶用素金；八品官，顶用镂金；九品及未入流官，顶用镂银。清宫侍卫按其等级，所戴用的冠帽顶子也不尽相同。

505

《蓝翎侍卫冬吉服冠彩图》

本图选自清乾隆朝编绘的《皇朝礼器图》册之"冠服"，为图册中的一开。该册页由清宫画家冷鉴、黄门等人按皇帝旨意绘制。本开册页为清宫蓝翎侍卫冬吉服冠，以绘图和文字说明方式标示内容。册页右部楷书题名"蓝翎侍卫冬吉服冠"，左侧绘一顶冬吉服冠，冠顶安有砗磲宝珠，顶饰一侧插有一枝蓝色羽翎。册页左部以楷书题写："蓝翎侍卫冬吉服冠。谨按本朝定制：蓝翎侍卫冬吉服冠，顶如文六品，戴蓝翎。"

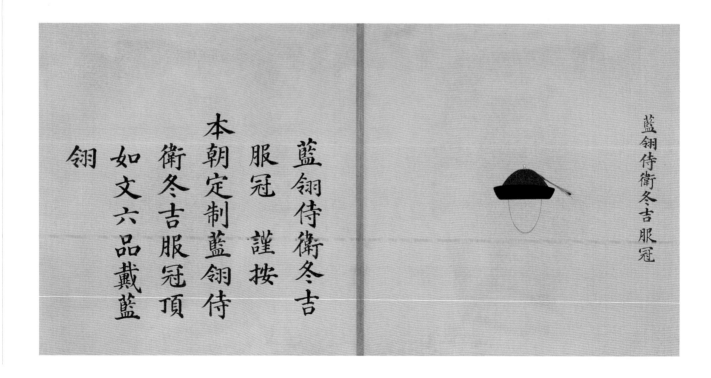

身着吉服、头戴夏吉服冠的侍卫官员

年代　清乾隆
作者　［意］郎世宁等
收藏单位　故宫博物院

　　本图选自清宫廷画家郎世宁等人创作的纪实性绘画《万树园赐宴图》。该幅作品描绘了乾隆十九年（1754）五月，清高宗弘历于承德避暑山庄万树园接见并宴请厄鲁特蒙古部落首领的史事。

　　从此图的局部特写可以看到，弘历在御前大臣、侍卫的簇拥下，端坐在十六人肩扛的轻步舆上，正缓缓进入万树园大蒙古包。其左右和身后随扈的诸王大臣、后扈大臣、众侍卫穿着典型的宫廷吉服，他们头戴宽檐夏吉服冠，冠顶满覆红缨穗，冠后插有孔雀花翎；身穿石青、深蓝色对襟补服，胸前、背后缀有方形、圆形补子，补服内穿着花色蟒袍，颈上悬挂朝珠，为清宫吉服样式做了最好诠释。

507

《一、二、三等侍卫，蓝翎侍卫夏吉服冠图》

本图选自清乾隆朝编印的《钦定大清会典图》卷七十三、冠服十七。清宫一、二、三等侍卫，蓝翎侍卫的夏吉服冠外形完全一致，均为玉草、藤条或竹丝编制的宽檐草帽式，冠沿处通常缝一圈片金织锦装饰；冠顶覆盖红丝绳编成的缨穗，最上部为铜鎏金帽顶，顶上镶嵌各色圆珠形宝石，作为不同等级侍卫的区别。按照清宫定制，一、二、三等侍卫和蓝翎侍卫的品级分别对应文武职官的三品、四品、五品和六品，故其夏朝冠帽顶宝石分别为蓝宝石、青金石、水晶和砗磲。

在清宫服饰中，朝冠与吉服冠分属两个系列，用于不同场合。其中冬朝冠、冬吉服冠在外形上基本相同，均以兽皮毛制作暖帽样式，但冠顶上的铜鎏金装饰和宝石造型却截然不同；夏朝冠、夏吉服冠在外形上基本相同，均以玉草、藤条、竹丝编制成斗笠样式，冠顶上的铜鎏金装饰和宝石造型也各不相同。朝冠帽顶的铜鎏金装饰为镂花三层，其上还分别镶嵌小宝石，最顶部宝石为多菱形立柱式；吉服冠帽顶的铜鎏金装饰仅为镂花一层，最顶部宝石为圆珠形。此外，朝冠帽顶红缨为绒丝状，而吉服冠帽顶红缨为编绳状，通过这些外形差异，即可将清宫冬、夏朝冠和冬、夏吉服冠几类冠帽加以区分。

508

《一等侍卫夏吉服冠彩图》

本图选自清乾隆朝宫廷画家冷鉴、黄门等人绘制的《皇朝礼器图》册之冠服，此为该图册中的一开。本开册页具体绘画清宫一等侍卫夏吉服冠样式，并以工整楷书加以说明。册页为左文右图式，册页右部以楷书题名"一等侍卫夏吉服冠"，以彩绘方式细致刻画一顶夏吉服冠，冠顶帽饰之上镶嵌一颗蓝宝石圆珠，顶饰之侧插带一枝单眼孔雀花翎。册页左部以楷书题写："一等侍卫夏吉服冠。谨按本朝定制：一等侍卫夏吉服冠，顶如文三品，戴孔雀翎。"

清宫侍卫冠帽、服装与皇帝、王公贝勒、文武百官一样，大体上可分为冬、夏两式，每年农历三月，由礼部奏请皇帝批准，全部更换为夏冠和夏服；至农历九月，再由礼部奏请皇帝批准，全部更换为冬冠和冬服，因此宫廷侍卫的夏朝冠、夏朝服以及夏吉服冠、夏吉服穿着时间，仅限于每年农历三月至八月这六个月期间；而冬朝冠、冬朝服以及冬吉服冠、冬吉服穿着时间，也只能在每年农历九月至次年二月这六个月期间。

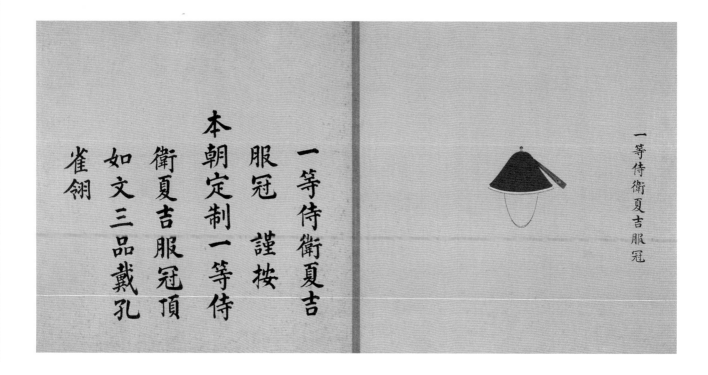

一等侍卫夏吉服冠

服冠　谨按

本朝定制一等侍

衞夏吉服冠顶

如文三品戴孔

雀翎

一等侍衞夏吉服冠

509

二等侍卫夏吉服冠

年代　清晚期
作者　佚名
收藏单位　沈阳故宫博物院

　　此件冠帽为清宫二等侍卫曾使用的夏吉服冠，其外部造型与夏朝冠大体相同，均以玉草、藤条、竹丝编制帽体，外裱米白色硬质罗料，帽里缝红绸，冠沿缝黄色锦边；冠面满覆丝绳编制的红缨，冠顶安有一层铜鎏金帽顶，最上部安一颗圆形青金石宝珠。

　　清朝实行严格的中央集权制，这一点从颁行的官制服饰上也有体现。从中央到地方各衙门，文武官员均按照不同等级，戴用不同的冠帽、穿着不同级别的服装，并按冬、夏时间不同，进行两季服装的更换。

510

《二等侍卫夏吉服冠彩图》

　　本图选自清宫画家冷鉴、黄门等人编绘的《皇朝礼器图》册之"冠服"，此为图册中的一开。本开册页右半幅绘清宫二等侍卫夏吉服冠具体样式，左半幅以楷书文字加以说明。册页右侧竖书题名"二等侍卫夏吉服冠"，题名左侧彩绘一顶夏吉服冠，冠顶帽饰之上镶嵌一颗青金石宝珠，顶饰之侧插带一枝单眼孔雀花翎。册页左侧以楷书题写："二等侍卫夏吉服冠。谨按本朝定制：二等侍卫夏吉服冠，顶如文四品，戴孔雀翎。"

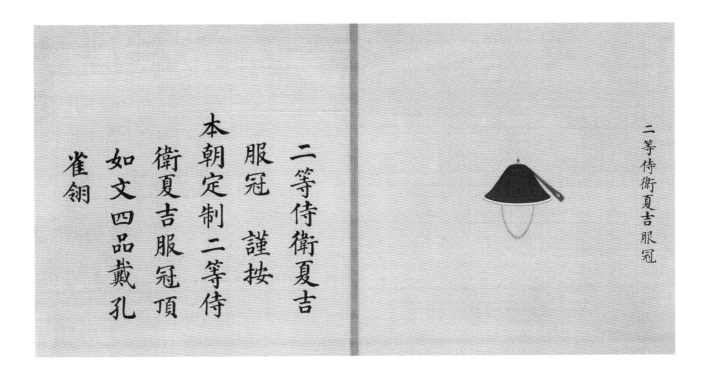

511

三等侍卫夏吉服冠

年代　清晚期

收藏单位　沈阳故宫博物院

此冠帽为清宫三等侍卫夏吉服冠，冠体以细竹丝编制而成，外裱米白色硬质罗料，帽里面缝红绸衬布，冠底沿缝制黄色锦边，前沿上部附缀一颗珍珠；冠帽表面满覆捻绳编制的红色缨穗，冠顶部安有一层铜鎏金帽顶，其上镶制一颗圆形水晶宝珠。

清宫官制冠帽由顶珠、帽顶、帽体、佩珠、花翎等几部分组成，朝廷对冠帽造型、材质、宝石顶珠虽有严格定制，但对帽顶样式却没有更多限定。从清宫传世的大量官制冠帽看，许多铜鎏金帽顶都很精巧，有的设计成花叶式，有的为莲瓣式，有的呈米珠状，还有被制成寿字纹或几何式，可谓花样繁缛、形制多样，表现出宫廷器物制作的精美和精巧。

512

《三等侍卫夏吉服冠彩图》

本开图册选自清宫画家冷鉴、黄门等人绘制的《皇朝礼器图》册之"冠服"，此为其中的一开。册页为传统的左文右图式，右边半幅绘制清宫三等侍卫夏吉服冠具体样式，左边半幅以楷书文字加以说明。册页右部题书"三等侍卫夏吉服冠"，题名左侧彩绘一顶夏吉服冠，冠顶帽饰镶嵌一颗水晶宝珠，顶饰之侧插带一枝单眼孔雀花翎。册页左边以工整楷书题写："三等侍卫夏吉服冠。谨按本朝定制：三等侍卫夏吉服冠，顶如文五品，戴孔雀翎。"

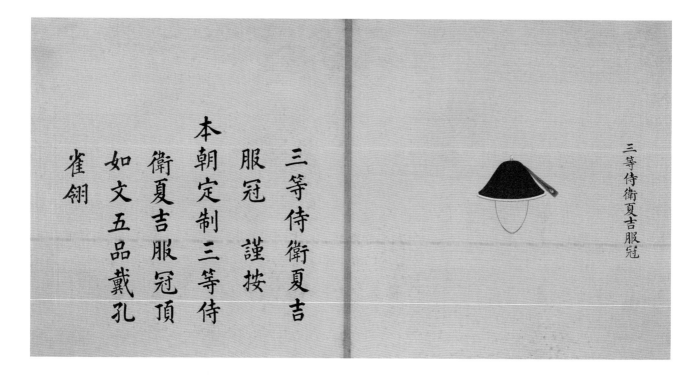

《清宫侍卫冬行冠图》

　　本图选自清乾隆朝编印的《钦定大清会典图》卷七十五、冠服十九。根据清朝典制记载，清宫侍卫冬行冠（亦称冬行服冠），"各如其冬吉服冠，顶翎各从其所得"。冬行冠具体样式为："檐上仰，上缀朱纬，长及于檐"，顶子所用宝石各随品级而定，"不加梁，檐下两旁垂带，交项下"。

　　清朝皇帝、诸王贝勒、大臣、侍卫、文武官员的行冠与吉服冠外形十分相似，其中用于筵宴、庆典等场合即称为吉服冠；用于巡幸、狩猎、出征等场合即称为行冠。两者较显著的区别仅在于冠帽顶子部位的"梁"，朝冠之上加有两梁，吉服冠之上加有一梁，而行冠之上不加梁，为我们区别清宫侍卫冠帽提供了参考标准。

514

《蓝翎侍卫夏吉服冠彩图》

　　此图选自清宫画家冷鉴、黄门等人奉旨绘制的《皇朝礼器图》册之"冠服"，为其中的一开。本幅册页有图有文，具体描绘并写明蓝翎侍卫夏吉服冠的样式。册页右部为绘图，最右侧题书"蓝翎侍卫夏吉服冠"，题名左侧彩绘一顶夏吉服冠，冠顶帽饰上镶嵌一颗砗磲宝珠，顶饰之侧插带一枝蓝色羽翎。册页左部以楷书题写说明："蓝翎侍卫夏吉服冠。谨按本朝定制：蓝翎侍卫夏吉服冠，顶如文六品，戴蓝翎。"

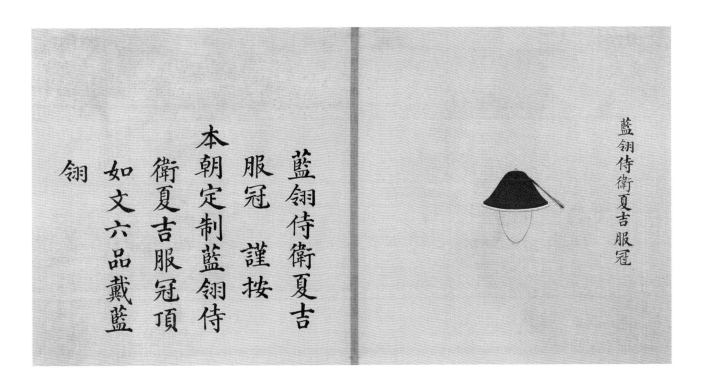

515

前锋营统领冬吉服冠

年代　清晚期
收藏单位　故宫博物院

此件冠帽为清前锋营统领冬吉服冠，冠檐采用黑色绒呢，冠帽以青缎布为面，红绸为里；冠檐上仰，檐两侧均有带，交于项下；冠顶覆以红绒绳丝穗，铜鎏金帽顶之上安制红珊瑚顶珠，帽顶后侧佩玛瑙翎管，内插单眼孔雀花翎，花翎两边另有貂尾制成的燕翅装饰，应为前锋营统领冬吉服冠样式。

516

清宫侍卫戴冬行冠及着装样式

年代　乾隆四十一年（1776）
作者　（清）徐扬
收藏单位　中国国家博物馆

本图选自清宫画家徐扬等人所绘《乾隆南巡图》第四卷"阅视黄淮河工"。乾隆十六年（1751）清高宗弘历首次南巡，巡视黄河并驾临江南形胜之地。作品共十二卷，其中第二卷所绘，即为乾隆皇帝亲临黄河河岸，实地踏察河情的场景。

此卷局部图，细致绘画了宫廷侍卫于黄河之滨护卫乾隆皇帝的场面。众侍卫头戴冬行冠，冠后皆插孔雀翎，身着黄色、蓝色马褂和各色行服袍，脚踏高勒靴，腰佩仪刀，面向皇帝恭敬侍立。他们头戴的冬行冠，与清宫典籍所载绘的样式完全一致，说明清中期宫廷服饰在制作和穿戴方面较为严格。

517

《清宫侍卫夏行冠图》

本图选自清乾隆朝编印的《钦定大清会典图》卷七十五、冠服十九。据清宫典籍记载，宫廷侍卫夏行冠与夏吉服冠在造型、选材等方面类似，但在制作上另有特色，更接近于纳凉的草帽。按史籍所载，其制式为："织玉草或藤丝、竹丝为之，上缀朱氂（牦）"，"顶翎各从其所得用"。从图中可见，侍卫夏行冠的制作较夏吉服冠要简陋得多，玉草或藤竹丝的下沿向下部延长，以便遮阳挡尘；行冠表面的朱缨为飘絮状，与吉服冠顶覆编绳缨穗形成较大差异。仅帽顶、宝石装饰和两侧垂带与吉服冠尚为一致。

518

宫廷侍卫所戴单眼孔雀翎

年代　清晚期
收藏单位　沈阳故宫博物院

　　此件孔雀翎由天然翎羽附加其他兽毛捆系而成，为单眼（又称一眼）之翎，可直接插入翎管，构成清朝官制服饰中"顶戴花翎"的一个部分，是清宫侍卫佩戴在冠帽之上的特殊装饰物，象征地位高贵和拥有接近皇帝的特权。

　　满人作为清王朝的统治核心，在宫廷制度中为皇族和其他贵族制定了许多特权，包括官制服饰，均保留一些满洲贵族特权，如在冠帽之上佩戴鸟雀翎羽（孔雀翎、蓝翎）。从《大清会典》等史籍看，清宫侍卫官员（领侍卫内大臣、内大臣、散秩大臣等）和一、二、三等侍卫可于冬、夏朝冠及吉服冠，行冠上佩戴孔雀花翎，蓝翎侍卫可于冬、夏朝冠及吉服冠，行冠上佩戴蓝翎，这使得宫廷侍卫在品官冠帽、服装之外，较其他大臣、官员另具有标志性符号，使其在宫廷中拥有更显赫的地位。

519

清宫传世单眼花翎、双眼花翎

年代　清中晚期
收藏单位　山东博物馆

　　花翎是垂挂于清朝官制冠帽上的孔雀尾翎，是宫廷侍卫特殊身份和地位的标志物。这两件花翎一枝为双眼（二眼）翎，另一枝为单眼（一眼）翎，单眼花翎制作简单，以一枝孔雀尾翎加其他兽毛组合而成，双眼花翎以两枝孔雀尾翎叠加其他兽毛组合而成，两只花翎均露出孔雀尾羽的翎眼部分，色彩绚丽，气质高贵。

　　按照清朝典制规定，"顶戴花翎"有一眼、二眼、三眼之翎和蓝翎等几种形式，翎眼越多，象征地位越高，其中贝子、固伦额驸冠帽，皆加饰三眼孔雀翎；镇国公、辅国公、和硕额驸冠帽，皆加饰双眼孔雀翎；内大臣、一、二、三等侍卫以及前锋统领、护军统领、参领、前锋侍卫、诸王府长史、散骑郎等冠帽，皆加饰单眼（一眼）孔雀翎；亲王以下所属二、三等护卫以及前锋、亲军、护军校、蓝翎侍卫等冠帽，皆加饰无眼蓝翎。

520

清宫侍卫帽顶翎管

年代　清晚期
收藏单位　沈阳故宫博物院

　　两件翎管均为翡翠雕刻制造，属清宫旧藏，原为宫廷侍卫或其他贵族、官员所使用。翎管外形均为圆柱长筒式，一侧雕制成半环状，用于系绳悬挂；另一侧雕出较深的孔洞，用来安插孔雀翎或蓝翎。

　　有清一朝，翎管造型大体一致，均为立柱长管式，一侧为插孔，另一侧制有圆环，以便系挂佩藏。翎管作为官制服饰的配件，在清入关前开国时期即已应用。据《满文老档》记载，崇德元年（1636）皇太极颁定诸王贝勒、大臣服饰定制，将翎管作为普通人禁用的佩饰品，可见它在清宫服饰中拥有久远的使用史。

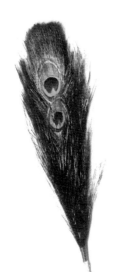

清铜烧蓝翎管（之一）

年代　清晚期
收藏单位　故宫博物院

　　此件翎管以铜烧蓝工艺制成，是清宫侍卫或其他贵族、官员曾用过的冠帽佩饰。翎管表面制成暗绿色连贯孔雀眼图案，管身中央预留出"喜"字铜底，构成精美的装饰效果。翎管上部制成铜环状，用于穿绳系挂；底部制成深孔，以便安插花翎。

　　清宫侍卫、官员所戴用的花翎翎管有多种多样的材质，清早期以金银、兽骨、木质为多，清中晚期则多由翡翠、玛瑙雕刻而成，其他尚有玉石、牙骨、兽角、瓷器及竹木等材料，甚至还有珐琅、烧蓝等工艺，构成小巧别样的翎管制品。

清铜烧蓝翎管（之二）

年代　清晚期
收藏单位　故宫博物院

　　此件翎管与前一件铜烧蓝翎管为一对，从其巧妙的设计和使用磨损程度来看，应是清宫侍卫或其他贵族、官员十分喜爱的冠帽佩饰。翎管由优质纯铜精心打造而成，表面以烧蓝工艺制作出层层相连的孔雀眼纹，深蓝色的底子与浅绿色的图案相互映衬，极为雅观；金色"喜"字则为人们带来美好的祝愿和祈福。

清翠翎管

年代　清晚期
收藏单位　故宫博物院

　　此套翎管为一对，均由翡翠雕刻制成，为清宫原藏，应是宫廷侍卫或其他贵族、官员使用的冠饰。翎管翠色碧绿，制作精细，另于上环部系有红绒绳，红绿相配，令人赏心悦目。翎管外形与其他翎管类似，均为圆柱长筒式，用以安插侍卫戴用的孔雀翎或蓝翎。

　　清朝早期，对翎管和孔雀花翎的使用曾有严格限制，许多在朝官员都将获戴花翎视为荣耀之事，纷纷奏请皇帝恩赐戴用，但多数未得首肯。康熙朝，曾在宫中任内大臣多年的施琅被授予福建水师提督一职，他率军收复台湾，因功被恩封靖海侯，当其恳请皇帝赐戴花翎时，却被兵部驳回，足见当时顶戴花翎是何等重要的身份标识。

清黄地粉彩缠枝莲纹翎管

年代　清晚期
收藏单位　故宫博物院

　　此件翎管为瓷质，为清宫侍卫、官员所用翎管中较少见到的材质。该翎管采用粉彩工艺，表面以黄釉为底子，其上彩绘宝相花、卍字和其他花瓣、几何图案，令人耳目一新；翎管上下两端，采用描金工艺，虽因使用而导致部分脱落，但仍能看出制作的用心。翎管上部制有小巧圆环，用于穿绳系挂。瓷质翎管的生产，反映了清宫制造业对宫廷侍卫、官员服饰制度的助力。

二

服装与佩饰

（一）侍卫礼服及佩饰

 525

《一等侍卫冬朝服彩图》

本图选自清宫廷画家冷鉴、黄门等人所绘《皇朝礼器图》册之"冠服"，全幅以细致笔法，彩绘清宫一等侍卫冬朝服样式。从服装造型看，属于满族传统的大襟袍，具有典型的马蹄袖、披肩领，服装选料为貂皮。该图用笔精湛，造型准确，将服装上的各色绣工以及貂皮之毛一一绘出，令人叹为观止。

清朝宫廷各式礼服、吉服服装，自始至终保留着浓厚的满洲特色，箭袖（马蹄袖）、披肩领（披领）以及大襟袍等样式，均是清宫服装最基本的要素；在其他方面，如采用的织绣面料、纹饰图案和色彩等，则吸收了中原传统形式，并在纹饰设计上有所创新。按照清高宗乾隆帝谕旨，清宫服装对明朝官服借鉴的原则是："即取其文（纹），何必仅沿其式。"目的正是使满洲服装样式能够长久沿袭下去，并以此维护满洲贵族统治与特权。

《一等侍卫冬朝服图》

　　本图选自清乾隆朝编印的《钦定大清会典图》卷六十四、冠服八。朝服为清朝宫廷最重要的官制礼服，在宫廷典礼、祭祀和许多仪式中，皇帝、诸王贝勒、大臣、侍卫均要穿着朝服，并且按季节不同，适时更换冬朝服、夏朝服。据《大清会典》记载，一等侍卫冬朝服制式为："蓝及石青诸色随所用，披领及裳俱表以紫貂，袖端薰貂；绣文（纹）：两肩、前后正蟒各一，襞积行蟒四。"

　　据清宫典制规定，皇帝、诸王贝勒、大臣、侍卫所穿朝服，均分为多款样式，在不同场合穿用不同样式的朝服。此外在服装纹饰、面料、色彩方面，要按不同等级各有差异，其中皇帝冬、夏朝服款式最多，使之变成封建等级制度的物化标志。

《一等侍卫冬朝服图（式二）》

　　本图选自清乾隆朝编印的《钦定大清会典图》卷六十四、冠服八。按照宫廷定制，清宫冬朝服在同一品级中，有的又可分为两种甚至三种款式，在服装图案、纹饰甚至选材用料上加以区别，以此形成服装的多样化。此为一等侍卫冬朝服的第二种样式，其制为："蓝及石青诸色随所用，披领及袖片金加海龙缘；绣文（纹）：两肩、前后正蟒各一，腰帷行蟒四，中有襞积；裳行蟒八；披领行蟒二，袖端正蟒各一；下幅八宝平水。"

　　从绘图样式和文字记述来看，一等侍卫两款冬朝服的主要区别在于：前一种朝服，是以紫貂皮做披领、大襟及袍料下摆（裳），以薰貂皮做箭袖（马蹄袖），襞积处绣四条行蟒；后一种朝服，是以片金加海龙缘做披领、箭袖、大襟和下摆，腰帷绣四条行蟒，中有襞积；此外在披领上绣两条行蟒，在两袖端各绣一条正蟒；下幅绣八宝平水图案。

《一等侍卫夏朝服图》

　　本图选自清乾隆朝编印的《钦定大清会典图》卷六十四、冠服八。此为清宫一等侍卫夏朝服样式，其定制为："蓝及石青诸色随所用，片金缘"，"绣文（纹）：两肩、前后正蟒各一，腰帷行蟒四，中有襞积；裳行蟒八；披领行蟒二，袖端正蟒各一；下幅八宝平水。"

　　清宫朝服分为冬、夏两式，两者虽在外观上比较相似，但选材用料却并不相同，冬朝服主要选用兽皮制作，有的直接用于服装外表，有的用于服装边缘装饰，服装里面通常缝以棉衬里，起到保暖作用；而夏朝服主要用单层锦缎制作，即使制有衬里，亦采用单面料。

529

《二等侍卫冬夏朝服图》

本图选自清乾隆朝编印的《钦定大清会典图》卷六十五、冠服九。按清宫定制，二等侍卫冬朝服与夏朝服均为同一款式，只是冬朝服可以兽皮或棉花制成衬里，夏朝服面料则为单层。据清宫定制，二等侍卫冬、夏朝服制式为："色用石青，剪绒缘，通身云缎；前后方襴，行蟒各一；腰帷行蟒四，中有襞积；领袖俱石青妆缎。冬夏用之。"

从清宫绘图样式和文字记述来看，二等侍卫服装已远低于一等侍卫，不仅冬季、夏季不分款式，所采用的服装面料也降级为"剪绒"，而服装上的纹饰更是减去了数条"正蟒"，仅以行蟒为图案，其他彩云和海水江崖图案均被省略，改用简单的云朵纹，可见等级尊卑与服饰制作的关系。

530

《二等侍卫朝服彩图》

本图选自清宫廷画家冷鉴、黄门等人所绘《皇朝礼器图》册之"冠服"，该图全幅为左文右图式。此图右侧题写"二等侍卫朝服"，用精准的笔法绘二等侍卫冬、夏朝服样式。全图着色淡雅，勾描精心，连服装表面石青色内部所织淡蓝色花纹也做了细腻刻画，表现出宫廷绘画创作的严谨与精确。

在画幅左侧，以工笔楷书题写："二等侍卫朝服。谨按本朝定制：二等侍卫朝服，剪绒缘，色用石青，通身云缎；前后方襴，行蟒各一；要（腰）帷行蟒四，中有襞积；领袖俱石青妆缎。冬夏皆用之。"从此图册记述文字看，与《大清会典图》所写内容几乎完全一致，体现了乾隆时期宫廷服装定制的一贯性。

531

《三等侍卫、蓝翎侍卫冬夏朝服图》

本图选自清乾隆朝编印的《钦定大清会典图》卷六十五、冠服九。在清朝宫廷中，三等侍卫和蓝翎侍卫属于等级较低的侍卫，他们穿用服装的规格也要低于一、二等侍卫，冬朝服、夏朝服外表不做区分，仅于袍里有棉、夹之分。按清朝宫廷定制，三等侍卫和蓝翎侍卫冬、夏朝服制式为："色用石青，剪绒缘"，"通身云缎；前后方襕，行蟒各一；中有襞积，领袖俱石青妆缎。冬夏用之。"

清宫三等侍卫、蓝翎侍卫穿用的朝服虽外表与二等侍卫朝服十分相似，采用的面料也大致相同，但两者之间还是有较明显的区别，如二等侍卫服装腰间制有一道横帷，其间绣四条行蟒；而三等侍卫、蓝翎侍卫服装腰间则再无行蟒图案，其等级自然低于二等侍卫。

532

《三等侍卫、蓝翎侍卫朝服彩图》

本图选自清宫廷画家冷鉴、黄门等人创作的《皇朝礼器图》册之"冠服"。该册具体描绘了包括侍卫在内的清朝皇帝、后妃、王公贝勒、大臣官员人等所穿服装和所用器物，因绘图精细、结构准确，使我们可以一睹清宫服饰、器物的精美设计与上乘品质。

本开册页于全幅右侧题写"三等侍卫朝服"，题侧精心描绘三等侍卫冬、夏朝服样式。图左侧以正楷题书："三等侍卫朝服。谨按本朝定制：三等侍卫朝服，剪绒缘，余俱如文五品朝服。蓝翎侍卫同。"

285

533

头戴朝冠、身着朝服的后扈侍卫

年代　清雍正
作者　佚名
收藏单位　故宫博物院

本图选自清宫廷画家所绘《祭先农坛图》第一卷。从图中刻画的三十二名后扈侍卫来看，其数量是扈从人数最多的一组，其中执豹尾枪的侍卫共有十二人，左右两侧佩刀侍卫各有十人。这些后扈侍卫头戴冬朝冠，身着带披肩领的朝服，或手执豹尾枪，或腰佩仪刀和弓矢囊鞬，紧随皇帝、大臣身后。他们在行进中依定例组成一个圆弧形保卫圈，其服装增加了清宫礼仪的美感。

按照清朝定制，凡皇帝出宫参加重大祭祀活动，宫廷侍卫均要穿着朝服扈从。此卷绘画描绘的场景和内容，具有较强的纪实性，无论是皇帝、御前大臣、前导侍卫，还是后扈大臣、后扈侍卫，其排位班次以及个人的服饰，均符合宫廷礼仪定制。

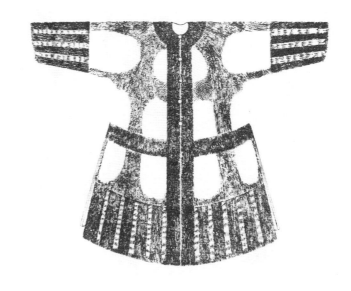

534

《一等侍卫端罩图》

　　本图选自清乾隆朝编印的《钦定大清会典图》
卷六十四、冠服八。按清宫定制，一等侍卫所穿
端罩制式为："用猞猁狲（皮），间以豹皮；月白
缎里。"其使用的兽皮，可以说是档次较高的品种。

　　根据清朝官制与服饰定制，宫廷侍卫在严寒
冬季参加执事时，可穿用不同兽皮制成的端罩，
且制作一、二、三等侍卫端罩的兽皮也各不相同，
其中一等侍卫端罩应采用猞猁狲皮间以豹皮，二
等侍卫端罩应采用豹皮，三等侍卫和蓝翎侍卫端
罩应采用狐皮；一等、三等侍卫端罩里子为月白
缎，二等侍卫端罩里子为红缎，以不同毛皮端罩
即可区分宫廷侍卫等级。

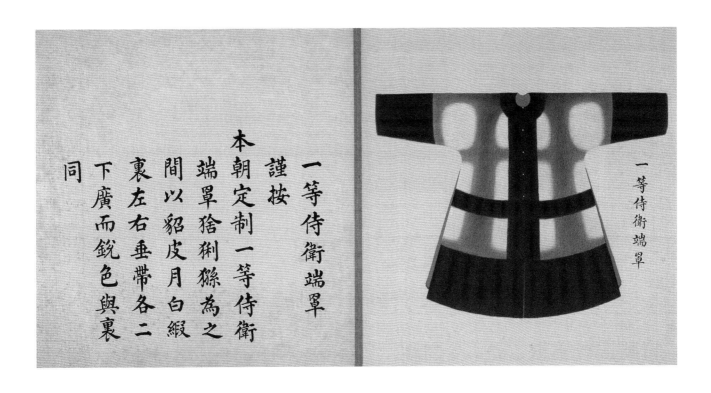

同下裏間本謹　一
　廣左端朝按　等
　而右罩定　　侍
　銳垂猞制　　衛
　色帶猁一　　端
　與各猻等　　罩
　裏二為侍
　　　之衛
　　月
　　白
　　緞

535

《一等侍卫端罩彩图》

　　本图选自清宫廷画家冷鉴、黄门等人绘制
的《皇朝礼器图》册之"冠服"。册页为传统
的左文右图式，其中右图半开，于图右侧楷书
题写"一等侍卫端罩"字样，以彩图方式描绘
一等侍卫端罩外形和毛皮花纹，端罩内为月白
（浅蓝）色缎面里子；左文半开，以工整楷书

题写："一等侍卫端罩。谨按本朝定制：一等
侍卫端罩，猞猁狲为之，间以貂皮；月白缎里，
左右垂带各二；下广而锐，色与里同。"

　　端罩是清宫官服中一种裘皮外褂，圆领，
对襟，平袖，腰袖宽大，衣长至膝，皮毛朝
外，对襟处缝有五枚铜扣，衣服两侧各附两条

长系带。皇帝、王公贝勒、大臣、侍卫等在冬
季举行大典时，可按制将端罩穿在龙袍、朝服、
蟒袍外面以御寒冷。清宫端罩穿用有严格的
等级制度，皮毛材质及褂里颜色均有等级
差别。

536

《二等侍卫端罩图》

本图选自清乾隆朝编印的《钦定大清会典图》卷六十五、冠服九。有清一朝，端罩属于皇帝、王公贵族、大臣、侍卫、文武官员专用的高档服装，通常罩于朝袍或吉服袍外面。制作端罩的兽皮主要有狐狸皮、貂皮、猞猁皮、豹皮等，不同等级的官员、侍卫按各自级别，制作不同兽皮面料的端罩。

按清宫典籍记载，二等侍卫端罩制式为："用红豹皮，素红缎里。"说明二等侍卫使用的端罩要以暗红颜色豹皮作罩面，因此类毛皮外观较为特殊，也较为容易区分和识别。

537

《二等侍卫端罩彩图》

本图选自清宫画家冷鉴、黄门等人绘制的《皇朝礼器图》册之"冠服"，该册页以文图并茂的方式具体描绘了二等侍卫端罩样式。册页右半开右侧题写楷书"二等侍卫端罩"，题字左侧彩绘二等侍卫端罩外形和毛皮花纹，端罩内里为红缎面里子，左右两侧缝有系带，其材质和颜色均与衣里面相同；册页左半以开楷书题写："二等侍卫端罩。谨按本朝定制：二等侍卫端罩，红豹皮为

之，素红缎里；左右垂带各二，下广而锐，色与里同。"

端罩是清朝宫廷中起源最早的官制服装之一，它继承于女真（满）族传统服饰，因此选用毛皮材料较为丰富。它既是礼服，与朝服合穿称为端罩；又是吉服，与龙袍、蟒袍等吉服袍合穿称为皮褂；在天气寒冷时，官员们在府宅内也可穿用，故用途广泛。

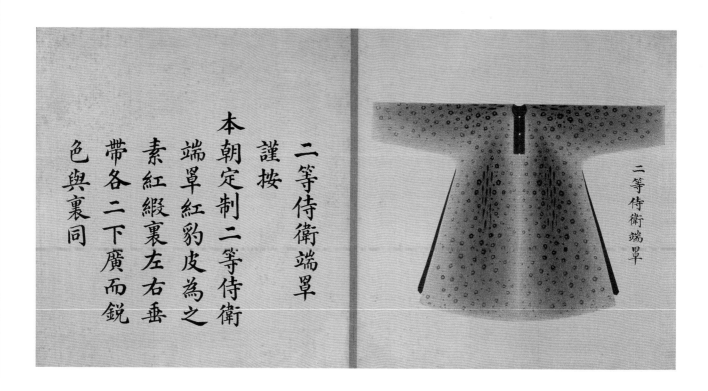

《三等侍卫、蓝翎侍卫端罩图》

本图选自清乾隆朝编印的《钦定大清会典图》卷六十五、冠服九。根据清宫定制，三等侍卫与蓝翎侍卫端罩为同一制式，其采用毛皮较一、二等侍卫较低，"用黄狐皮，月白缎里"，可以说远没有前两者那样好看和奢华。

清朝宫廷侍卫人数众多，他们在严寒的冬季不仅固守宫门，夜里还要在皇宫各处巡查，就必须穿着厚厚的毛皮大衣。因此清宫侍卫端罩可以说比其他王公大臣、官员端罩更有实用价值。至今，从清宫传世绘画当中，我们仍可看到各级侍卫在冬季守护紫禁城的场景，他们身上穿着的各式端罩，也成为我们了解清宫服饰制度的最好实证。

《三等侍卫、蓝翎侍卫端罩彩图》

本图选自清宫廷画家冷鉴、黄门等人所绘《皇朝礼器图》册之"冠服"。该册页为左文右图式，以图画和文字两种方式，记述三等侍卫、蓝翎侍卫端罩样式。册页右半幅右侧题写楷书"三等侍卫端罩"，题字左侧彩绘三等侍卫端罩外形，端罩内里为月白缎面，左右两侧均缝有系带；册页左半幅以楷书题写："三等侍卫端罩。谨按本朝定制：三等侍卫端罩，黄狐皮为之，月白缎里；左右垂带各二，下广而锐，色与里同。蓝翎侍卫（端罩）同。"

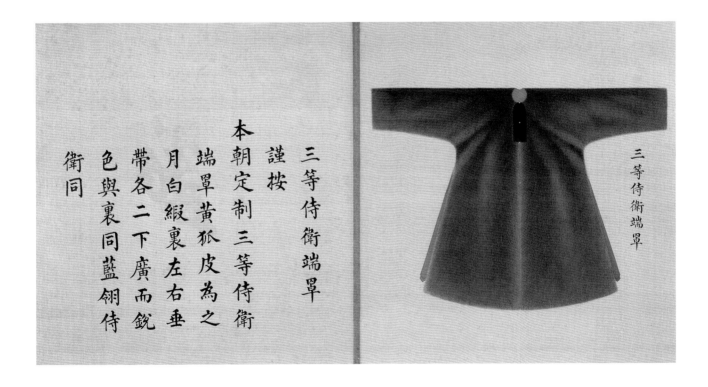

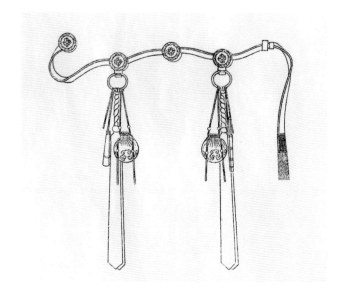

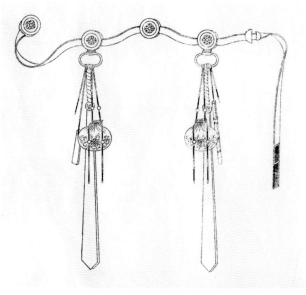

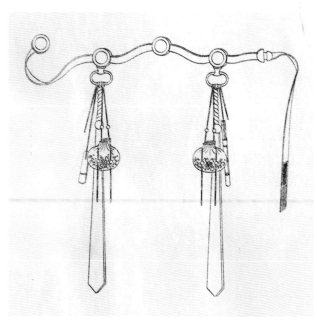

540

《一等侍卫朝带图》

　　本图选自清乾隆朝编印的《钦定大清会典图》卷六十四、冠服八。按照清宫定制，一等侍卫朝带缝制"镂花金圆版四"，说明腰带上有四块镂花金圆版，这也成为一等侍卫的外在标识。

　　朝带是清朝皇帝、王公贝勒、大臣、侍卫和文武官员穿着朝服时所系腰带，按照各自等级不同，他们系用腰带时，要以腰带的不同颜色、佩绦和带上装饰版，来明确上下尊卑、等级差异。

541

《二等侍卫朝带图》

　　本图选自清乾隆朝编印的《钦定大清会典图》卷六十四、冠服八。清宫侍卫朝带大体上规格一致，均制四块圆版，但材质各有差异。按宫廷典籍记载，二等侍卫朝带为"银衔镂花金圆版四"，即由一等侍卫的镂花金版，变为银衔镂花，使上下等级一目了然。

　　作为封建制度十分严格的帝制国家，清朝宫廷在服装用色上曾有较多规定，如明确定制：皇帝朝带使用明黄色，皇子等宗室人员朝带使用金黄色，皇室中的觉罗成员朝带使用红色；因罪革退的宗室人员不再使用金黄色带，而改用红色；因罪革退的觉罗成员不再使用红色带，而改用紫色。除以上皇家宗室、觉罗成员之外，所有官员不论高低品级，均使用石青色或蓝色朝带（腰带），而且对于违制者要处以重罚。

542

《三等侍卫、蓝翎侍卫朝带图》

　　本图选自清乾隆朝编印的《钦定大清会典图》卷六十五、冠服九。根据清宫定制，三等侍卫与蓝翎侍卫的朝带为相同等级，其腰带上缝制四块圆版，其中三等侍卫朝带上有"银衔素金圆版四"，而蓝翎侍卫朝带上有"银衔玎瑞圆版四"，以带版材质和形制将侍卫拉开等级界限。

　　清朝宫廷各等级官员、侍卫官阶的不同，决定了他们所用服饰的不同。朝带上除带版外另有佩帉、佩囊（荷包）和左锥、右刀等附件，这些佩饰的颜色、选材均要视官员等级而定。

⑤⑤③

《宫廷侍卫朝珠图》

　　本图选自清乾隆朝编印的《钦定大清会典图》卷六十一、冠服五。朝珠是清朝宫廷特有的官制佩饰，为满洲贵族所独创，男女皆可按例佩戴。上自皇帝、后妃，下至王公贝勒、大臣、侍卫、文武官员，其穿着朝服、吉服时，均要按制于胸前佩挂朝珠。

　　清宫侍卫所佩朝珠由一百零八颗材质相同的珠子组成主体，珠子之间按等分再穿四颗较大分珠，称为"佛头"；颈后正中的佛头之下，用绦子串连"背云"、大坠角；朝珠左右两侧，共附加三串"记念"（又写作记捻、纪念），每串记念各有十颗小珠和一个小坠角，当男性佩戴朝珠时，记念为左两串、右一串；女性佩戴朝珠时，记念为左一串、右两串。

⑤⑤④

宫廷侍卫、官员所佩朝珠

年代　清中晚期
收藏单位　沈阳故宫博物院

　　此件朝珠为清宫侍卫或官员曾佩戴的朝珠，主体为一百零八颗翡翠珠子，四颗大分珠由红珊瑚制成，佛头之下连有大块翡翠背云，其下附缀水滴状大坠角；三串记念由小玛瑙珠串成，其下小坠角亦由翡翠所制。该串朝珠制作精细，材质上乘，灰绿色的翡翠与红艳的珊瑚形成强烈对比，令人赏心悦目。

　　清宫朝珠最初源于佛教念珠，在清初形成使用定制，一直为皇室贵族、大臣官员和宫廷侍卫佩戴。朝珠材质十分丰富，有东珠、蜜蜡、珊瑚、绿松石、青金石、奇楠香、菩提子和玛瑙、翡翠等多种材料，其中东珠仅能由皇帝、皇后佩戴，珊瑚珠由地位较高的后妃和大臣佩戴，其他则无固定限制，仅以朝珠使用的绦带区分等级，除皇室成员专用明黄、金黄等黄色系外，所有侍卫和其他官员均用石青色、蓝色绦带。

（二）吉服、行服及其佩饰

《一、二、三等侍卫及蓝翎侍卫吉服袍图》

本图选自清乾隆朝编印的《钦定大清会典图》卷七十三、冠服十七。从外观来看，清宫侍卫吉服袍造型基本一致，但袍服上所绣蟒纹图案并不相同，以此标明侍卫的不同等级。按清宫定制，宫廷侍卫吉服袍均为蓝色或石青色，形制为圆领、马蹄袖，大襟两开裾，在领口及袖口处镶片金缘，其中一等侍卫吉服袍"通绣九蟒四爪"，二等、三等侍卫及蓝翎侍卫吉服袍"通绣八蟒四爪"。除此之外，还规定："赐五爪蟒缎者，亦得用之"，说明宫廷侍卫、官员如获皇帝赏赐，亦可穿用五爪蟒袍。

侍卫吉服袍又可称为蟒袍，从实际情况看，清宫侍卫穿着蟒袍的场合非常多，凡宫廷筵宴、迎銮以及冬至、元旦、万寿节等一应嘉礼和某些吉礼、军礼活动，他们均要穿此袍参与执事。

清蓝宁绸织金蟒袍

年代　清晚期
收藏单位　沈阳故宫博物院

此件蟒袍为清宫侍卫曾穿用的袍服，袍料为蓝色宁绸织金图案，大襟、圆领、马蹄袖，前后襟二开裾；袍身纹饰以金线织成，在前后胸、左右两肩及左右马蹄袖口处各织一条四爪正蟒，在前后人襟的下部、前后领口处各织网条四爪行蟒；在各蟒之间再织八宝、朵云图案；前后大襟下幅，织海水江崖、花卉及立水纹；领口至开襟处镶片金织锦，并缝有五枚铜扣。

清宫官制蟒袍，是皇子、王公贝勒、大臣、侍卫普遍穿着的吉服。袍服织绣的图案纹饰大体相同，主要有蟒纹、彩云、八宝纹、蝙蝠、寿字、花卉及海水江崖、立水等图案。因众臣皆穿此袍，自廷规定以绣蟒数量和蟒爪多少来区别官员等级。按清宫定制，蟒数有九蟒、八蟒、五蟒之分，蟒爪有五爪（皇帝特赐穿用）、四爪、三爪之别。

清蓝缎八宝云寿纹蟒袍

年代　清晚期

收藏单位　沈阳故宫博物院

此件蟒袍为清宫侍卫或官员曾穿用的袍服，袍料为蓝色缎面，大襟、圆领、马蹄袖，前后襟二开裾；袍服在前后胸、左右两肩、前后领口及左右袖口处各绣一条金色五爪正蟒，前后大襟左右部、前后领口处各绣两条金色五爪行蟒；在各蟒之间彩绣团寿字、八宝和彩云图案，前后胸正蟒之下彩绣花篮图案；前后大襟下幅及左右臂腕处，各彩绣海水江崖及立水纹。领口至开襟处缝有五枚铜扣，袍服里子为蓝缎面所制。清宫侍卫按制应穿四爪蟒袍，此件袍服蟒纹虽为五爪，但从其他辅助纹饰来看，应属于特赐的五爪蟒袍，由地位尊贵的宫廷侍卫或王公大臣、官员穿用。

根据清宫定制，侍卫吉服袍均无接袖，其款式只有一种，没有冬、夏之分，而是按照单、纱、夹、棉、裘等式制作，按天气冷暖和节令更换。故从外表看，吉服袍样式几乎完全一样。

《一、二、三等侍卫及蓝翎侍卫吉服带图》

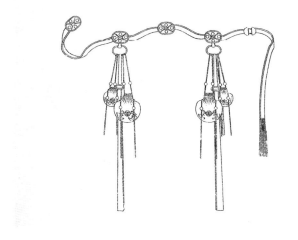

本图选自清乾隆朝编印的《钦定大清会典图》卷七十三、冠服十七。清宫一、二、三等侍卫和蓝翎侍卫吉服带制成统一样式。据清宫典籍记载，侍卫吉服带样式为："带色、佩绦如朝服带之制；版饰惟宜，佩帉下直而齐"。由此可知，清宫侍卫吉服带以及带上佩绦，均采用石青色或蓝色，带上缝制的四块圆版，按固定样式制作；其与朝服带的较大差别是，吉服带的佩帉下部无锐角，而是平直齐头式。这也为我们区别清宫朝服带、吉服带提供了参照标准。

《侍卫官兵行褂图》

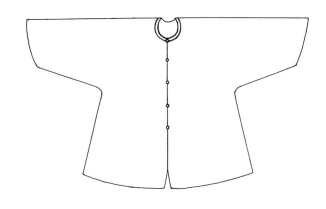

本图选自清乾隆朝编印的《钦定大清会典图》卷七十五、冠服十九。行褂为清朝皇帝、后妃以及王公贝勒、大臣、侍卫最常用的服装之一，其款式为：圆领对襟，衣长为半身式，袖长及肘，多为宽敞平袖，可制成棉、夹、纱、裘等多种衣服，用于不同季节和时令。宫廷侍卫所用行褂有几种款式，其外形大致相同，以颜色作为区分，如领侍卫内大臣、御前大臣、侍卫班领、八旗护军统领、健锐营翼长所穿行褂采用明黄色（亦称黄马褂）；八旗四正旗之副都统及前锋参领、护军参领、火器营官员各按旗色穿着行褂，即分别用黄、白、红、蓝四种颜色制作行褂，形成正四色行褂。

短款马褂是满族传统服饰之一。由于它方便穿脱，适宜马上活动，很早即受到满族人青睐。清朝建国后，马褂被引入宫廷服饰，在一些官制服装中得到沿用和创新，宫廷侍卫服装含有几款特殊的褂类制服，如黄马褂、正四旗行褂、镶旗行褂、豹尾枪侍卫行褂、虎枪营行褂等等，都体现了满洲服装的独特之处。

550

参加庆典身着蟒袍的侍卫

年代　清乾隆
作者　佚名
收藏单位　故宫博物院

本图选自清人绘《胪欢荟景图》册之一开"慈宁燕喜"。乾隆十六年（1751），清高宗弘历为其生母钮祜禄氏（崇庆皇太后）庆贺六十诞辰，传旨在宫中举行盛大欢庆仪式。是日，他亲率诸王贝勒、大臣、侍卫等前往慈宁宫，为皇太后举觞祝寿。

从本开册页描绘的场景看，高宗皇帝在大殿内立于母后筵桌前，手持酒杯正予庆贺；慈宁宫外丹陛左右两侧，整齐排立着献舞大臣，他们头戴朝冠，身着朝服，正待闻乐起舞；另外在丹陛下左右两侧，恭立着对舞侍卫，他们头戴吉服冠，身穿花色蟒袍，积极参与祝寿活动。

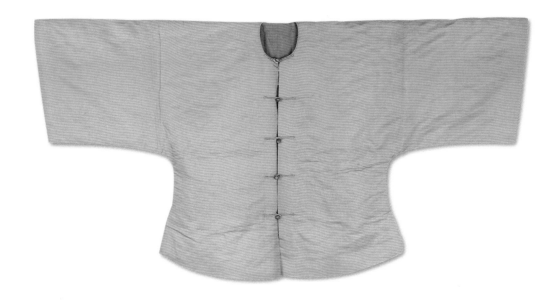

551

清宫侍卫黄马褂

年代　清中晚期
收藏单位　沈阳故宫博物院

此件黄马褂为清宫侍卫专用服装，为半身、圆领、对襟式，短袖宽大，对襟处缝有五枚铜扣；褂里面为浅蓝色衬里。凡御前侍卫随扈皇帝当差，均可按制穿用朝服或吉服，外罩黄马褂，起到保暖和标识身份的双重作用。

按照清朝定制，黄色质地的服装只能由皇室成员穿用，其他人若使用黄色衣料即可定以僭越之罪。宫廷侍卫作为保卫皇帝、后妃和守护紫禁城的禁卫军，受到皇帝恩宠的一个标志便是可穿用黄色马褂，由此形成宫廷侍卫的殊荣和特权。

552

御前侍卫穿着黄马褂样式

年代　乾隆四十一年（1776）
作者　（清）徐扬
收藏单位　中国国家博物馆

本图选自清宫廷画家徐扬所绘《乾隆南巡图》第四卷"阅视黄淮河工"。画卷用纪实性笔法，描绘了清高宗弘历首次南巡的史事。本卷主题为"阅视黄淮河工"，具体刻画了乾隆十六年（1751）弘历南巡途经山东，亲抵大河沿岸巡查治河工程的场景。从画面内容来看，数名宫廷侍卫面向皇帝环绕肃立，他们均头戴行服冠，身穿蓝、月白、棕、褐等色行服袍，腰腿外部系穿行裳（满语称都什希），每人上身穿黄马褂，制式完全相同，印证了侍卫行服褂——黄马褂早已是其随扈皇帝必备的服装。

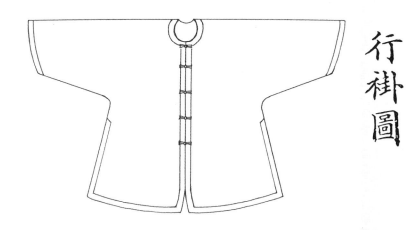

行褂圖

《镶四旗侍卫、火器营、健锐营官兵行褂图》

本图选自清乾隆朝编印的《钦定大清会典图》卷七十五、冠服十九。清宫侍卫经常护卫、扈从皇帝出宫，他们或是骑马或是徒步，大多穿用短小、轻便的行服褂。各类行服褂外形基本相同，颜色却各有差异，除以上所述黄马褂外，京师八旗各营要按例穿用正四旗行褂、镶四旗行褂，以此区别旗属。

按清宫定制记载，正四旗、镶四旗马褂在制式上一样，色彩或镶边则完全不同："其制式下正四旗相同，唯按旗属制有镶边。""八旗镶四旗之副都统与前锋参领、护军参领、火器营官、火器营兵、健锐营前锋参领、健锐营兵均用此样式行褂，其中镶黄旗、镶白旗、镶蓝旗饰红缘，镶红旗饰白缘。"另外对一些特殊兵种行褂，又做了特殊规定，其中"火器营兵，均着蓝色行褂，饰白缘"；"健锐营前锋参领，着明黄色行褂，饰蓝缘；健锐营兵着蓝色行褂，饰黄缘"。这些规定使款式单一的侍卫行服褂变得颜色丰富而多样。

豹尾班侍衞行褂圖

《豹尾枪侍卫行褂图》

本图选自清乾隆朝编印的《钦定大清会典图》卷七十五、冠服十九。清宫侍卫行服褂从款式上看大多为短款，唯独豹尾班侍卫行褂为长款，形成与绝大多数侍卫行褂完全不同的制式。

从《大清会典图》所载内容看，豹尾班侍卫行褂为"无袖坎肩式，全部用明黄颜色；前部制双带，用以系衣襟"。而其他侍卫行服褂制式均为两袖式，对襟处缝有五枚圆铜扣。由此，使得无袖、胸前系带的豹尾班侍卫行褂与其他行褂形成较大差别。

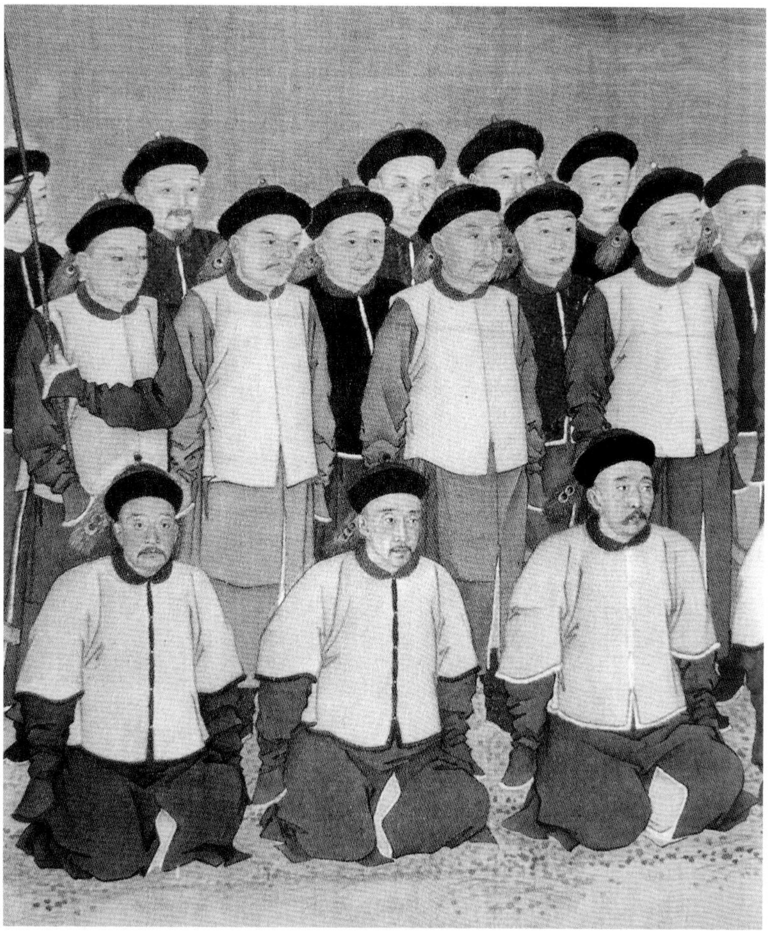

555

穿着黄马褂或行褂的宫中侍卫

年代　乾隆二十五年（1760）
作者　［意］郎世宁等
收藏单位　故宫博物院

本图选自清宫廷画家郎世宁等绘制的《塞宴四事图》横幅。此幅绘画描绘了清高宗弘历在塞外行围驻营期间，观看蒙古勇士摔跤比赛，并赐予锦缎布帛的场景。画中描绘多组侍卫形象，前排蹲坐者身穿黄马褂，头戴双眼甚至三眼孔雀翎，应是地位较高的侍卫官员；第二排站立者，有手执豹尾枪、身穿行服褂的官兵，有腰挎仪刀、身穿黄马褂的内廷侍卫；第三、四排站立者，均为身穿蓝色、石青色行服褂的八旗护军，他们当中有人穿着“蓝色行褂”，按宫廷服饰定制，即应属于火器营或健锐营官兵，因图上人物过多、服装细部不能全部绘制，其马褂领口、前裾的白缘、黄缘不能全部展现。

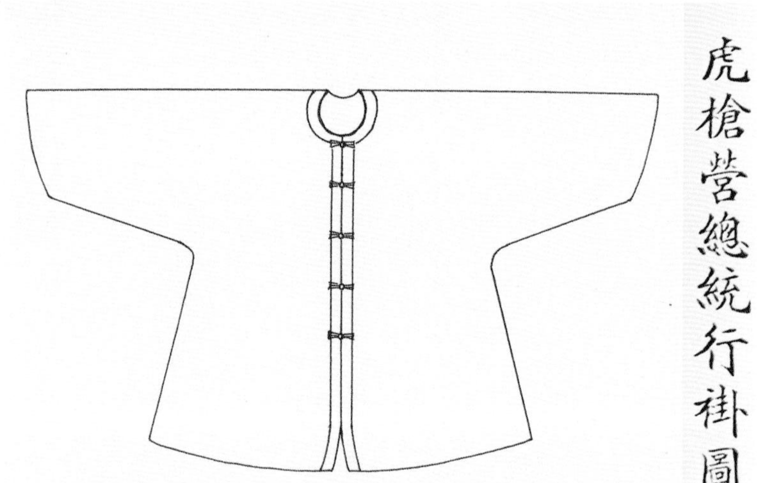

556

《虎枪营总统、总领，虎枪校、营兵行褂图》

本图选自清乾隆朝编印的《钦定大清会典图》卷七十五、冠服十九。按清朝典籍记载，虎枪营总统、总领，虎枪校和虎枪营兵行褂具有独立样式，其中虎枪营总统、总领行褂“颜色为金黄色；领口左右端，饰青缘直至前裾”；虎枪校行褂“颜色为红色”；虎枪营兵行褂“为白色；其领口左右端饰色，与总统行褂相同（青缘）”。

清宫侍卫部队的特殊组织——虎枪营，至清中期才正式出现，并被皇帝予以特殊重视。从清宫定制看，虎枪营官兵最靠近天子，其行服褂采用金黄色、红色、白色等鲜明颜色，与其他外围侍卫有所区别，能更好地起到警戒保护作用。

御前侍卫、虎枪营官兵各色马褂

年代　乾隆三十七年（1772）
作者　佚名
收藏单位　故宫博物院

　　本图选自清宫廷佚名画家所绘乾隆帝《猎鹿图》横幅。这件作品描绘了多名宫廷侍卫跟随乾隆皇帝在山野中狩猎的场景。画家用笔较为简略，但画面反映的狩猎活动却十分真实，所描绘的虎枪营侍卫的几种服装样式，为我们了解清宫侍卫服饰提供了实证。

　　从该图细部来看，乾隆皇帝和近十位侍卫头戴行服冠、身穿行服褂（马褂），侍卫均佩有孔雀花翎；其所穿马褂却分为几种颜色，计有金黄色、黄色和白色等几类。按照清宫侍卫服饰定制，亲随侍卫皆穿用黄马褂，而虎枪营总统、总领可穿用金黄色马褂，虎枪营兵丁可穿用白色马褂。至于马褂领口等处的"青缘"，因绘图较简而无法再现。

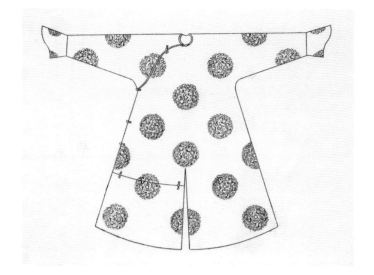

《清宫侍卫官员行袍图》

本图选自清乾隆朝编印的《钦定大清会典图》卷七十五、冠服十九。清宫侍卫跟随皇帝出宫狩猎、巡幸，按制穿着行袍。根据宫廷定例，侍卫行袍样式大体如常服袍，为圆领、大襟、马蹄袖式。为使侍卫骑马、行动之便，其一是将行袍衣长缩短，较常服袍减去十分之一；其二是将袍右裾制成特殊样式，在大襟下摆处裁去一块方形，而后再缝以纽扣系回袍服，目的是可随时拆下右襟，便于腿部行动。

行袍又称为行服袍、缺襟袍，皇帝、诸王、贝勒、大臣、侍卫出行均着此袍。行袍所用面料按季节不同，可采用棉、夹、纱、裘各种质地，表面可织暗花纹，亦可为素面素色。该类袍服款式独特，方便实用，成为体现满洲人善于骑射的代表服装。

清宫侍卫行袍

年代　清中晚期
收藏单位　沈阳故宫博物院

此件袍服原名清绛色素呢夹袍，是清宫旧藏服装，为典型的行袍样式。该袍以绛色素呢为面，浅蓝色绸为里，总体呈满洲袍服造型，圆领、马蹄袖、右衽大襟式。在袍服右下摆处，裁剪并以铜纽扣系一块长方形衣袂，形成"缺襟袍"样式，便于穿着者双腿活动，以利于清宫侍卫尽职尽责。

560

穿着蓝色马褂和行服袍的护军校

年代　乾隆二十五年（1760）
作者　[意] 郎世宁等
收藏单位　故宫博物院

　　本图选自清宫廷画家郎世宁等所绘《塞宴四事图》横幅。作品描绘了众多宫廷侍卫随清高宗弘历前往木兰围场，在野外观看武士摔跤活动的场景。他们有的侍立皇帝身边，有的在周围运输或准备餐饭，还有的认真守护御营，保卫营中的诸位后妃。该图局部所画这三位宫廷侍卫，均头戴行服冠，身着蓝色对襟马褂，内穿颜色各异的素面行袍，足蹬皂靴，气势威武。从他们所穿袍服来看，正是右下摆缺补一块的行服袍——"缺襟袍"。

561

《清宫侍卫行服带图》

　　此图选自清乾隆朝编印的《钦定大清会典图》卷七十五、冠服十九。按照清朝定制，诸王贝勒、大臣、侍卫跟随皇帝出宫，通常要穿着行服袍，腰系行服带。但在实际生活中，多数臣子并未按例系佩行服带，这一点在清宫绘画上多有证明。

　　清宫侍卫所系行服带，大多为石青色、蓝色，宗室出身的侍卫可系用黄色腰带，觉罗出身的侍卫则可系红色腰带；佩帉用素色布，较侍卫常服带略宽且较短，以方便其行动；腰带之上另系挂荷包、解食刀、火镰等物，既有装饰性，又具实用性。

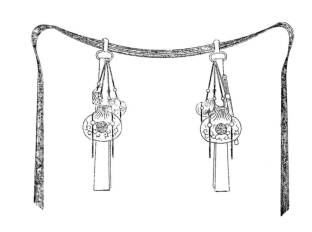

562

《清宫侍卫行裳图》

　　此图选自清乾隆朝编印的《钦定大清会典图》卷七十五、冠服十九。满洲人起源于东北地区，白山黑水，冬季寒冷漫长，人们骑于马上经常穿着皮衣皮裤，故宫廷中保持有行裳之制，即以兽皮、兽毛制成下裳，以避严寒。

　　侍卫与诸臣所穿行裳又称为"都什希"。按清宫定制，行裳造型为左右各一幅，左右两侧呈圆弧形，上部连接横带，系于腰间；表面为毡、夹、毛皮三种，颜色各异。冬季穿着皮毛所制行裳，使腿部得到更好保暖。

563

清宫侍卫貂皮都什希

年代　清中晚期
收藏单位　沈阳故宫博物院

　　"都什希"为满语，意为"行裳"，为清宫定制行服之一，是清帝、宫廷侍卫、大臣冬季骑马护腿之物。都什希表面缝以貂皮，中间为直式对开，左右两侧呈圆弧形；其下为棉质夹层，上部为蓝色宽腰带，用于系挂腰间；下部缝有细绳，可将其系于腿部。都什希设计巧妙，使用方便，反映了满洲人传统服饰以兽皮、兽毛抵御严寒的特点。

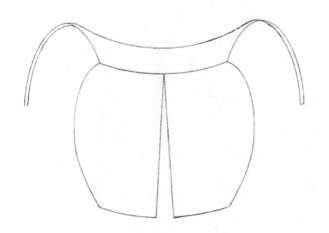

后　记

　　2002 年，在朱诚如先生主持下，紫禁城出版社（现故宫出版社）公开出版了一套以图片编纂一代王朝历史的经典图书——《清史图典》。这套图文并茂的出版物，开启了以图证史的新型模式，也为史学研究、博物馆展览乃至影视媒体制作等相关文化领域带来了巨大的图像"福利"；为人们学习、欣赏和研究、利用清史图片提供了极大便利。出于研究和工作需要，当时见到《清史图典》后，我即自费购买了一部，从此大受裨益。可以说，《清史图典》对我在清宫史、清宫文物方面的研究起到了很大推动作用。

　　十二年后，即 2014 年，承蒙朱诚如先生厚爱，我被邀参加由他和任万平先生担任主编的《清宫图典》的编写工作，承担本图典"禁卫卷"的大纲梳理、文字编撰以及所有图片遴选。接受编写任务后，我一方面为能参与此项研究、出版工作而自豪，另一方面也十分感谢朱诚如先生的信任！

　　对清宫禁卫的研究课题，我着手较早。早在 1993 年，我即与辽宁大学出版社常江先生合作出版了《清宫侍卫》一书。此后，在自己多年研究中，对于宫廷侍卫的相关问题也一直关注。此次接受朱先生邀请来做这个熟悉的专题，能将数十年的相关知识和积累付之一卷，可谓幸甚，可称如愿！

　　经沈阳故宫博物院白文煜院长提携，自 2014 年 7 月，我开始担任沈阳故宫博物院副院长。此后，随着各项行政工作日益增加与不断开展，我将自己的大部分时间投入到沈阳故宫总体事业发展上，再也无法像过去那样专心个人的研究工作。平日里，只能利用晚间或节假日休息时间来慢慢组织、撰写"禁卫卷"各篇章的内容。其间，又因不断有单位其他工作或研究项目插入，"禁卫卷"的成稿时间一拖再拖。这是我遇到的困难，也使我几乎无颜面对朱先生！

　　历经将近五年的时间，在朱诚如、任万平两位先生和故宫博物院其他同事的帮助下，在故宫出版社领导、同事的积极支持下，《清宫图典·禁卫卷》最终完成了它的编纂。因其完稿时间较长，其间不断有新的研究成果与新的文物图片发现，又使得这一卷的内容变得更加充实和丰富。我想，这是久未定稿而获得的一个意外收获。

　　《清宫图典·禁卫卷》是我心仪的研究、出版项目，在它即将付梓之际，我特别感谢朱诚如先生的宽容，同时也十分感谢故宫出版社领导、编辑们的宽容，感谢他们给予我的理解和支持！如果没有他们给予我如此长久的等待，也许"禁卫卷"就无法完成它的出版，而这将会成为我此生的一件憾事！

　　在《清宫图典·禁卫卷》的编辑出版过程中，故宫出版社的领导、编辑们付出了巨大心血。江英老师、王志伟老师曾先后参与本卷的出版、协调工作。特别是负责本卷的王一珂老师，在全书文稿编排、图片安插、文字校对等方面，付出了极大努力，用心至深，使本卷臻于完善。在此，我谨向他们致以深深谢意！

　　《清史图典》曾是我研究的一个支点，《清宫图典》则是我深入研究的一个成果。

　　学者最大的快乐是"学以致用"！把自己的知识变成文字，将自己的思想传播后人，自己则在学习和知识传播中实现自我价值，品尝付出的愉悦！

　　希望读者朋友在阅读过程中也能分享我的快乐！

李理

2019 年 10 月 6 日

图书在版编目（CIP）数据

清宫图典 . 禁卫卷 / 故宫博物院编 . —— 北京：故宫出版社，
2019.12
ISBN 978-7-5134-1274-2

Ⅰ . ①清… Ⅱ . ①故… Ⅲ . ①宫廷 - 史料 - 中国 - 清代 - 图
集 ②禁军 - 史料 - 中国 - 清代 - 图集 Ⅳ . ① K249.06-64

中国版本图书馆 CIP 数据核字 (2019) 第 282734 号

清宫图典
禁卫卷

故宫博物院 编
主　　编：朱诚如　任万平
本卷编著：李　理
出 版 人：王亚民
责任编辑：王一珂　温家辉
篆　　刻：阎　峻
装帧设计：李　猛
责任印制：常晓辉　顾从辉
出版发行：故宫出版社
　　　　　地址：北京市东城区景山前街 4 号　邮编：100009
　　　　　电话：010-85007808　010-85007816　邮箱：ggcb@culturefc.cn
制版印刷：北京雅昌艺术印刷有限公司
开　　本：889 毫米 ×1194 毫米　1/16
印　　张：20.5
字　　数：262 千字
版　　次：2019 年 12 月第 1 版
　　　　　2019 年 12 月第 1 次印刷
书　　号：ISBN 978-7-5134-1274-2
定　　价：396.00 元